青少年（读）《古文观止》故事

张园 编著

海豚出版社
DOLPHIN BOOKS
CICG 中国国际传播集团

图书在版编目（CIP）数据

青少年读《古文观止》故事 / 张园编著 . -- 北京：
海豚出版社 , 2025. 3. -- ISBN 978-7-5110-7192-7

Ⅰ . H194.1-49

中国国家版本馆 CIP 数据核字第 2025PC5986 号

出 版 人 王 磊

责任编辑 刘 璇
责任印制 于浩杰 蔡 丽
法律顾问 中咨律师事务所 殷斌律师
出 版 海豚出版社
地 址 北京市西城区百万庄大街 24 号
邮 编 100037
电 话 010-68325006（销售） 010-68996147（总编室）
传 真 010-68996147
印 刷 三河市冠宏印刷装订有限公司
经 销 全国新华书店及各大网络书店
开 本 1/16（710mm×1000mm）
印 张 21.5
字 数 362 千
印 数 3000
版 次 2025 年 3 月第 1 版 2025 年 3 月第 1 次印刷
标准书号 ISBN 978-7-5110-7192-7
定 价 69.00 元

目录

壹 周文

贰 战国文

伍 唐文

陆 宋文

周文

　　先秦时期的古文，随时间推移有历史性逐渐减弱、文学性逐渐增强的特点。《古文观止》将选自《左传》《国语》《公羊传》《穀梁传》《礼记·檀弓》的文章纳入前三卷，皆出自周朝，故本书将它们归纳为周文。其中，《左传》《公羊传》和《穀梁传》被称为"春秋三传"，《公羊传》和《穀梁传》为注释《春秋》而成书。《国语》则是我国第一部国别史。

《左传》之《郑伯克段于鄢》

chū zhèng wǔ gōng① qǔ yú shēn② yuē wǔ jiāng③ shēng zhuāng gōng jí gōng shū duàn④
初，郑武公①娶于申②，曰武姜③。生庄公及共叔段④。

zhuāng gōng wù shēng⑤ jīng jiāng shì gù míng yuē wù shēng suì wù zhī ài gōng shū duàn
庄公寤生⑤，惊姜氏，故名曰寤生，遂恶之。爱共叔段，

yù lì zhī qì⑥ qǐng yú wǔ gōng gōng fú xǔ
欲立之，亟⑥请于武公，公弗许。

① 郑武公：姓姬，名掘突，郑国第二代君主。

② 申：申国，国土在今河南省南阳市北部。

③ 武姜：郑武公之妻。"姜"是娘家姓，"武"是郑武公的谥号。

④ 共叔段：郑庄公的弟弟。共，国名；叔，排行；段后来逃亡到共国，
　　所以称为"共叔段"。

⑤ 寤生：难产，指胎儿出生时脚先出来。

⑥ 亟：多次。

jí zhuāng gōng jí wèi wèi zhī qǐng zhì① gōng yuē zhì yán yì yě guó
及庄公即位，为之请制①。公曰："制，岩邑②也，虢

shū sǐ yān③ tā yì wéi mìng④ qǐng jīng shǐ jū zhī wèi zhī jīng chéng tài shū⑥
叔死焉③，他邑唯命④。"请京，使居之，谓之京⑤城大叔⑥。

zhài zhòng⑦ yuē dū chéng guò bǎi zhì⑧ guó zhī hài yě xiān wáng zhī zhì dà dū
祭仲⑦曰："都城过百雉⑧，国之害也。先王之制：大都

bú guò sān⑨ guó zhī yī zhōng wǔ zhī yī xiǎo jiǔ zhī yī jīn jīng bú dù⑩ fēi zhì
不过参⑨国之一，中五之一，小九之一。今京不度⑩，非制

yě jūn jiāng bù kān gōng yuē jiāng shì yù zhī yān bì⑪ hài duì yuē
也，君将不堪。"公曰："姜氏欲之，焉辟⑪害？"对曰：

jiāng shì hé yàn⑫ zhī yǒu bù rú zǎo wéi zhī suǒ wú shǐ zī màn màn nán tú yě
"姜氏何厌⑫之有？不如早为之所，无使滋蔓。蔓，难图也。

màn cǎo yóu bù kě chú kuàng jūn zhī chǒng dì hū gōng yuē duō xíng bú yì bì zì
蔓草犹不可除，况君之宠弟乎？"公曰："多行不义必自

bì zǐ gū dài zhī
毙，子姑待之。"

① 制：地名，虎牢关，在今河南省荥阳市西北。

② 岩邑：地理位置险要的城镇。岩：险峻；邑：人们聚居的城镇。

③ 虢叔死焉：东虢国的国君死在那里。虢：指东虢，历史上被郑国

灭国。 焉：指代"制"。

④ 他邑唯命：别的地方，都听您的吩咐。他，别的。唯命：只听凭您的命令。

⑤ 京：地名，郑国比较富有的城邑。

⑥ 大叔：太叔。大，同"太"。

⑦ 祭仲：人名，他是郑国大夫。

⑧ 都城过百雉：都市城墙边长超过三百丈。都：仅次于一国国都而高于一般城邑的城市。雉：古代城墙三堵为一雉，长一丈、宽一丈、高一丈为一堵，雉即长三丈、宽一丈、高一丈的城墙。

⑨ 参：同"三"。（繁体字作"叄"。）

⑩ 不度：不合乎法律要求。

⑪ 辟：通"避"，躲避。

⑫ 厌：满足。

既而大叔命西鄙、北鄙贰于己①。公子吕②曰："国不堪贰，君将若之何？欲与大叔，臣请事之；若弗与，则请除之，无生民心。"公曰："无庸，将自及。"大叔又收贰以为己邑，至于廪延③。子封曰："可矣，厚④将得众。"公曰："不义不昵，厚将崩。"

① 鄙：边境，此指边境地区。贰：不专一，此指背叛国君。

② 公子吕：郑国公室成员，也是郑国大夫，即下文的子封。

③ 廪延：地名，在今河南省延津县北。

④ 厚：雄厚，这里指扩大土地。

大叔完聚①，缮甲兵，具卒乘②，将袭郑。夫人将启之③。公闻其期④，曰："可矣！"命子封帅车二百乘⑤以伐京。京

pàn tài shū duàn　　　duàn rù yú yān　　gōng fá zhū yān　　wǔ yuè xīn chǒu　　tài shū chū bēn gōng
叛大叔段，段入于鄢，公伐诸⑥鄢。五月辛丑，大叔出奔共。

① 完聚：修缮城池，聚积粮草。

② 卒乘：步兵和战车。乘：战车，按春秋时期的编制，一乘战
车有甲士三人，步卒七十二人，二百乘共有甲士六百人，步兵
一万四千四百人。这里代指乘车的士卒。

③ 启之：打开城门。

④ 公闻其期：郑庄公听说了他们约定偷袭的日期。

⑤ 帅车二百乘：率领二百辆战车。

⑥ 诸：之于。

shū yuē　　　zhèng bó kè duàn yú yān　　　duàn bú dì　　gù bù yán　"dì"　　rú
书曰："郑伯克段于鄢。"段不弟，故不言"弟"。如
èr jūn　　gù yuē　"kè"　　chēng　"zhèng bó"　　jī shī jiào yě　　wèi zhī zhèng zhì
二君，故曰"克"。称"郑伯"，讥失教也，谓之郑志①。
bù yán　"chū bēn"　　nán zhī yě
不言"出奔"，难之也。

① 郑志：郑庄公的意愿。

suì zhì jiāng shì yú chéng yǐng　　ér shì zhī yuē　　　bù jí huáng quán　　wú xiāng jiàn
遂置姜氏于城颍①而誓之曰："不及黄泉②，无相见
yě　　　jì ér huǐ zhī　　yǐng kǎo shū wéi yǐng gǔ fēng rén　　wén zhī　　yǒu xiàn yú gōng　　gōng
也。"既而悔之。颍考叔为颍谷封人③，闻之，有献于公。公
cì zhī shí　　shí shě ròu　　gōng wèn zhī　　duì yuē　　xiǎo rén yǒu mǔ　　jiē cháng xiǎo rén zhī
赐之食，食舍肉。公问之，对曰："小人有母，皆尝小人之
shí yǐ　　wèi cháng jūn zhī gēng　　qǐng yǐ wèi zhī　　　gōng yuē　　　ěr yǒu mǔ wèi　　yī
食矣，未尝君之羹④，请以遗之⑤。"公曰："尔有母遗，繄
wǒ dú wú　　　yǐng kǎo shū yuē　　gǎn wèn hé wèi yě　　gōng yù zhī gù　　qiě gào zhī
我独无⑥！"颍考叔曰："敢问何谓也？"公语之故，且告之
huǐ　　duì yuē　　　jūn hé huàn yān　　ruò jué　dì jí quán　　suì ér xiāng jiàn　　qí shuí yuē
悔。对曰："君何患焉！若阙⑦地及泉，隧而相见，其谁曰
bù rán　　gōng cóng zhī　　gōng rù ér fù　　　dà suì zhī zhōng　　qí lè yě róng róng
不然？"公从之。公入而赋："大隧之中，其乐也融融！"
jiāng chū ér fù　　　dà suì zhī wài　　　qí lè yě yì yì　　suì wéi mǔ zǐ rú chū
姜出而赋："大隧之外，其乐也泄泄！"遂为母子如初。

① 颍：郑国地名，在今河南省临颍县西北。

② 黄泉：地下的泉水，多指人死后埋葬的地方。

③ 封人：地方长官，主要管理边疆。封：聚土栽种树木。古代以树（沟）为边境之界，是边疆的标志。

④ 羹：带汁的肉。

⑤ 遗之：赠送给她。

⑥ 繄我独无：单单我却没有啊！繄：句首语气词。

⑦ 阙：通"掘"，挖掘。

君子^①曰："颍考叔，纯孝也。爱其母，施^②及庄公。《诗》曰：'孝子不匮，永锡尔类^③。'其是之谓乎^④！"

① 君子：品德高尚的人。

② 施：推广。

③ 孝子不匮，永锡尔类：出自《诗经·大雅·既醉》。匮：尽。锡：通"赐"，赏赐，给予。

④ 其：表示推测的语气。之：助词。

译文

当初，郑武公从申国娶了一名女子为妻，（这女子）名叫武姜，武姜（成婚后）生下了（儿子）郑庄公和共叔段。郑庄公出生时，脚先出来，惊吓到武姜，于是她给郑庄公取名为"寤生"，（也）因此而厌恶他。（武姜）偏爱共叔段，想要立共叔段为（世子），多次请求郑武公，郑武公都没有同意。

等到郑庄公继位，武姜就为共叔段请求分封到制邑。郑庄公说："制邑是地理位置险峻的城池，虢叔就死在那里，其他的城邑都听凭您的吩咐。"（武姜又）请求将京邑分封给共叔段，郑庄公就让共叔段居住在那里，人们都称呼共叔段为京城太叔。大夫祭仲说："都城（城墙）超过三百丈，就会成为国家的祸患。先王曾经规定：大城市的城墙不能超过都城城墙的三分之一，中等城市的城墙不能超过都城城墙的五分之一，小城市的城墙不能超过都城城墙的九分之一。现在，京邑的城墙不合乎法度，恐怕对您有所不利。"郑庄公说："姜氏想要这样，我怎能躲开这种祸患呢？"祭仲回答说："姜氏怎么会有满足的时候！不如早早给他安排地方，不要让祸患蔓延，如果蔓延开来就难对付了。蔓草尚且不可除尽，何况是君主您宠爱的弟弟呢？"郑庄公说："他不合道义的事情做多了，必然会自己灭亡。你姑且等等看。"

没多久，太叔段命令郑国西部和北部边境地区一方面听从郑庄公，一方面听从自己。公子吕（对郑庄公）说："国家不能出现两个君主，现在您打算怎么处理这件事？如果您想要将国家给太叔段，臣请前去侍奉他；如果您不将国家给他，就请除掉太叔段，不要让老百姓动摇产生疑虑。"郑庄公说："不用，他自己会走向灭亡的。"太叔段又将西部与北部的边邑全部收归为自己的城邑，一直到廪延。公子吕说："现在可以剿灭他了，他势力雄厚，就会得到更多的拥戴。"郑庄公说："共叔段对君主不义，百姓就对他不亲。土地扩张得越大，他就瓦解得越快。"

太叔段修建城池，囤积粮食，修整兵器，准备好士兵，将要偷袭郑国都城。夫人武姜准备打开城门为内应。郑庄公听说了他们约定起兵的日期，说："可以行动了！"郑庄公命令公子吕率领兵车二百乘讨伐太叔段。京邑的人背叛了太叔段，太叔段逃到了鄢邑，郑庄公讨伐鄢邑。五月二十三日，太叔段逃到了共国。

《春秋》上记载："郑伯在鄢邑攻克段。"段不遵守为弟之道，所以不说他是弟弟；太叔段和郑庄公好像两个国家的国君作战，所以用"克"；称呼郑庄公为"郑伯"，是讽刺他对弟弟失于管教，这也是出于郑庄公的本意。不说太叔段出奔，是难于下笔的意思。

郑庄公于是将武姜安置到城颍，并且对她发誓说："不到黄泉，不再相见！"过了一段日子，郑庄公又后悔了。颍考叔是镇守边境的官员，听说了这件事，就进献东西给郑庄公。郑庄公赏赐给他食物，颍考叔吃饭时留下肉。郑庄公问他这样做的原因，颍考叔说："小人的母亲，我吃过的食物她都尝过，但没尝过君主的肉羹，请允许我将这肉羹送给她。"郑庄公说："你有母亲可以敬奉，唯独我却没有！"颍考叔说："请问您这话是什么意思呢？"郑庄公便告诉他事情的前因后果，并且表达了自己的悔意。颍考叔答道："君主您何必为此事发愁？如果挖掘土地一直到看到泉水，在地道中见面，谁能说这样做不合誓言呢？"郑庄公听从了颍考叔的话。郑庄公进入地道赋诗说："走入地道，其乐无边。"武姜走出地道赋诗说："走出地道，多么欢快。"于是母子和好如初。

君子说："颍考叔是真正的孝子，他孝敬自己的母亲，而且影响了郑庄公。《诗经》说：'孝子不断推行孝道，上天赐福给同样孝顺的人。'大概说的就是颍考叔吧！"

究竟是谁克了谁？

《郑伯克段于鄢》是《左传》中的名篇，它的作者左丘明，是中国史学界的开山鼻祖。

《郑伯克段于鄢》这篇文章全文仅七百余字，却活灵活现地展现出两千多年前的一幕宫廷斗争：权谋、亲情、战争、手足、母子、君臣，无不刻画得栩栩如生。

文章第一段用一句话说明了主人公郑庄公的悲惨原生家庭生活——刚出生就因难产被母亲姜氏厌恶。等到郑庄公继位之后，姜氏直接为小儿子向郑庄公请求封地。郑庄公以制地险要为由拒绝了母亲。姜氏紧跟着要京邑。郑庄公便答应了。

面对亲弟弟的反叛行为变本加厉，郑庄公却对担心的臣子说："多行不义必自毙，子姑待之。"

这句话透露了郑庄公的真实想法：纵容，等待。这真有政治家的权谋风采：铁血无情，忍耐等待。他要的不是暂时压制太叔段，而是等待时机将其一举压制。

太叔段紧锣密鼓地开始了谋反大计，姜氏也准备打开城门做太叔段的内应。郑庄公以压倒性的实力对太叔段展开战斗，到了五月二十三日，太叔段逃亡到了共国。

郑庄公把母亲姜氏安置到了城颍，并发誓到死都不再与之见面。但是据说，不久后郑庄公后悔了。

颍考叔听说了这件事情，给郑庄公"上了一课"，使他完成了"黄泉相见"的誓言，郑庄公母子对此都非常满意，并和好如初。

在文章末尾，作者对颍考叔"纯孝也，爱其母，施及庄公"的赞赏，也恰恰是对郑庄公"孝子"标签的一种质疑。

　　这篇文章展示了高超的叙事笔法。郑庄公的老谋深算、欲擒故纵、隐忍等待，令人印象深刻。文章的明面是弟弟太叔段的势力扩张，暗线是哥哥郑庄公的欲擒故纵。但在叙述表达上，选取了郑庄公的视角，把读者代入郑庄公的所思所想，到兄弟反目，引出郑庄公与姜氏的母子关系。文章布局非常巧妙。

　　明代文学家归有光称这篇文章是"此左氏笔力之最高者"。

《左传》之《曹刿①论战》

　　十年②春，齐师③伐我④，公⑤将战，曹刿请见。其乡人曰："肉食者⑥谋之，又何间⑦焉？"刿曰："肉食者鄙⑧，未能远谋。"遂入见。

　　问："何以战？"公曰："衣食所安，弗敢专也，必以分人。"对曰："小惠未遍，民弗从也。"公曰："牺牲⑨玉帛，弗敢加也，必以信。"对曰："小信未孚⑩，神弗福也。"公曰："小大之狱⑪，虽不能察，必以情⑫。"对曰："忠之属也，可以一战。战，则请从。"

① 曹刿：历史上著名的军事理论家，春秋时期鲁国大夫。

② 十年：指鲁庄公十年，公元前684年。

③ 齐师：齐国的军队。齐，春秋时期诸侯国。师：军队。

④ 我：我国，指鲁国。

⑤ 公：诸侯通称。此处指鲁庄公。

⑥ 肉食者：吃肉的人，指掌权者。

⑦ 间：参与。

⑧ 鄙：鄙陋，目光短浅。

⑨ 牺牲：古代祭祀用的牲畜。

⑩ 孚：使人信服。

⑪ 狱：刑狱案件。

⑫ 情：实际情况。

　　公与之①乘，战于长勺②。公将鼓之，刿曰："未可。"

齐人三鼓，刿曰："可矣！"齐师败绩。公将驰^③之。刿曰："未可。"下，视其辙，登，轼^④而望之，曰："可矣。"遂逐^⑤齐师。

① 之：代词，指曹刿。

② 长勺：鲁国地名，在今山东省莱芜市东北。

③ 驰：驱使兵车追赶。

④ 轼：古代车厢前面用于扶手的横木。

⑤ 逐：追赶，此处指军队追击。

既克，公问其故。对曰："夫^①战，勇气也。一鼓作^②气，再而衰，三而竭。彼竭我盈^③，故克之。夫大国，难测也，惧有伏焉。吾视其辙乱，望其旗靡^④，故逐之。

① 夫：放在句首，表示将要发表议论。

② 作：振作。

③ 盈：充沛饱满，这里指军队士气旺盛。

④ 靡：倒下。

译文

鲁庄公十年春，齐国军队攻打鲁国。鲁庄公即将出战，曹刿请求拜见鲁庄公。他的同乡人说："掌权的人会谋划这件事，你又何必参加呢？"曹刿说："掌权者目光短浅，谋划此事不能有远见。"于是曹刿拜见鲁庄公。

曹刿问："您凭借什么与齐国作战？"鲁庄公说："衣物食品这类养生的东西，我不敢独自享用，必定将它们分给别人。"曹刿回答说："小恩小惠不能遍及百姓，百姓不会因此服从您。"鲁庄公说："祭祀用的牲畜和美玉、丝帛，不敢虚报夸大数目，一定对上天诚实以报。"曹刿回答说："小信用不能取得神灵信服，神灵不会因此保佑您。"鲁庄公说："无论是小的还是大的刑狱案件，虽然不能一一明察，必定依据实情处理。"曹刿回答说："这是忠于职守的事情，可以（凭借这点）打一仗。如果出战，请允许我跟随您。"

鲁庄公与曹刿同乘一辆战车，在长勺作战。鲁庄公要下令击鼓进攻。曹刿说："还不可以。"齐国人三次击鼓之后，曹刿说："现在可以击鼓进军了！"齐国军队战败。鲁庄公将要驱驰兵车追赶。曹刿说："还不可以。"曹刿下车察看齐军战车碾出的车辙，登上战车扶着车前栏杆远望齐军，说："可以追击了。"于是鲁国军队才追赶齐国军队。

战胜齐国之后，鲁庄公问曹刿取胜的原因。曹刿回答说："作战，靠的是毫不畏惧的士气。第一次击鼓能振作士气，第二次击鼓士气开始衰落，第三次击鼓士兵的士气就耗尽了。齐军的士气已经耗尽而我军的士气正饱满，所以能战胜齐军。齐国这样的大国是难以捉摸的，恐怕他们会有伏兵。我看他们车辙的痕迹散乱，远望到他们的战旗倒下了，所以才命令追击齐军。"

战争中隐藏的管理学

这篇文章讲述了历史上一场发生在齐鲁两国之间的著名战争——长勺之战。战争的起因是什么？当时齐国君主是齐襄公，这个人喜怒无常，他的弟弟公子纠和公子小白分别逃往鲁国和莒国避难。公元前686年，齐襄公被公孙无知暗杀，第二年，齐国人又杀死了公孙无知。齐国陷入无君主状态。这时候，公子纠和公子小白就开始了"跑步比赛"——谁先到达齐国，谁就是齐国的下一任国君。

最终，公子小白先回到了齐国，他成了历史上著名的齐桓公。当时鲁国支持公子纠，鲁庄公不但亲自护送公子纠回国争夺齐国国君之位，而且还与齐师作战，但鲁国军队大败。齐桓公逼迫鲁庄公杀死了公子纠。

双方因此结仇。

这一次，鲁庄公十年的春天，齐国兴兵，前来报仇。鲁庄公即将迎战。这时候曹刿请求拜见鲁庄公，他的同乡说，有当权者谋划，你何必参与？曹刿回答他说，当权的人目光短浅，不能深谋远虑。

从曹刿的回答可以看出这样几个问题，一是曹刿不属于"肉食者"，他不是当权派；二是曹刿认为，"肉食者"目光短浅，不足以应付这次齐鲁大战；三是曹刿本人虽然身居下寮，却目光深远，自信能够在战争中保护鲁国。一个身份不居主要领导位置的人，却能够在国家危难的时候挺身而出，可见曹刿的爱国主义情怀。

那么，曹刿见到鲁庄公之后就问他凭借什么作战。

鲁庄公首先回答，衣食这一类养生的东西，他从来不敢独自专有，一定把它分给别人。鲁庄公认为自己对身边的人非常好。

曹刿对此的评价是："小惠未遍，民弗从也"。意思是，这种小恩小惠不能遍及百姓，百姓是不会服从您的。一国之君，依靠大臣治理国家，但始终应该铭记，自己服务的对象是广大百姓。鲁庄公这一点并没有做得足够好。

鲁庄公又回答了第二点："祭祀用的猪牛羊和玉器、丝织品等祭品，我从来不敢虚报夸大数目，一定对上天说实话。"这是希望神灵保佑了。而曹刿评价说："小信未孚，神弗福也。"

鲁庄公又说了最后一点："大大小小的诉讼案件，即使不能一一明察，但我一定根据实情（合理裁决）"。

这才是国君应该做的事情，所以曹刿说这才是尽了本职，可以凭借这个条件打一仗。如果作战，请允许我跟随您一同去。

仔细衡量鲁庄公所说的三个优点，第一个是从自己和臣属的关系说的，第二个是从自己对神明的态度说的，第三个是从自己对民间的各类案件的侦办处理说的。而曹刿的观点无疑非常鲜明：只有凭借第三个优点，做好了国君本职的工作，才可以一战。也就是曹刿认同这样的观点：只有得到民心，才能打胜仗。试问，一个天天和大臣搞好关系、敬信鬼神的国君能让老百姓为他死心塌地地奋斗吗？

不能。

但曹刿还是比较幸运，因为鲁庄公虽然做法有小的差池，但他认同曹刿说的话。

于是到了作战那一天，鲁庄公和曹刿同坐一辆战车，在长勺与齐军开战。鲁庄公要下令进军，曹刿总是说不行。一直等到齐军三次击鼓之后，曹刿才说可以击鼓进军了。

果然，齐军大败。

鲁庄公又要下令追击齐军，曹刿还是说不行，他"下，视其辙，登，轼而望之"，然后才说可以追击了。

胜利之后，鲁庄公询问胜利的原因，曹刿回答说，作战靠的是士气。第一次击鼓能振作士兵们的士气；第二次击鼓，士兵们的士气就开始低落了；第三次击鼓，士兵们的士气就耗尽了。

而且，在追击的时候，曹刿考虑到齐国这样的大国，情况难以推测，害怕齐国设有伏兵。等看到齐国的车辙印记散乱，旗帜倒下了，才下令追击齐军。

长勺之战以鲁国胜利而告终，曹刿在战争中表现出的战略防御基本原则，为后人所重视。

本文脉络清晰，先讲战前的准备：要取信于民。接着讲鲁军战胜齐军的经过。最后是曹刿对胜利原因的分析。文章用简短、明确的语言表现出曹刿的冷静、精明。本文也采用了对比、衬托的修辞手法，用曹刿与乡人的对比，曹刿与鲁庄公的对比，表现了曹刿的爱国之心与战略智慧。

今天，我们重读《曹刿论战》，在为古人的智慧而惊叹的同时，也找到了很多可以指导我们工作、学习的原则。

《左传》之《宫之奇谏假道》

晋①侯复假道②于虞③以伐虢④。宫之奇谏曰:"虢,虞之表⑤也;虢亡,虞必从之。晋不可启⑥,寇不可玩⑦。一之为甚,其⑧可再乎?谚所谓'辅车⑨相依,唇亡齿寒'者,其虞、虢之谓也。"

① 晋:国名,从晋献公治理时期崛起,成为春秋诸侯中的强国。

② 假道:借路。

③ 虞:国名,姬姓。周文王曾经册封古公亶父的儿子虞仲后代为虞国,在今天山西省平陆县东北。

④ 虢:国名,姬姓。周文王分封弟弟仲于陕西宝鸡东,号西虢。后来为秦国所灭。本文说的是北虢,是虢仲的别支,在山西平陆,虞国南面。

⑤ 表:外面,这里指屏障。

⑥ 启:开启,指开启晋的贪心。

⑦ 玩:习惯而不留心,放松警惕。

⑧ 其:难道,表示反问。

⑨ 辅车:面颊与牙床。辅:脸颊;车:牙床的骨头。

公曰:"晋,吾宗①也,岂害我哉?"对曰:"大伯、虞仲,大王之昭也②,大伯不从,是以不嗣③。虢仲、虢叔④,王季之穆也;为文王卿士,勋在王室,藏于盟府⑤。将虢是灭,何爱于虞?且虞能亲于桓、庄⑥乎?其爱之也?桓、庄之族何罪,而以为戮,不唯逼乎?亲以宠逼,犹尚害之,况以国乎?"

① 宗：同姓，代表是同一宗族，这里指晋国、虞国、虢国都是姬姓。

② 大伯、虞仲：分别是周始祖太王的大儿子和第二个儿子。昭：古代
宗庙中，最中间是始祖的神位，接下来左边是昭，右边是穆。

③ 嗣：传承，继承。

④ 虢仲、虢叔：虢国的开国始祖，分别是王季的第二个儿子和第三个
儿子，也是周文王的两个弟弟。

⑤ 盟府：西周时专门负责主持盟誓、收藏典册的官府。

⑥ 桓、庄：桓叔与庄伯，历史上称之为"桓庄之族"。桓叔是献公曾
祖父，庄伯是献公的爷爷。献公杀尽桓叔、庄伯的后代。

gōng yuē　　　　wú xiǎng sì fēng jié①　shén bì jù wǒ②　　duì yuē　　　chén wén
公曰："吾享祀丰絜①，神必据我②。"对曰："臣闻
zhī　　guǐ shén fēi rén shí qīn　wéi dé shì yī　gù《zhōu shū》yuē　　huáng tiān wú
之，鬼神非人实亲，惟德是依。故《周书》曰：'皇天无
qīn　wéi dé shì fǔ③　yòu yuē　shǔ jì④ fēi xīn　míng dé wéi xīn　yòu yuē
亲，惟德是辅③。'又曰：'黍稷④非馨，明德惟馨。'又曰：
mín bú yì wù　wéi dé yī wù⑤　rú shì　zé fēi dé　mín bù hé　shén bù xiǎng
'民不易物，惟德繄物⑤。'如是，则非德，民不和，神不享
yǐ　shén suǒ píng⑥ yī　jiāng zài dé yǐ　ruò jìn qǔ yú　ér míng dé yǐ⑦ jiàn xīn xiāng
矣。神所冯⑥依，将在德矣。若晋取虞，而明德以⑦荐馨香，
shén qí tǔ zhī hū
神其吐之乎？"

① 絜：同"洁"，洁净，干净。

② 据我：指神明保佑我。

③ 辅：辅佐，指护佑。

④ 黍：黄米；稷：高粱。这里泛指五谷。

⑤ 易物：易是"改变"，这里指改变祭品。繄：语气词。

⑥ 冯：同"凭"，凭借。

⑦ 以：以此，用来。

fú tīng　　xǔ jìn shǐ　gōng zhī qí yǐ①qí zú xíng　yuē　　yú bù là yǐ②　zài
弗听，许晋使。宫之奇以①其族行，曰："虞不腊矣②。在
cǐ xíng yě　jìn bú gèng jǔ yǐ
此行也，晋不更举矣。"

<ruby>冬<rt>dōng</rt></ruby>，<ruby>晋<rt>jìn</rt></ruby><ruby>灭<rt>miè</rt></ruby><ruby>虢<rt>guó</rt></ruby>。<ruby>师<rt>shī</rt></ruby><ruby>还<rt>huán</rt></ruby>，<ruby>馆<rt>guǎn</rt></ruby><ruby>于<rt>yú</rt></ruby><ruby>虞<rt>yú</rt></ruby>，<ruby>遂<rt>suì</rt></ruby><ruby>袭<rt>xí</rt></ruby><ruby>虞<rt>yú</rt></ruby>，<ruby>灭<rt>miè</rt></ruby><ruby>之<rt>zhǐ</rt></ruby>，<ruby>执<rt>zhí</rt></ruby><ruby>虞<rt>yú</rt></ruby><ruby>公<rt>gōng</rt></ruby>。

① 以：介词，表示带领。

② 腊：年末祭祀。古代称之为"腊祭"。

译文

晋献公再次向虞国借路来讨伐虢国。宫之奇劝谏虞公说道："虢国是虞国的屏障。虢国灭亡了，虞国必定紧跟着灭亡。晋国的贪心不能开启，敌人的军队不能轻视。一次借路就已经非常过分了，怎么可以第二次借路呢？谚语所说'脸颊和牙床骨是互相依存的，嘴唇没有了，牙齿就会感到寒冷'，这就如同是虞国和虢国的关系啊。"

虞公说："晋国是我国的同宗同姓，难道还能害我们吗？"宫之奇回答道："太伯和虞仲是周太王的长子和次子。太伯因为没有跟随周太王，所以没能继承王位。虢仲和虢叔是王季的儿子，也是周文王朝堂上的卿士，他们的功绩在王室，他们受封的典册还收藏在盟府。现在晋国要灭了虢国，还爱惜虞国什么呢？况且，虞国能比桓庄之族对晋国更加亲厚吗？晋献公爱惜桓庄之族吗？桓庄之族没有罪过，却被晋献公杀掉了，不就是因为对他构成了威胁吗？亲近却因在尊贵的位置威胁到自己，尚且害了他们，何况是对国家呢？"

虞公说："我献给神灵的祭品丰盛洁净，神灵必定会保佑我。"宫之奇回答说："臣听说，鬼神不是只亲近哪一个人，而是保佑品德高尚的人。所以《周书》上说：'上天对于人没有亲疏的不同，只有德行高尚的人才能被保佑。'又说：'黍稷并不芳香，唯有美德才芳香。'又说：'人们祭祀的物品没有改变，唯有品德高尚的人拿来的祭品才是真正的祭品。'这样看来，没有德行，百姓就不会和睦，神灵也不会享用祭品。神明所依据的，就是德行。如果晋国攻下虞国，而崇尚德行，用芳香的祭品献祭，神明难道还能吐出祭品吗？"

虞公不听宫之奇的劝谏，同意了晋国使者的请求。宫之奇带领着他的族人离开了虞国，说："虞国存在，不会等到年终腊祭了。晋国在这一次就会灭掉虞国，用不着再次发兵了。"冬季，晋国灭掉虢国。晋军回师，驻扎在虞国，于是乘机攻打并灭掉了虞国。俘虏了虞公。

与魔鬼交易，需要一把长叉子

这篇文章的故事发生在公元前 655 年，当时晋国向虞国借道攻打虢国，其本意是要趁虞国不备，先吃掉虢国，再消灭虞国。虞国大夫宫之奇具有远见卓识，早就看出了晋国的野心。这篇文章就是宫之奇劝谏虞公的故事。

文章开头用一句话说明了当时的形势，"晋侯复假道于虞以伐虢。"意思是晋侯又向虞国借路去攻打虢国。鲁僖公二年，晋侯就已经向虞国借路伐虢，这次借路是第二次。

宫之奇向虞侯说明了虢国和虞国相互依存的关系，还用"唇齿相依"这个词点出这种关系的重要性。虢国如果被灭，虞国也危险了！晋国借路一次就很过分了，还能有第二次吗？

从宫之奇的话可以看出，他是一个眼光独到、能看出问题本质的人。他将晋国的这次行动定性为：侵略别国。既然是侵略，就不值得支持。另外，宫之奇分析了虞国与虢国两国的关系，他认为是"辅车相依，唇亡齿寒"。假如晋国攻破了虢国，那么紧跟着要被消灭的就是虞国。何况像晋国这样的大国，在消灭虢国之后，谁能担保他不顺手灭了虞国呢？

表面上看起来是借路，其实怎么看，都是晋国不怀好意，虞国倘若答应，面临的将是灭顶之灾。

可惜虞公不以为然，他认为晋国和虞国是同宗，都是姬姓诸侯国，晋国不会谋害他。

这种想法有些天真了。

在那个诸侯兼并的年代，谁还会记得同宗？

宫之奇用晋献公杀掉桓庄之族后代的例子劝说虞公，他撕掉了晋献公的假面具——这是一个将扩张势力看得比亲情重要的人，跟这样的人如何谈感情呢? 宫之奇提到的桓庄之族,指的是曲沃桓叔与庄伯。庄伯是曲沃桓叔之子,曲沃桓叔是晋献公的曾祖,庄伯是晋献公的祖父。晋献公曾经杀尽了曲沃桓叔、庄伯的后代,这里指的就是历史上记载的,鲁庄公二十五年,晋献公尽诛同族群公子。一旦大权在握,晋献公根本不容他人窥伺。甚至不管有没有窥伺之心,一概杀掉,以绝后患。

这样的人太残忍,太可怕了。

借路给这样的人,还能有什么好下场?

这就是德国戏剧家布莱希特曾经说过的,要和魔鬼做交易,你需要有一个长叉子!

宫之奇已经将存在的问题说出来了,虞公居然还是不信,说他的祭品丰盛清洁,神必然会保佑他。

宫之奇听到这个理由,也没有退缩。他回答道:"我听说,鬼神不是随便亲近某人的,而是依从有德行的人。如果晋国消灭虞国,崇尚德行,以芳香的祭品奉献给神灵,神灵难道会吐出来吗?"

但是虞公还是很固执,坚决不听。宫之奇心灰意冷,带领全族人离开了虞国。临走的时候,宫之奇说道,虞国的灭亡,不用等到岁终祭祀的时候了。晋国只需要这一次行动,便不必再出兵了。

果然,十二月初一,晋国攻克虢国。晋军回师途中,趁机突然发动攻击,灭掉了虞国,虞公束手就擒。《春秋》上记载:"晋人执虞公。"意思是虞国灭亡,归罪于虞公。

一切都与宫之奇预料的一样。

今天,我们重读这篇文章,在感叹虞公将希望寄托在鬼神身上却不能听从宫之奇劝谏的时候,也要明白,应该如何应对寡廉鲜耻、心狠手辣之徒。不能抱有任何不切实际的幻想,要认清这些披着羊皮的狼,予以反击,坚决抗争到底。

《左传》之《子鱼论战》

楚人伐宋以救郑。宋公①将战，大司马②固谏曰："天之弃商久矣，君将兴之，弗可赦也已。"弗听。

① 宋公：指宋襄公。公元前638年，宋国和楚国在泓水交战。

② 大司马：古代掌管国家军政的官员。这里指公孙固。

及楚人战于泓①。宋人既②成列③，楚人未既济④。司马⑤曰："彼众我寡，及其未既济也，请击之。"公曰："不可。"既济而未成列，又以告。公曰："未可。"既陈⑥，而后击之，宋师败绩。公伤股⑦，门官⑧歼焉。

① 泓：泓水，在今河南省柘城县西北。

② 既：已经。

③ 成列：排成阵势。

④ 济：渡河。

⑤ 司马：古代统领军队的长官，这里指宋国的公子目夷，字子鱼。

⑥ 陈：通"阵"，这里指两军对垒，摆好阵势。

⑦ 股：大腿。

⑧ 门官：护卫国君的卫士。

国人皆咎①公。公曰："君子不重②伤，不禽二毛③。古之为军也，不以阻隘也。寡人虽亡国之余④，不鼓⑤不成列。"子鱼曰："君未知战。勍敌⑥之人，隘而不列，天赞⑦我也。阻而鼓之，不亦可乎？犹有惧焉。且今之勍者，皆吾敌也。虽及胡耇⑧，获则取之，何有于二毛？明耻，教战，求杀敌也。伤未及死，如何勿重？若爱重伤，则如勿伤；爱其二毛，则如服焉。三军以利用也⑨，金鼓以声气也。利而用之，阻隘可也；声盛致志，鼓儳⑩可也。

① 咎：怪罪，责备。

② 重：再次。

③ 禽：通"擒"，抓俘虏。二毛：头发花白的人，指老人。

④ 寡人：国君自称。亡国之余：亡国者的后人。宋襄公是商朝王室后代，
  而商朝被周灭国。

⑤ 鼓：击鼓进军，此处是动词，攻击。

⑥ 勍敌：劲敌，有实力的敌人。勍：强且有力。

⑦ 赞：帮助。

⑧ 胡耇：指老人。胡：颔下垂肉。耇，老年人脸上的寿斑。

⑨ 三军：春秋时期，诸侯军队分为三军，分别是上军、中军和下军。
  此处指军队。用：施用，指作战。

⑩ 儳：通"谗"，不整齐，指军队不成阵势。

译文

楚国人攻打宋国来营救郑国。宋襄公即将迎战。大司马公孙固劝谏他说：“上天舍弃我们商人已经很久，君主您要让国家兴旺，违背天命的做法是不可饶恕的。”宋襄公不听。

宋襄公和楚国军队在泓水边开战。宋国军队已经摆好作战阵势，而楚国军队还没有全部渡河。司马子鱼说：“楚国人多，我们宋国人少，等他们还没来得及完全渡河，请下令攻打楚军。”宋襄公说：“不可以。”等到楚国军队全部渡河而还没摆好作战阵势，司马子鱼又报告请求攻打楚军。宋襄公说：“不可以。”等到楚国军队摆开阵势后宋军才开始攻击，宋国军队大败。宋襄公伤了大腿，他的卫队也被歼灭了。

宋国人都归罪于宋襄公。宋襄公说：“君子不伤害已经有伤的人，不捉拿头发斑白的老人。古代人率领军队作战，不在危险的地方追击人。我虽然已经是亡国商朝的后代，但也不会攻打不击鼓、没有摆好作战阵势的敌人。”

子鱼说：“您不懂战争。强有力的敌人，在险要之地不能摆开作战阵势，这是上天在帮助我们。此时阻拦敌人并且击鼓进军，不也是可以的吗？就是这样还害怕不能获胜！况且今天的强敌，都是我们宋国的敌人。虽然敌人年纪大了，捉到了就要把他的左耳割掉，还管什么头发是否花白！让士兵认识什么是耻辱，教导士兵作战的本领，是为了杀死敌人。敌人受伤却还没死，为什么不能再次攻击？如果可怜受重伤的敌人，那就不如开始就别伤害他；爱护那些年老的敌人，那就不如对敌人屈服。军队作战讲究时机，击鼓鸣金是为了振作士气。利用作战时机，在险要之地攻打敌人也是可以的；声音洪亮壮大士气，攻打没有摆好阵势的军队也是可以的。”

"不合时宜的仁义道德"，有用吗？

这篇文章是对宋楚泓水之战始末的记述。文章用对话的形式展现了两种对立的军事观点，其实也是两种做事观念的激烈冲突。这两种激烈的冲突和历史事实对应，读来令人迅速明白了其中的道理。

那么宋国和楚国究竟有什么不能了结的恩怨，才导致了泓水之战呢？

这场战争的起因还得从齐桓公去世说起。周襄王九年（前643年），春秋时期的第一位霸主齐桓公驾鹤西游。其他国家的君侯迅速展开了争夺霸主地位的谋划。当时齐国由于齐桓公的去世发生了内乱，第二年，宋襄公出兵帮助齐孝公夺取了齐侯之位。同时，楚成王也借机将势力深入中原地区。

两个野心勃勃的国君狭路相逢，展开了一系列角逐。宋襄公认为，自己作为周朝的公爵，地位很高，楚国从名义上而言根本不是自己的对手。但他忘记了一点，诸侯争霸，哪儿还看爵位呢？要真按爵位排，那应该时刻以周天子为尊，为什么诸侯都想将周天子取而代之呢？

从这一点可见，宋襄公其人迂腐。

周襄王十三年，在宋襄公的极力要求下，齐国和楚国同意在秋天于宋国召集诸侯大会。这是宋襄公对于齐桓公葵丘会盟的一次致敬或者模仿。他希望通过这次诸侯大会，争夺诸侯霸主之位。

可惜，同样的事情在历史上发生，第一次是正剧，第二次却是喜剧。

这次会盟，宋国、楚国、陈国、蔡国、许国、曹国和郑国前来赴会，齐国和鲁国托故未来。当时，宋襄公为了取得与会诸侯的信任，轻车简从赴会，结果被楚成王突袭，宋襄公也被楚国擒获。楚国还趁机进攻宋国。幸亏鲁僖公多方调停，宋襄公才被释放。

这是宋国与楚国仇恨的开始。第二年，也就是周襄王十四年，宋襄公为了报仇雪恨，联合卫国、许国、滕国讨伐郑国。

因为打不过楚国，所以宋国讨伐臣服楚国的郑国。郑国当然马上向楚国求救，楚成王便率领军队攻打宋国，迫使宋国撤军。

楚国和宋国的军队在宋国边境的泓水遭遇，这就是本文发生的历史背景。

文章中的子鱼，是子姓，名目夷，字子鱼，因为担任司马，所以称司马子鱼。他是宋国的宗室，宋襄公的异母兄长。在目夷的父亲宋桓公病重时，还是太子的宋襄公提出让兄长目夷继位。但因为目夷是庶子，所以他推辞不接受。后来，宋襄公继位后，目夷就担任左师，处理朝政大事，宋国由此安定太平。

这篇《子鱼论战》是通过泓水之战讲述子鱼对于战争的看法，篇幅不长，但叙事有层次，用笔有轻重。

开头写的是战前准备，大司马公孙固劝谏说："上天抛弃我商朝人已经很久了，主公想要复兴，这是得不到宽恕的。"可惜，宋襄公不听。

接下来，文章展开对战争的描述。当时的情况是，宋军已经摆好阵势，楚军还没有全部渡河。司马子鱼说："敌众我寡，趁他们完全没有渡河，请下令攻击他们。"宋襄公却拒绝了。

等楚军全部渡河，但还没全部摆好阵势，司马子鱼又请求攻击，宋襄公又拒绝了。等到楚军摆好了阵势，才命令攻击。

结果宋军大败，这就是文章的第二部分：对于战争的描述。

接下来是文章的主体：对于战争的经验总结。宋襄公的看法是，君子不伤害已经受伤的人，不捉拿头发花白的人。古人作战，不在险要的地方阻击敌人。我们虽然是已经亡国的商朝的后代，但也不会攻击没有摆好阵势的人。

子鱼却认为主公并不懂得战争。子鱼论战的立足点就是：只要是敌人，不用顾及老弱病残，更不用讲什么仁义道德。文章将子鱼的言行与宋襄公的言行进行对照，与今天的正反方辩论赛特别相似。

文章篇幅不长，但生动地塑造了宋襄公的形象——假仁假义的军事教条主义；肯定了子鱼论战——抓住时机，灵活利用自然环境、彻底消灭敌人有生力量。

宋襄公这样的人物，成为一种典型，被称为"宋襄之仁"。

泓水之战结束了，楚国在中原的势力扩张再无阻力，接下来的几年内，楚国势力一度达到了黄河以北，一直到了城濮之战，楚国的扩张势头才被遏制。

泓水之战规模虽然不大，但是在我国古代战争发展史上却具有一定的意义：它标志着商周以来以"成列而鼓"为主要特色的"礼义之兵"结束，以"诡诈奇谋"为主导的新型作战方式正在崛起。

今天，我们重读这篇文章，不仅为宋襄公的迂腐和食古不化发笑，也为在泓水之战中无辜送命的宋国士兵感到悲哀。这也告诉我们，为人处世虽不可为恶，但也要懂得变通才能成事。

《左传》之《烛之武^①退秦师》

晋侯、秦伯^②围郑，以其无礼于晋^③，且贰^④于楚也。晋军函陵^⑤，秦军氾南^⑥。

① 烛之武：名武，指一个烛地名叫武的人。

② 晋侯：指晋文公；秦伯：指秦穆公。

③ 无礼于晋：指晋文公还没即位时流亡十九年，他路过郑国，当时郑文公却不以礼相待。

④ 贰：对晋国有二心。指城濮之战时，郑国曾经派军队支持楚国。

⑤ 函陵：地名，在今河南省新郑市北。

⑥ 氾南：氾水的南面。

佚之狐言于郑伯^①曰："国危矣，若使烛之武见秦君，师必退。"公从之。辞曰："臣之壮也，犹不如人；今老矣，无能为也已。"公曰："吾不能早用子，今急而求子，是寡人之过也。然郑亡，子亦有不利焉。"许之。

① 佚之狐：郑国大夫；郑伯：郑文公。

夜缒^①而出。见秦伯，曰："秦、晋围郑，郑既知亡矣。若亡郑而有益于君，敢以烦执事。越国以鄙^②远，君知其难也。焉用亡郑以陪邻？邻之厚，君之薄也。若舍郑以为东道主^③，行李^④之往来，共其乏困^⑤，君亦无所害。且君尝为晋君赐矣^⑥，许君焦、瑕，朝济而夕设版^⑦焉，君之所知也。夫晋，何厌^⑧之有？既东封郑，又欲肆其西封。若不阙^⑨秦，

jiāng yān qǔ zhī　quē qín yǐ lì jìn　wéi jūn tú zhī　　qín bó yuè　　yǔ zhèng rén méng
将焉取之？阙秦以利晋，唯君图之。"秦伯说⑩，与郑人盟。
shǐ qǐ zǐ　páng sūn　yáng sūn shù zhī⑪　nǎi hái
使杞子、逢孙、杨孙戍之⑪，乃还。

① 缒：动词，绑在绳子上放下去。

② 鄙：边疆地区，这里是动词，开辟边疆。

③ 东道主：在东方道路上招待客人的主人，后来泛指接待或设宴款待客人的主人。

④ 行李：古今异义词语，古代指出使的外交使节。

⑤ 共：同"供"，供给；乏困：在食物、住宿方面的不足。

⑥ 赐：恩惠，指晋惠公回国即位是得到秦穆公的帮助。

⑦ 版：打土墙用的夹板。这里指修筑防御工事。

⑧ 厌：同"餍"，满足。

⑨ 阙：同"缺"，伤害。

⑩ 说：同"悦"，高兴。

⑪ 杞子、逢孙、杨孙：三个人都是秦国大夫。戍：守卫。

zǐ fàn　qǐng jī zhī　gōng yuē　　bù kě　wēi fú rén　zhī lì bù jí cǐ　yīn rén
子犯①请击之。公曰："不可。微夫人②之力不及此。因人
zhī lì ér bì　zhī　　bù rén　shī qí suǒ yǔ④　　bù zhì⑤　　yǐ luàn yì zhěng　bù wǔ
之力而敝③之，不仁；失其所与④，不知⑤；以乱易整，不武。
wú qí hái yě　　yì qù zhī
吾其还也。"亦去之。

① 子犯：狐偃，字子犯，是晋文公的舅舅，曾经保护晋文公出奔。

② 微：没有。夫人：那人，指秦穆公。

③ 敝：动词，伤害。

④ 所与：同盟者。

⑤ 知：通"智"，智慧。

译文

晋文公和秦穆公联合出兵包围郑国，因为郑文公曾经对晋文公无礼，并且对晋国有二心，依附楚国。晋国军队在函陵驻扎，秦国军队在汜水南边驻扎。

佚之狐对郑文公说："国家陷入危险境地了，如果派烛之武面见秦穆公，秦国必定退兵。"郑文公听从了佚之狐的建议。烛之武推辞说："臣壮年时，尚不如别人；如今臣老了，（更）无能为力。"郑文公说："我没能及早任用您，现在情况危急才来求您，这是我的过错。但是郑国灭亡了，对您也不利啊！"烛之武答应了郑文公。

到了晚上，烛之武被绑在绳子上从城墙放下去。烛之武见到秦穆公，说："秦国和晋国联合起来包围郑国，郑国已经知道要灭亡了。如果郑国灭亡了对您有好处，那就值得让您的属下麻烦这一次。越过别的国家在远方设置边境，您知道这是很难的。哪能用灭亡郑国来增强邻国的实力呢？邻国实力增强，就相当于贵国实力减弱了。如果放过郑国，让郑国成为东方道路上招待您的主人，贵国使者来往经过，郑国提供给他们食物和住宿的地方，对于您也是没有害处的。况且您曾经帮助晋惠公即位，晋惠公许诺要给您焦、瑕之地，早上他渡过黄河，晚上就下令修筑防御工事，这是您知道的情况。那晋国哪有满足的时候呢？已经将郑国作为他东边的边界，又想要向西扩张边界，如果不伤害秦国，他将怎么获得土地？伤害秦国来使晋国获利，请您好好考虑这件事。"秦穆公听了很高兴，便和郑国人结盟，派杞子、逢孙、杨孙驻扎帮助郑国防守，率领秦国军队回国了。

晋国大夫子犯请求攻击秦军，晋文公说："不可以。没有秦穆公的力量，就没有我的今天。依靠别人的力量反而去伤害对方，这是不仁；失去同盟者，这是不明智的；用分裂代替团结，这是不合乎武德的。我们还是回国吧。"于是晋国军队也撤退了。

你的盟友？我来"插刀"！

《烛之武退秦师》是《左传》中的名篇，写的是城濮之战后，晋国打败了楚国，登上了霸主之位。由于在城濮之战中，郑国曾经协助楚国一起攻打晋国，再加上晋文公在出奔流亡的过程中，在郑国遭受过冷遇，新仇旧恨碰到一起，晋文公就和秦国约定攻打郑国。

当时，晋军驻扎在函陵，秦军驻扎在汜水之南。晋国和秦国的军队已经对郑国形成合围之势，战争一触即发。

郑国该如何应对呢？大臣佚之狐向郑文公建议，国家危险了，这时候如果派烛之武去见秦君，秦国的军队一定会退走。

为什么会推荐烛之武呢？因为佚之狐知道他的才华，他一生怀才不遇，之前只是郑国的一个圉正，也就是一个小小的养马的官。但马上，烛之武即将迎来事业的高光时刻，让几千年后的我们也为之敬佩。

郑文公就听从了佚之狐的建议，烛之武却马上推辞了，郑文公一听就急了，赶紧承认错误，说我没有及早重用您，是我的过错。假如我们国家灭亡了，对您也不利呀！于是烛之武答应了郑文公的请求。

到了这天夜里，就用绳子把烛之武从城墙上放出去。见到秦穆公之后，烛之武就开始了自己的演说，首先他肯定郑国是绝对打不过晋国和秦国联军的，但烛之武立刻提出了一个尖锐的问题，那就是郑国亡了，对秦国到底有什么好处？

烛之武认为秦国和郑国距离遥远，即使郑国被灭，对于秦国而言，越过其他国家而在远方设置边邑，管理起来很不方便。哪能用灭郑国来加强邻国的实力呢？增强邻国实力，就是削弱秦国力量。

烛之武这句话一下子抓住了问题的要害。秦穆公之所以能够被晋文公请来讨伐郑国，表面上看是因为和晋文公关系很好，但实际上，他自己也有称霸的野心，希望从郑国灭亡这件事情上分一杯羹。那么，究竟郑国这一杯羹容易分吗？经过烛之武的提醒，秦穆公想到自己忽视了一个关键问题：郑国即使灭亡了，和秦国也没什么关系！

两国距离太远了，中间还隔着一个晋国，当时的地理位置是秦国在靠西边的位置，晋国在秦国东部偏北，郑国在最东边偏南。试问晋文公励精图治，试图扩大版图，能眼看着秦国统治郑国吗？

郑国，迟早是晋文公的囊中之物！

这时候，秦穆公心中就充满了后悔的情绪：这不是自己出兵为晋国谋福利吗？

接着，烛之武又说："如果不灭郑国而使它成为您东方道路上的主人，贵国使臣经过，郑国供应他们的食宿、给养，这对您也无坏处。"

烛之武说的是郑国给秦国的好处。其实这点儿好处对于秦穆公而言微不足道。但接下来烛之武的话又给秦穆公的心上捅了一把刀子："您也曾经有恩于晋惠公，他答应给您焦、瑕两地，可是晋惠公早晨刚刚渡河回国，晚上就在那里筑城防御，这是您所知道的。那个晋国怎么会有满足的时候？它既以郑国作为东边的疆界，又要扩张它西边的疆界，如果不损害秦国，它到哪里去夺取土地？损害秦国而让晋国得利，希望您还是多多考虑这件事。"烛之武从历史的角度分析了晋国和秦国的关系。众所周知，秦穆公帮助晋惠公回国登上了晋侯之位，而晋惠公不但不报答秦穆公，反而出兵攻打秦国，成为诸侯中背信弃义的典范。只要提起晋惠公，估计秦穆公眼睛都是红的！

其实，烛之武在这里偷换了一个概念：他把晋惠公对秦穆公的算计、背叛说成是晋国这个国家的秉性。晋惠公去世之后，晋国在晋文公的领导下进入了新的发展时期，晋文公能够对曾经接纳、收留过自己的楚国退避三舍，就证明他不是忘恩负义之人。晋文公有称霸的野心，但他绝不是小人，而是恩怨分明的。

不过，烛之武说的重点其实在于，晋国扩张版图的野心已经世人皆知，作为晋国的邻国，秦晋之战势不可免。秦穆公这次帮着晋文公讨伐郑国，其实就是在帮助秦国未来的敌人！

烛之武传递出了今天晋国讨伐的是郑国，明天就会轮到秦国的意思。

可以看出，烛之武对于天下诸侯争霸的局势洞若观火。他把各个诸侯国的动向、形势分析得非常透彻，秦穆公欣然与郑国结盟，留下了杞子、逢孙、杨孙驻守郑国，就班师回国了。

晋国大军对此当然非常气愤，晋国的大夫子犯请求攻打秦军，晋文公拒绝了：如果不是秦国国君的力量，就没有我的今天。依靠别人的力量而去损害别人，这是不仁道的；失去同盟国，这是不明智的；用混乱相攻取代联合一致，这是不符合武德的。我们还是回去吧！

从晋文公这段话不难看出，他恩怨分明，冷静缜密。他不为秦穆公的离去愤怒，而能记得秦穆公曾经的帮助；也不为攻打郑国的目标所蒙蔽，而能审时度势，做出最正确的、对晋国最有利的选择。

这篇文章的主体在于烛之武的一段说辞和秦穆公以及晋文公的反应。从这些内容可以看到烛之武的睿智、秦穆公的纳谏如流、晋文公的仁义冷静，人物性格栩栩如生，跃然纸上。

今天，我们重读这篇文章，依然可以感受到两千多年前诸侯争霸、波澜壮阔的时代格局，为那些富有个性又聪明睿智、追求理想又有所克制的人物而感动。仔细阅读，确实令人回味无穷。

《左传》之《王孙满①对楚子》

<ruby>楚子</ruby>②<ruby>伐陆浑之戎</ruby>③，<ruby>遂至于雒</ruby>④，<ruby>观兵</ruby>⑤<ruby>于周疆</ruby>。<ruby>定王</ruby>⑥
<ruby>使王孙满劳楚子</ruby>。<ruby>楚子问鼎</ruby>⑦<ruby>之大小轻重焉</ruby>，<ruby>对曰</ruby>："<ruby>在德</ruby>
<ruby>不在鼎</ruby>。<ruby>昔夏之方有德也</ruby>，<ruby>远方图物</ruby>，<ruby>贡金九牧</ruby>⑧，<ruby>铸鼎象</ruby>
<ruby>物</ruby>，<ruby>百物而为之备</ruby>，<ruby>使民知神、奸</ruby>。<ruby>故民入川泽山林不逢不</ruby>
<ruby>若</ruby>。<ruby>螭魅罔两</ruby>⑨，<ruby>莫能逢之</ruby>。<ruby>用能协于上下</ruby>，<ruby>以承天休</ruby>。
<ruby>桀有昏德</ruby>，<ruby>鼎迁于商</ruby>，<ruby>载祀六百</ruby>。<ruby>商纣暴虐</ruby>，<ruby>鼎迁于周</ruby>。
<ruby>德之休明</ruby>⑩，<ruby>虽小</ruby>，<ruby>重也</ruby>。<ruby>其奸回昏乱</ruby>，<ruby>虽大</ruby>，<ruby>轻也</ruby>。<ruby>天</ruby>
<ruby>祚</ruby>⑪<ruby>明德</ruby>，<ruby>有所厎止</ruby>。<ruby>成王定鼎于郏鄏</ruby>⑫，<ruby>卜世三十</ruby>⑬，<ruby>卜</ruby>
<ruby>年七百</ruby>，<ruby>天所命也</ruby>。<ruby>周德虽衰</ruby>，<ruby>天命未改</ruby>。<ruby>鼎之轻重</ruby>，<ruby>未</ruby>
<ruby>可问也</ruby>。"

① 王孙满：周共王的玄孙，也是东周大夫。

② 楚子：楚国国君，这里指楚庄王。

③ 陆浑之戎：东周时的少数民族，属于古代戎人。原来在秦晋西北活动，
周景王二十年（前525年），陆浑之戎灭亡于晋国。

④ 雒：指雒水，今写作洛水。

⑤ 观兵：视察军队。

⑥ 定王：周定王，第二十一位周天子。

⑦ 鼎：指九鼎。相传夏禹时，铸了九个大鼎，用来象征九州，三九鼎
象征着王权，也是传国之宝。

⑧ 九牧：古代州的长官。古代天下分九州，九州的长官叫九牧。

⑨ 螭魅罔两：指山林水泽中的妖怪。

⑩ 休明：善良美好光明。

⑪ 祚：赐福，降下福祉。

⑫ 成王：指周成王；定鼎：借指周成王定都洛邑；郏鄏：地名，在今河南省洛阳市西。

⑬ 卜世：占卜周朝能传承多少代；三十：指三十代。

译文

楚庄王攻打陆浑之戎，于是到了雒水旁，在周王室领土边境检阅军队。周定王派王孙满代表周王室慰劳楚庄王。楚庄王于是向王孙满询问九鼎的大小和轻重。王孙满回答说："大小轻重在于德行而不在于鼎。过去夏朝刚刚建立拥护有德之君时，画出远方物产画像，九州的长官进贡了青铜，以此铸造九鼎并将画下来的图像铸在鼎上，各种事物都在鼎上具备，让百姓知道鬼神怪异之物。所以百姓进入江河湖泊和树林山林，就不会遇到不顺的东西。人就不会遇到魑魅魍魉这些山林和水里的精怪。因此能让上下和谐，承接上天赐福。夏桀昏聩无德，九鼎迁移到了商朝，商朝人祭祀长达六百年。商纣王暴虐无道，九鼎又迁移到了周朝。品德如果美好光明，九鼎虽然小，也很重。假如奸恶邪辟，九鼎虽然大，也可以很轻。上天保佑有光明品德之人，这是有限度的。自从周成王将九鼎安置在王城，经过占卜预测到周朝会传世三十代，享年七百年，这是上天的命令。周朝虽然品德衰微，但天命还没有更改。九鼎的轻重，是不能问的。"

关于"问鼎"的科学考察

有人觊觎你家祖传之宝，你会如何应对？

周定王贵为天子，就遇上了这件烦心事。敢这样放肆的当然是诸侯之中实力不容小觑的一位，他便是楚庄王。

楚国是春秋诸侯国中一个独特的存在，从实力上说，楚国足以让各位诸侯侧目而视，不容小觑；但从文化上看，楚国始终是一个另类。甚至是楚王熊渠也曾经说过，"我蛮夷也"。这样独特的文化让楚国成为中原诸侯的敌对对象，但楚国始终是强悍的，这点没有人可以否认。和晋国"历代有强卿"不同，楚国是"历代有名王"。

楚穆王去世之后，嫡长子熊侣即位，是为楚庄王，当时楚庄王不到 20 岁，是一个非常年轻的君主。在他即位两年之前，楚国因令尹成大心之死发生动乱，各附属国纷纷叛乱，楚国陷入内忧外患之中。楚成王即位后，任命成大心的弟弟成嘉为令尹。竞争令尹失败的公子燮联合急于报复秦国却久不得志的斗克发动叛乱，绑架了楚庄王，准备另立新政权。

幸亏这二人被大夫戢梁诱杀，楚庄王才得以重返郢都。在当时复杂的形势下，楚庄王采取了以静观动、辨别忠奸的对策，整天沉溺于声色犬马，不问政事。这样的日子过去了三年，大夫苏从先崩溃了。他一见到楚庄王就开始大哭，楚庄王就问他原因，苏从痛诉楚庄王将要当亡国之君，楚国灭亡就在眼前！

于是楚庄王远离酒色，亲自处理朝政。他重用伍举、苏从这样的忠臣，任用孙叔敖为令尹，重视社会生产，楚国实力全力增长。

当时在诸侯国中和楚国竞争霸主地位的主要是晋国，晋国和楚国之间进行了长时间的较量，也有战争发生。在楚庄王十七年（前597

年）的邲之战（又叫两棠之役）中，楚军大获全胜，声势大振。随后，楚庄王灭掉了萧国，并连续三年讨伐宋国。楚庄王饮马黄河，问鼎中原，实现了自己称霸诸侯的愿望。

楚国称霸有历代楚王的努力和积累，更重要的是和楚庄王的个人能力有关。

这篇文章讲的就是楚庄王"问鼎"的故事。文章开篇就写道，楚庄王讨伐陆浑之戎（今河南嵩县东北一带），来到雒水，陈兵于周王室境内并检阅军队。周定王派王孙满慰劳楚庄王。

这里提到的"陆浑之戎"，是古代戎人的一支，也叫允姓之戎，曾经居于瓜洲（故城在今甘肃敦煌一带），与三苗居于三危。春秋时期，为秦晋所迫，迁移到伊川（今河南伊河流域）。楚庄王讨伐这个著名的西戎部落，又在周王室境内检阅军队，不难看出是一个向周王室和诸侯各国"展示肌肉"、树立威信的行为。

这就不难理解，见到周天子使者王孙满之后，楚庄王看似漫不经心实则却饱含深意地询问："楚子问鼎之大小轻重。"

鼎，就是九鼎。相传夏禹收九牧所贡金铸造了九个大鼎，象征九州。三代时曾经被奉为传国之宝，也是王权的象征。楚庄王询问九鼎，并不是因为他对九鼎这个文物感兴趣，而是表示对于天下赤裸裸的觊觎。

那么，作为周天子的使者、周王室之人的王孙满会如何应对呢？

王孙满当然知道楚庄王的意思，也明白已经势微的周王室不可能直接怒斥楚庄王，他的回答非常巧妙，而且绵里藏针。

王孙满首先对鼎的大小定了性："在德不在鼎。"意思是大小、轻重在于德行而不在于鼎。

接着，王孙满对于九鼎的形成做了介绍，以前夏代刚刚拥立有德之君的时候，描绘远方各种奇异事物的图像，以九州进贡的金属铸成九鼎，将所画的事物在鼎上反映出来。鼎上各种事物都已经具备，使百姓懂得哪些是神、哪些是邪恶的事物。

那么这样铸就的鼎有什么作用呢？百姓进入江河湖泊和深山老林，不会碰到不驯服的恶物，不会碰到山精水怪之类。因此能使上下和谐，而承受上天赐福。

九鼎的作用，从科普上升到了神圣、保佑万民的高度。那么，这样神圣的九鼎，又有怎样的经历呢？

王孙满认为，夏桀昏乱无德，九鼎迁到商朝，达六百年。商纣残暴，九鼎又迁到周朝。

九鼎从对于黎民百姓的保佑成为王朝的象征。而九鼎的每次迁徙，都伴随着一个王朝荒诞不经的结束和一个光明的新王朝的开始。

王孙满由此顺理成章得出了自己的结论：德行如果美好光明，九鼎虽小，也重得无法迁走。如果奸邪昏乱，九鼎再大，也可以轻易迁走。上天赐福有光明德行的人，是有尽头的。周成王将九鼎安放在王城时，曾预言占卜周朝传国三十代，享年七百载，这个期限是上天所决定的。周朝的德行虽然衰退，天命还未更改。九鼎的轻重，是不可以询问的。

王孙满把九鼎的历史作用、神圣象征、周王室的传承融为一体，一气呵成，所有的论述从"德"立论，有理有据，最终落脚点是"在德不在鼎"。加上对周王室"天命"所归的神来之笔，"周德虽衰，天命未改"，就差直接告诉楚庄王，你一个"暴发户"来问鼎，你不配！

面对势力膨胀到头脑发热的楚庄王，周天子甚至整个周王室都是愤怒却又无力的。但王孙满的论述有理有据，看似彬彬有礼，实则句句诛心，斥责了楚庄王的狼子野心，也申明了周朝的天命所归，说得楚庄王哑口无言。

今天，我们重读这篇文章，依然会为王孙满逻辑严密又含蓄有力的话语感到震撼。在坚定、睿智的王孙满面前，简单直接、蛮横无理的楚庄王显得很不像一个君主。

我们也要思考，如果我们遇到了这样蛮横不讲理的人，是简单的对阵有力，还是含蓄说明更加有力？现代人的生活节奏飞快，留给我们的思考空间似乎日益缩小。但我们真的很需要一个静思己过的空间，一个沉淀思考的时间。

人常说静水流深，深邃的才是更有力量的。

《国语》之《召公谏厉王弭谤①》

lì wáng nüè　　guó rén bàng wáng　　shào gōng gào yuē　　　mín bù kān mìng yǐ　　wáng
厉王虐，国人谤王。召公告曰："民不堪命矣！"王
nù　　dé wèi wū②　　shǐ jiān bàng zhě　　yǐ gào　　zé shā zhī　　guó rén mò gǎn yán　　dào lù
怒，得卫巫②，使监谤者，以告，则杀之。国人莫敢言，道路
yǐ mù③
以目③。

① 召：又作"邵"；厉王：指周厉王，历史上有名的暴君。弭谤：消
　　除议论。弭：消除；谤：公开的批评。
② 巫：古代能降神事鬼的人。
③ 目：动词，用眼睛看。表示敢怒不敢言。

wáng xǐ　　gào shào gōng yuē　　　wú néng mǐ bàng yǐ　　nǎi bù gǎn yán　　　shào gōng
　　王喜，告召公曰："吾能弭谤矣，乃不敢言。"召公
yuē　　shì zhàng①zhī yě　　fáng mín zhī kǒu　　shèn yú fáng chuān　　chuān yōng ér kuì　　shāng rén
曰："是鄣①之也。防民之口，甚于防川。川壅而溃，伤人
bì duō　　mín yì rú zhī　　shì gù wéi chuān zhě　　jué zhī shǐ dǎo　　wéi mín zhě xuān zhī shǐ yán
必多，民亦如之。是故为川者②决之使导，为民者宣之使言。
gù tiān zǐ tīng zhèng　　shǐ gōng qīng zhì yú liè shì xiàn shī　　gǔ xiàn diǎn　　shǐ xiàn shū　　shī
故天子听政，使公卿至于列士献诗③，瞽④献典，史献书，师
zhēn　　sǒu fù　　méng sòng　　bǎi gōng jiàn　　shù rén chuán yǔ　　jìn chén jìn guī　　qīn qi bǔ
箴，瞍赋，矇诵，百工⑤谏，庶人传语，近臣尽规，亲戚补
chá　　gǔ　　shǐ jiāo huì　　qí　　ài　　xiū zhī　　ér hòu wáng zhēn zhuó yān　　shì yǐ shì xíng ér
察，瞽、史教诲，耆、艾⑥修之，而后王斟酌焉，是以事行而
bú bèi　　mín zhī yǒu kǒu yě　　yóu tǔ zhī yǒu shān chuān yě　　cái yòng yú shì hū chū　　yóu qí
不悖。民之有口也，犹土之有山川也，财用于是乎出，犹其
yǒu yuán xí　　yǎn wò yě⑦　　yī shí yú shì hū shēng　　kǒu zhī xuān yán yě　　shàn bài yú shì hū
有原隰，衍沃也⑦，衣食于是乎生。口之宣言也，善败于是乎
xīng　　xíng shàn ér bèi bài　　suǒ yǐ⑧fù cái yòng　　yī shí zhě yě　　fú mín lǜ zhī yú xīn ér
兴，行善而备败，所以⑧阜财用、衣食者也。夫民虑之于心而
xuān zhī yú kǒu　　chéng ér xíng zhī　　hú kě　　yōng yě　　ruò yōng qí kǒu　　qí yǔ néng jǐ hé
宣之于口，成而行之，胡可⑨壅也？若壅其口，其与能几何？"

① 鄣：修筑防水的堤坝，这里是动词，意为阻止，堵塞。
② 为川者：治理水患的人。
③ 公卿：指辅佐天子的三公九卿；至于：和；列士：包括上士、中士、
　　下士；诗：指周天子派专人到民间采集的讽谏诗。

④ 瞽：无目，盲人。

⑤ 百工：管理各种工匠的官员。

⑥ 耆：六十岁的老人；艾：五十岁的老人。

⑦ 原：宽阔平坦的土地；隰：低下潮湿的土地；衍：低下平坦的土地；

沃：有河流可以用于灌溉的土地。

⑧ 所以：所用来……的方法。

⑨ 胡可：怎么能。

wáng fú tīng   yú shì guó rén mò gǎn chū yán   sān nián   nǎi   liú wáng yú zhì
王弗听，于是国人莫敢出言。三年，乃①流王于彘②。

① 乃：终于，最终。

② 彘：地名，在今山西省霍县。

译文

周厉王暴虐无道，老百姓纷纷议论指责他。召公告诉周厉王："老百姓已经不堪忍受您的命令了！"周厉王大怒，找到一个卫国的巫者，让他监视指责自己的人。一旦巫者汇报，就杀死那议论的人。老百姓没有谁敢随便说话，大家在路上遇见，都用眼神互相示意。

周厉王十分高兴，他告诉召公说："我能消除批评了，老百姓都不敢说话了。"召公说："这只是堵塞了大家的嘴。阻止人民说话，比堵塞河川危害更大。河川堵塞，大水就会冲垮堤坝，伤害的人必定会很多，堵住老百姓的嘴也是这个道理。所以治理水患的人要引水让河道通畅，治理人民的人应该开导百姓，让百姓畅所欲言。所以天子上朝听取政事，让三公九卿乃至各级官员献上来自民间的讽喻诗，盲人乐师献上乐典，史官献上史籍，少师献上规劝的文辞，盲人吟诵讽谏的文辞，百官纷纷进谏，老百姓的意见得以间接传递给周天子，天子身边的近臣进献规劝的话，天子同宗的臣子都能够检察并且弥补天子的过失。乐师和史官用诗歌、史籍对天子进行教诲，年长的大臣将这些劝谏之词进行整理，然后周天子进行仔细思考取舍，所以国家的政事付诸实践却没有违背常理。人民有口，就如同土地上有大山河流，国家的财富就从这里产出；就如同平原和低地都有肥沃的土地，百姓的衣服和食物都从这里生产。民众发表对于国家政见的看法，国家治理的好坏才能从这里产生。凡是老百姓觉得好的就去做，反之就加以防备，这是增加衣食财物的方法。百姓将内心感到忧虑的事情说出来，这是考虑成熟之后的自然流露，怎么能堵塞他们的嘴呢？如果堵住老百姓的嘴，那赞成的有几个人呢？"

周厉王不听召公的劝告，于是老百姓都不敢发表议论。三年后，周厉王终于被流放到了彘地。

是昏君，还是狂飙突进的改革家？

《召公谏厉王弭谤》这篇文章出自我国古代经典著作《国语》。《国语》又名《春秋外传》或者《左氏外传》，相传是春秋末年鲁国左丘明所著。其实《国语》的作者到底是谁，从古至今都存在争议，到现在也没有定论，最早认为《国语》的作者是左丘明的是司马迁。当时普遍的看法是，左丘明写作《左传》后，"雅思未尽"，利用剩下的材料又编辑了一本书，这本书就是《国语》。

但是从晋朝以来，很多学者对此提出了不同看法。现在普遍的看法是，《国语》是战国初期一些熟悉各国历史的人，根据史料整理加工编辑而成。

虽然《国语》的作者已经淹没在历史的尘烟中无迹可寻，但《国语》依然是中国最早的国别体史书，共二十一卷，分周、鲁、齐、晋、郑、楚、吴、越八国纪事，起自西周中期，下至春秋战国之交，大约五百年。

这篇文章讲的是召公劝谏周朝著名的昏君周厉王的故事。

周厉王姬姓，名胡，是周夷王之子，西周第十位君主。据说周厉王出生的时候，时值冬天，天降冰雹，牛马俱死。江汉为之震动。果然，等到周厉王即位后，天下大乱。

周厉王在开始执政的时候其实颇有改革意识。他改变了周朝任用周公、召公"世为卿士"的惯例，启用了在经济上、军事上有专长的荣夷公和虢公长父，他这样做是希望带给西周一个崭新的发展形势，却遭到了贵族的强烈反对。

在经济上，周厉王力图振兴残破的王室经济，抓住"专利"和"农业"这两个主要环节。当时，西周时代，山林川泽都为各级贵族所有，所以周厉王的"专利"在今天看来并不是与民争利，而是要贵族向王室缴纳财富。周朝卿士芮良夫曾因此劝谏周厉王，指出"今王学专利"，意思就是周厉王要在贵族占有的山川林泽中征收贡赋税收。经济学家胡寄窗先生说芮良夫代表"自由小工商业者们利益"，这点是正确的。

在军事上，周厉王任命虢仲征讨淮夷，讨伐戎，但是都失败了。这也是力图解决周边少数民族入侵的积极行动，此举震慑了诸侯。当时楚国在周夷王时已经称王，但看到周朝强大，楚国国君熊渠害怕周朝讨伐楚国，于是自动取消了楚王的称号。

在法律上，周厉王采取的是加强法治的措施，为了保证经济、政治上的改革，不惜采用高压手段，"王怒，得卫巫，使监谤者，以告则杀之"。但他并非滥杀，周穆王时已经制定的"五刑之属"据说有三千多种，周厉王选其一即可。而卫巫和他身后的专门组织，就是周厉王用来监视国人的专门机构。

面对一个积重难返的局面，周厉王在周朝经济、军事、法律等多方面进行了强势改革，不过他的对立面，也就是周朝的旧贵族太强大了，导致了贵族不满、国人反对，最终改革失败。

在历史的迷雾之中，周厉王这样一个狂飙突进的改革家，最终因为失败被戴上了"昏君"的帽子。

这篇文章讲的就是召公对周厉王的劝谏之词。

文章开始就讲述了周厉王残暴无道，老百姓纷纷指责他的暴政。召公告诉周厉王，老百姓已经不堪忍受暴政。周厉王勃然大怒，找来一个卫国的巫师，派他暗中监视敢于指责自己的人。一经巫者告密，就横加杀戮。住在国都的人都不敢随便说话了，路上相见，以目示意，不敢交谈。

不管周厉王的改革是否成功，他对老百姓意见的摒弃程度，这种极端的掌控，其实是非常失败的。这种简单粗暴的压制，一定会造成国内的政局动荡。

大家都不敢说话了，周厉王非常高兴，召见召公说："我能制止毁谤了，老百姓再也不敢说话了。"召公对周厉王的这种行为进行了劝谏，他首先提出了这样的压制是不可行的。这里召公用了一个非常生动的比喻，"防民之口，甚于防川"。老百姓的言论是不能堵塞的。

那么，天子应该如何处理政事呢？召公心目中的天子应该广泛听取各方面的意见，无论是大臣还是老百姓，无论是盲人还是宗族，都应该大胆进谏。这样，综合了各方面意见之后的决断，才是正确的。为什么召公要如此执着于采纳各方面意见呢？这当然是由于周天子高度集权造成的。

为什么不能限制言论呢？

召公是这样论述的。人民有口，就像土地上有山水，社会的物质财富全靠它出产；又像高原和低地都有平坦肥沃的良田一样，人类的衣食物品全靠它产出。百姓发表言论，政事的成败得失就能表露出来。人们认为好的就尽力实行，认为失误的就设法预防，这才是增加衣食财富的途径啊。老百姓把内心考虑的事说出来，这是内心想法的自然流露，怎么能加以堵塞呢？如果硬是堵住老百姓的嘴，那赞同的人能有多少呢？

可惜，召公的话周厉王不听，老百姓再也不敢公开发表言论指斥他了。过了三年，人们终于把这个暴君放逐到了彘地。

召公劝谏周厉王的言辞非常生动，特别是比喻的运用，且有理有据，还讲了利害关系。召公的话将百姓和周天子紧紧扣住。本文记录召公的言论注重语言的生动性和具体性，也体现了《国语》以记言而著称的特点。

召公在言辞中阐述的对百姓言论的尊重，直到今天也适用。百姓的力量是伟大的，民言不可阻，民意不可阻，民志不可摧，这是颠扑不破的真理。

今天我们重读这篇文章，依然会为召公的忠心为国、尊重百姓感到温暖，为周厉王不能拥有成熟的政治智慧感到揪心。但可以看到，召公的无法成功劝谏是必然的，对于周厉王这样改革的狂飙突进者而言，中规中矩的常规道理他是绝对听不进去的。假如能有一条折中道路，或许周厉王会有不一样的选择，那么历史也将被改写。

《国语》之《王孙圉论楚宝》

wáng sūn yǔ pìn yú jìn　dìng gōng xiǎng zhī　zhào jiǎn zǐ míng yù yǐ xiàng　wèn yú
王孙圉①聘于晋，定公②飨之。赵简子③鸣玉以相，问于

wáng sūn yǔ yuē　chǔ zhī bái héng yóu zài hū　duì yuē　rán　jiǎn zǐ yuē
王孙圉曰："楚之白珩④犹在乎？"对曰："然。"简子曰：

qí wéi bǎo yě jǐ hé yǐ　yuē　wèi cháng wéi bǎo chǔ zhī suǒ bǎo zhě　yuē
"其为宝也，几何矣？"曰："未尝为宝。楚之所宝者，曰

guàn yì fǔ⑤　néng zuò xùn cí　yǐ xíng shì yú zhū hóu　shǐ wú yǐ guǎ jūn wéi kǒu shí　yòu
观射父⑤，能作训辞，以行事于诸侯，使无以寡君为口实。又

yǒu zuǒ shǐ yǐ xiàng　néng dào xùn diǎn　yǐ xù bǎi wù　yǐ zhāo xī xiàn shàn bài yú guǎ jūn
有左史倚相，能道训典，以叙百物，以朝夕献善败于寡君，

shǐ guǎ jūn wú wàng xiān wáng zhī yè　yòu néng shàng xià yuè⑥ hū guǐ shén　shùn dào qí yù wù
使寡君无忘先王之业；又能上下说⑥乎鬼神，顺道其欲恶，

shǐ shén wú yǒu yuàn tòng yú chǔ guó　yòu yǒu sǒu yuē yún lián tú zhōu　jīn mù zhú jiàn
使神无有怨痛于楚国。又有薮曰云连徒洲，金、木、竹、箭

zhī suǒ shēng yě　guī zhū jiǎo chǐ pí gé yǔ máo suǒ yǐ bèi fù
之所生也，龟、珠、角、齿、皮、革、羽、毛，所以备赋，

yǐ jiè bù yú zhě yě　suǒ yǐ gōng bì bó　yǐ bīn xiǎng yú zhū hóu zhě yě　ruò zhū hóu zhī
以戒不虞者也，所以共⑦币帛，以宾享于诸侯者也。若诸侯之

hào bì jù　ér dǎo zhī yǐ xùn cí　yǒu bù yú zhī bèi　ér huáng shén xiàng zhī　guǎ jūn qí
好币具，而导之以训辞，有不虞之备，而皇神相之，寡君其

kě yǐ miǎn zuì yú zhū hóu　ér guó mín bǎo yān　cǐ chǔ guó zhī bǎo yě　ruò fú bái héng
可以免罪于诸侯，而国民保焉。此楚国之宝也，若夫白珩，

xiān wáng zhī wán yě　hé bǎo yān
先王之玩也，何宝焉？

① 王孙圉：楚国宗室，也是楚国大夫。

② 定公：指晋国的晋定公。

③ 赵简子：即赵鞅，晋国正卿。

④ 珩：美玉。

⑤ 观射父：楚国大夫。

⑥ 说：同"悦"，使……高兴。

⑦ 共：通"供"，提供。

yǔ wén guó zhī bǎo liù ér yǐ　shèng néng zhì yì bǎi wù　yǐ fǔ xiàng guó jiā　zé
"圉闻国之宝六而已：圣能制议百物，以辅相国家，则

bǎo zhī　yù zú yǐ bì yìn jiā gǔ　shǐ wú shuǐ hàn zhī zāi　zé bǎo zhī　guī zú yǐ xiàn zāng
宝之。玉足以庇荫嘉谷，使无水旱之灾，则宝之。龟足以宪臧

否^①，则宝之。珠足以御火灾，则宝之。金足以御兵乱，则宝之。山林薮泽足以备财用，则宝之。若夫哗嚣之美，楚虽蛮夷，不能宝也。”

① 臧否：好坏吉凶。

译文

楚国的王孙圉到晋国行聘问之礼，晋定公用酒食招待他。赵简子担任礼仪主持，他身上的美玉白珩叮当鸣响。（赵简子）问王孙圉说："楚国的白珩还好好保存着吗？"王孙圉回答说："白珩还在。"赵简子说："那白珩作为楚国的国宝有多久了？"王孙圉说："白珩从来都不是楚国的国宝。楚国看作国宝的，是观射父，他能发表很好的外交辞令，出使别的诸侯国，不会让我们楚王落下话柄。楚国又有左史倚相，他能说出历史上的训典，用来讲述各种事物，早晚向楚王进献历史上的成败故事，让楚王不能忘记先王的伟业；他又能取悦于天上地下的鬼神，顺应鬼神的好恶，让他们不能对楚国有怨言不满。又有沼泽叫云梦，它连接徒洲，那里是金、木、竹、箭盛产的地方。龟甲、珍珠、兽角、象牙、兽皮、羽毛、牦牛尾，用于供给军资，防备预料不到的祸患。这些东西也用来供给礼物，以招待宾客，进献给诸侯们。如果诸侯们喜爱这些礼物，那就用优雅的辞令辅佐，还有对不可预料的祸患的防备，加上上天神明保佑，敝国国君可以不得罪诸侯，那么国家和百姓就可以保全了。这是楚国的宝物。像那白珩，不过是我国先王的玩物，有什么可宝贝的呢？"

"我听说国家的宝物有六种。明君和圣人能够评判各种事务，用来辅佐国家，国家就当他是宝贝。玉器可以保佑庄稼，让庄稼没有水旱的灾难，国家就当它是宝贝。龟甲可以判定是非，国家就当它是宝贝。宝珠可以抵御火灾，国家就当它是宝贝。金属可以抵御战乱，国家就当它是宝贝。山林和湖泽可以提供财富，国家就当它是宝贝。而像那些徒具喧嚣、外表之美的美玉，楚国虽然是蛮夷之国，也不能当它是宝贝。"

国有重宝，斯楚为福

什么是一个国家最珍贵的宝物？

有人说那肯定是世代流传的稀世奇珍；也有人会说，那应该是一国划时代的伟大人物。一次，楚国大夫王孙圉在出使晋国时，就遭到了晋国大夫赵简子挑衅式的询问。这件事情被《国语》中的文章《王孙圉论楚宝》记载了下来。

赵简子是晋国大名鼎鼎的权臣加名臣。赵简子，原名赵鞅，又名志父，他是我们所熟知的《赵氏孤儿》中的孤儿赵武的孙子。晋昭公时期，赵简子成为晋国赵氏领袖，是晋国有名的权臣。他致力于改革，是晋国杰出的政治家、军事家、外交家和改革家，也是日后三家分晋赵国基业的开创者，先秦法家思想的实践者。赵简子和他的儿子赵无恤，也就是赵襄子，合称为"简襄之烈"。

这篇文章一开始用一句话说明了事情发生的背景：王孙圉聘于晋，定公飨之。赵简子问王孙圉说，楚国的白珩还在吗？

这一句问话来者不善，或者说带有很大的恶意。

楚国的国宝原与晋国无关，晋国大夫却越界询问。

王孙圉很镇定，就回答赵简子，还在。

果然，赵简子又接着问："其为宝也几何矣？"意思是，它作为楚国的宝物有多久了？

这回王孙圉没客气，直接否定了赵简子的话，"未尝为宝"。

那么，什么是楚国的宝物呢？

王孙圉紧接着就介绍了楚国视为宝物的是观射父，还有一位左史，名叫倚相。

那么楚国引以为宝的，第一是人才。比如楚国大夫观射父，比如左史倚相。当然，我们相信王孙圉说的这两个人只是楚国杰出人才的代表，他在当时就认为最宝贵的是人才。

第二，楚国的宝物是传说中的云梦泽。云梦泽的宝贵之处不在于它出产宝贵的物产，而是这里的物产可以用来接待宾客，进献诸侯，保全国家。王孙圉看重的是这些物产的功用，也就是对国家所起到的外交作用。

这两点结合来看，王孙圉看重的是宝物对于国家的作用，而不是单纯的金银财宝，这个观点就比赵简子高明了好几个段位。因为这说明，在王孙圉的心目中，国家是第一位的，其他所谓宝物、宝地、人才，都是为国家服务的。试问一个政治家，将国家放在第一位，这样的格局难道还不高吗？

接下来，王孙圉又对国宝这一概念进行了深入阐释。王孙圉提到的六种国宝：圣明之人、玉器、灵龟、珍珠、金、山林湖泽，它们都具有稀缺性、不可复制性，但它们的作用都只有一个，那就是为了国家而存在。如果对于国家没有益处，就不能被当作国宝。比如那些叮当作响、徒有其表的美玉，就算是在楚国这样的蛮夷之国，也不会被当作宝物的。

这里王孙圉的说法其实是对赵简子的讽刺：你所看到的只是物品的外在，太肤浅了。

作为外交家，王孙圉是一个心怀国家又具有逻辑性的辩才。他所有的发言都是围绕着"未尝为宝"展开的，在他平淡的陈述中，散发的正是政治家的格局和淡定、从容的心态。王孙圉的言论和赵简子的言论形成了强烈的对比，最终回到了美玉上，前后照应，从侧面讽刺了赵简子耽于享乐、追求奢侈的思想。而王孙圉忧国忧民的思想，即便是在两千多年后的今天看来，也是具有进步意义的。

　　伴随着现代化的进程，我们今天的生活，物质极度丰富，每个人也都面临着前所未有的诱惑。然而在那些快捷方便的购物过程中，很多物品也是我们生活中不常使用的。我们的手机更新换代越来越快，手机里的应用程序越来越多，但是我们静下心来去读一本书的时间越来越少，去思考这本书的好处在哪里、缺点在哪里的时候越来越少。

　　或许，在纷繁复杂的现代生活中，保有一份简单的心情，思考这样生活的意义何在，思考这样丰富到让人透不过气来的生活是否是我们真正想要，是我们每个人亟须去做的。

《穀梁传》之《虞①师晋②师灭夏阳③》

　　非国而曰"灭"，重夏阳也。虞无师，其曰师，何也？以其先晋，不可以不言师也。其先晋何也？为主乎灭夏阳也。夏阳者，虞、虢④之塞邑也。灭夏阳而虞、虢举⑤矣。

① 虞：春秋时姬姓小国，在今天山西省平陆县以北。

② 晋：西周姬姓诸侯国。

③ 夏阳：虢国城邑，在今山西省平陆县东北。

④ 虢：春秋时姬姓诸侯国，分为东、西、北虢，其中东虢、西虢已经分别被郑国、秦国灭亡。晋献公讨伐的是北虢。

⑤ 举：攻克，战胜。

　　虞之为主乎灭夏阳，何也？晋献公①欲伐虢，荀息②曰："君何不以屈③产之乘④、垂棘⑤之璧，而借道乎虞也？"公曰："此晋国之宝也。如受吾币，而不借吾道，则如之何？"荀息曰："此小国之所以事大国也。彼不借吾道，必不敢受吾币。如受吾币，而借吾道，则是我取之中府⑥而藏之外府，取之中厩而置之外厩也。"

① 晋献公：晋国君主，是晋武公之子。他在位期间讨伐了晋国周围一些小国。

② 荀息：晋国大夫，也是晋献公最信任的臣子。

③ 屈：即北屈，晋国地名。

④ 乘：古代一乘指一车四马，这里特指马。

⑤ 垂棘：晋国地名，在今山西省潞城县北。

⑥ 府：府库，国家专门用于收藏财物、文书的地方。

公曰：“宫之奇^①存焉，必不使受之也。”荀息曰：“宫之奇之为人也，达心而懦，又少长于君。达心则其言略，懦则不能强谏，少长于君，则君轻之。且夫玩好在耳目之前，而患在一国之后，此中知^②以上乃能虑之。臣料虞君中知以下也。”公遂借道而伐虢。

① 宫之奇：虞国大夫，很贤明。

② 知：同“智”，智商，智慧。

宫之奇谏曰：“晋国之使者，其辞卑而币重，必不便于虞。”虞公弗听，遂受其币而借之道。宫之奇又谏曰：“语曰：‘唇亡则齿寒。’其斯之谓与？”挈其妻子以奔曹^①。献公亡虢，五年，而后举虞。荀息牵马操璧而前曰：“璧则犹是也，而马齿加长^②矣。”

① 曹：春秋时姬姓诸侯国。

② 加长：增添。

译文

不是国都却说被灭，是看重夏阳这个城邑。虞国没有出兵，《春秋》上却说虞国军队，为什么这样说呢？因为虞国早在晋国出兵前，就已经把夏阳推入死地，所以不能说是军队。为什么说它在晋国出兵前就把夏阳推入死地了呢？因为虞国是灭亡夏阳的主谋。夏阳，是位于虞国和虢国交界地方的关键要塞。灭了夏阳，虞国和虢国就都可以攻克了。

虞国为什么要成为灭夏阳的主谋呢？晋献公想要攻打虢国，晋国大夫荀息说："君侯为什么不用北屈出产的宝马、垂棘出产的玉璧，向虞国借路呢？"晋献公说："这些都是晋国的国宝，假如虞国收了我们的礼物却不借路给我们，那时候该怎么办？"荀息说："这些是小国用来侍奉大国的。它不借路给我国，必定不敢接受我们的礼物。如果接受了我们的礼物借路给我们，那就是我们把美玉从宫里面的府库取出来，而藏在宫外面的府库；是把良马从宫里面的马厩取出来，而放置在宫外面的马厩里。"晋献公说："宫之奇还在虞国，他一定不会让虞国收受我们的礼物。"荀息说："宫之奇这个人，虽内心通达，但为人怯懦，他又比虞公大不了几岁。心里明白就会言辞简略，为人懦弱就不敢强行进谏；他只比虞公大几岁，虞公就会轻视他。况且珍宝玩物就在眼前，而祸患却在一个国家灭亡之后，这要有中等以上智商的人才能考虑到。臣推测虞公是中等智商以下的人。"

于是，晋献公借路讨伐虢国。宫之奇劝谏虞公说："晋国的使者言辞谦卑却礼物贵重，一定对虞国不利。"虞公不听宫之奇的劝谏，接受了晋国的礼物，然后借路给晋国。宫之奇又劝谏说："俗话说：'唇亡齿寒。'难道不就是说这件事吗！"宫之奇带领着自己的妻子和孩子出逃到了曹国。晋献公攻克了虢国，五年后又攻克了虞国。荀息牵着宝马捧着玉璧上前对晋献公说："这玉璧还是那块玉璧，而马的年齿又增长了。"

贪婪成性又充满悲剧的螳螂

《虞师晋师灭夏阳》这篇文章选自《穀梁传》。《穀梁传》是《春秋》三传之一，记载的历史从鲁隐公元年（前722年）开始，到鲁哀公十四年（前481年）。

相传《穀梁传》的作者是子夏的弟子，战国时期的鲁国人谷梁赤，开始也是口头传授，到了西汉时期才撰写成书。《穀梁传》以语录体、对话文体为主来注解《春秋》，它也是研究儒家思想从战国时期到西汉演变的重要文献。

《穀梁传》的民生思想不符合汉武帝对内大一统、对外大攘夷的政治需要，因此《穀梁传》日渐没落。

但在汉朝，《穀梁传》和《公羊传》都是可以立为博士的显学，在思想、艺术上都有很高的价值。

卫太子刘据喜欢读《穀梁传》，他的孙子刘询即位后，听说祖父喜欢《穀梁传》，就命令有名的儒家在殿中辩论《公羊传》和《穀梁传》的异同，当时很多大臣都赞同《穀梁传》。于是设立谷梁《春秋》博士，《穀梁传》大盛。它强调礼乐教化，尊王而不限王，主张仁德之治，正好适应西汉后期统治的需要。

《虞师晋师灭夏阳》讲的是假道灭虢的故事。

文章开始讲了夏阳的重要战略位置。这一段话饱含深意，有很多隐藏在字面意思背后的深刻含义。

首先，夏阳并非国都，被攻打却用上了国都才可以用的"灭"字，这是看重夏阳。作者没有立刻解释夏阳为什么重要，转而去说虞师。按照虞国的军事实力，军力根本不足一个师，那为什么要说它是虞师呢？因为它在晋国前面，所以不得不称虞师。

虞师是灭夏阳的主力。实力并不雄厚的虞师，充当了晋国的急先锋，攻打位置重要的夏阳，这就很有意思了。

难道虞国是有野心的那位幕后主使？

文章没有紧跟着去写虞师，反而回过头去写夏阳的重要性。夏阳地处虞国和虢国交通要塞，谁占领了夏阳，谁就拥有了打击这两个国家的有利条件。

接下来，作者荡开一笔，写到了晋国。原来惦记着夏阳的并不是虞国，而是晋国。而且晋国的目标并不只是夏阳，是虞国和虢国两个国家。并且晋国的谋划是贿赂虞国，让虞国成为自己的一把尖刀，先利用虞国，拿下虢国，然后一举兼并虞国！

这一步步谋划不可不谓心机深重，寡廉鲜耻，也不可不令人胆寒。

为晋献公策划的这位是晋国权臣荀息。荀息提出，送给虞国晋献公最喜爱的宝贝——北屈的宝马和垂棘的玉璧，收买虞国，向他们借路，偷袭虢国。

晋献公第一个反应是，这么好的宝贝送出去，虞国收下了不办事儿怎么办？

荀息当时就表示，借给虞国几个胆儿，他也不敢！这些本来是小国向大国进贡的宝物，虞国和晋国实力悬殊，怎么敢收了礼品不借路呢？这不过是将宝物从我们的仓库里拿出来放到外面的仓库罢了。

其实，晋献公怎么能不知道虞国和晋国实力对比悬殊？不过是舍不得罢了。而荀息用府库这个比喻，说明晋国对虞国也是势在必得，那些宝物送出去也无须担心。

果然，晋献公不再纠结这个问题，又认为，虞国的贤臣宫之奇肯定会阻挠此事。

荀息又分析了，宫之奇虽然睿智，但是懦弱，而且他比虞国君侯大不了几岁，他既不敢拼命死谏，虞国的国君也不听他的，根本不用顾虑。

一个睿智的人，假如没有胆量，是不可能成为一名敢于进谏的忠臣的。当国家面临灭顶之灾，自己虽然看出来这是个万劫不复的陷阱，却没有胆量去改变这一切，剩下的就只有苟且偷生。

荀息对国家实力、虞国臣子的性格了解，已经非常深刻。在荀息的谋划下，晋国的宝物顺利地送到了虞国。

文章接下来写的就是宫之奇劝谏的过程。整个事件的走向和荀息预料的一模一样。当宫之奇劝谏无效时，果断带着家人出奔到了曹国。晋献公借道灭了虢国，五年后占领了虞国。而荀息还惦记着晋献公舍不得的宝物，原物奉还，美玉如初，只是马齿徒增。

晋国假道伐虢，又吞并了虞国，这件事情在历史上留下了著名的两个成语，那就是：唇亡齿寒、假道伐虢。

今天，我们用现代人的眼光去看这整件事情，在那个诸侯争霸、弱肉强食的时代，像虞国、虢国这样的小国家根本不可能幸免于难。它们这样弱小的存在，在当时诸侯兼并的时代大潮中，最终的结果总是悲剧的，被兼并又没有能力自保，是不可能避免的一件事情。甚至我们也不能去责怪宫之奇为什么不力谏虞国国君，那样的国力，即使力谏成功，结果也会是换一种方式、换一个时间被吞并而已。

在文章中，荀息对虞国国君有一个评价，"且夫玩好在耳目之前，而患在一国之后，此中知以上乃能虑之。臣料虞君中知以下也"，意思是，再加上珍玩心爱的东西就在耳目之前，而灾祸在一个国家之后，这一点要有中等智力以上的人才能考虑到。臣料想虞君是中等智力以下的人。

从荀息的这句话，可以看出两个问题：

第一，遇到天上掉馅饼的好事，千万别利欲熏心，不问青红皂白，立马收下。贪婪，是毁灭一个人、一个国家最直接的武器。

第二，荀息认为，能在物欲收买面前先考虑国家的，智力必须在中等水平以上才能考虑到，而虞君很不幸，他的智力在中等水平以下。

敌人收买了你，贿赂了你，用糖衣炮弹送你上了绞刑架，还要文质彬彬地嘲笑你是个傻子！

螳螂捕蝉，黄雀在后。

虞君充当了晋国的马前卒，充当了那个贪婪又充满悲剧的螳螂，还要被晋国嘲笑！

这篇文章虽然短小，但是设置了几个转折，读来给人别开生面的感受，也带给我们很多启发。

《礼记·檀弓》之《曾子易箦》

曾子^①寝疾，病。乐正子春^②坐于床下，曾元、曾申^③坐于足，童子隅坐而执烛。

童子曰："华而睆^④，大夫之箦^⑤与？"子春曰："止！"曾子闻之，瞿然曰："呼！"曰："华而睆，大夫之箦与？"曾子曰："然。斯季孙^⑥之赐也，我未之能易也。元，起易箦。"曾元曰："夫子之病革^⑦矣，不可以变。幸而至于旦，请敬易之。"曾子曰："尔之爱我也不如彼。君子之爱人也以德，细人之爱人也以姑息。吾何求哉？吾得正而毙焉，斯已矣。"举扶而易之，反^⑧席未安而没^⑨。

① 曾子：即曾参，孔子晚年收的弟子，儒学大家，春秋末年思想家。

② 乐正子春：曾参的弟子。乐正，官职名。

③ 曾元、曾申：两人都是曾子的儿子。

④ 睆：华美。

⑤ 箦：席子。

⑥ 季孙：鲁国大夫。

⑦ 革：通"亟"，指曾子病重、危急。

⑧ 反：通"返"，回到。

⑨ 没：同"殁"，死亡。

译文

曾子卧病在床，病危。曾子的弟子子春坐在曾子的床下，曾元和曾申坐在床脚，小童在角落里坐着拿着蜡烛。

小童说："华丽又光洁，是大夫才能享用的竹席吗？"子春说："别说了！"曾子听到这句话，惊叹道："啊！"小童说："华丽又光滑，那是大夫才能享用的竹席啊！"曾子说："是啊！这席子是大夫季孙送给我的，我还没能更换。曾元，扶我起来换了这竹席。"曾元说："您现在已经病重了，不能随意移动。请等到明天早上再更换这席子。"曾子说："你爱我不如这小童啊。君子爱人也按照品德，小人爱人却无原则地宽容缺点。我还有什么所求？我能得到合于礼仪的死亡，那就足够了。"曾元扶着曾子起来，更换了竹席。曾子回到换好的席子上，还没躺好就去世了。

宗圣公的信念与坚持

《曾子易箦》这篇文章写的是非常著名的孔门七十二贤之一——曾子的故事。

曾子，姒姓，曾氏，名参，字子舆，鲁国南武城人。曾子是春秋末年的思想家和儒学大家，孔子晚年的弟子之一，也是儒家学派的重要代表人物。

曾子出身显赫，是有据可考的夏禹之后。黄帝的第 25 个儿子是昌意，昌意生颛顼，颛顼生鲧，鲧生禹。禹的儿子启建立了中国历史上第一个王朝——夏，开始了"家天下"的传统。夏王少康将次子曲烈分封为鄫子爵，在鄫建立了鄫国，到了公元前 567 年，鄫国为莒国灭国。鄫国的太子巫出奔到了鲁国南武城定居，后代就以"曾"为氏，去掉了邑旁（"阝"旁），表示离开故土，不忘先祖。

这位太子巫的玄孙，就是曾子。

曾子的父亲是曾点，字皙，是孔门七十二贤之一。曾子从小就跟随父亲一起读书，有"伏案苦读"之说。到了公元前 490 年，16 岁的曾参拜孔子为师。他特别勤奋好学，得到了孔子真传。8 年后，孔子最得意的弟子颜回去世之后，曾参成为孔子学说的主要继承人。在曾参 27 岁这一年，孔子病重。临终前，孔子把自己的孙子，也就是儿子孔鲤的遗孤——子思托付给曾参。当时子思还不到 4 岁。曾参仿效为父亲守丧的形式，为老师孔子守墓 3 年。

从这一点也可见，曾参不但继承了老师孔子的学问，两个人的师生感情也非常好，如同亲人，孔子在临终的时候，觉得曾参是可以托付大事的。

公元前 435 年，71 岁的曾子与世长辞。他被后世尊称为"宗胜"，成为配享孔庙的四配之一，仅次于"复圣"颜渊。四配，指过去以四人配祀孔子庙,分别是复圣公颜渊,宗圣公曾参,述圣公子思和亚圣公孟轲。

《曾子易箦》选自《礼记》,写的是曾子弥留之际的故事。

文章一开场就是曾子病重,甚至卧床不起,人生接近终点这样一个令人悲伤的场面。人在行将就木之际,有很多需要关心、交代的事情,很多放不下的尘世过往。曾子在人生的终点面临的更换竹席一事,对于任何人的生命而言,都可以说是"小"事,但唯独对于曾子来说不是。因为这涉及曾子为之坚持一生的信念——礼制。

曾子这样做的理由是,"吾得正而毙焉斯已矣",我能得到正道而死去,也就足够了。

可以看出,曾子面对死亡是非常坦然的。他不怕死,他怕的是因为死亡改变了自己坚守一生的信念。

曾子的一生同样是以身护礼。在临终前坚持易箦的强烈要求,只是曾子生活中的一个小细节,但是从这个小细节,仍然可以看到曾子对信念的坚持——克己复礼。

这个成语出自《论语·颜渊》——"颜渊问仁。子曰:'克己复礼为仁。一日克己复礼,天下归仁焉!为仁由己,而由人乎哉?'"

意思是,有一次孔子的弟子颜回请教如何才能达到仁的境界,孔子回答说:"克制自己的私欲,修正自己习性上的缺点,使行为达到礼的标准。如果能够做到,你的世界里就是仁。为仁是靠改变自己,而不是去改变别人。"

对于曾子而言,孔子是他的精神坐标,所以他坚守信念直到生命的最后一刻。

战国文

　　战国时期，文章的思想观念已经与春秋时期有许多不同，文章更加富有文采，也更擅长描写人物特点，战国时期的策士口才出众，经常讲述各种寓言故事，体现了战国时期活跃的思想氛围。《古文观止》将《战国策》和李斯、屈原、宋玉的文章选入战国文。

《战国策》之《苏秦以连横说秦》

苏秦^①始将连横^②说^③秦惠王曰："大王之国，西有巴、蜀、汉中^④之利，北有胡貉、代马之用^⑤，南有巫山、黔中^⑥之限，东有殽、函^⑦之固。田肥美，民殷富，战车万乘，奋击^⑧百万，沃野千里，蓄积饶多，地势形便，此所谓天府，天下之雄国也。以大王之贤，士民之众，车骑之用，兵法之教，可以并诸侯，吞天下，称帝而治。愿大王少留意，臣请奏其效。"

① 苏秦：字季子，战国时期洛阳人，战国纵横家代表人物。

② 连横：战国时期，"合纵"指六国联合抗击秦国；"连横"指秦国和六国任何一个国家联合打击别的国家。

③ 说：劝说，游说。

④ 巴：包括今四川东部、湖北西部的地区。蜀：今四川中、西部地区。汉中：今秦岭以南。

⑤ 胡：指北方少数民族匈奴居住的地区。貉：形似狐狸的动物，毛皮可作裘皮；代：今河北省、山西省北部，这里的马很有名。

⑥ 巫山：在今重庆市巫山县东。黔中：在今湖南省常德市。

⑦ 殽：通"崤"，指崤山。函：函谷关。

⑧ 奋击：奋勇战斗的武士。

秦王曰："寡人闻之：毛羽不丰满者不可以高飞；文章不成者不可以诛罚；道德不厚者不可以使民；政教不顺者不可以烦大臣。今先生俨然^①不远千里而庭教之，愿以异日。"

① 俨然：庄重的样子。

sū qín yuē　　　chén gù yí dà wáng zhī bù néng yòng yě　　xī zhě shén nóng fá bǔ
苏秦曰："臣固疑大王之不能用也。昔者神农伐补
suì①　huáng dì fá zhuō lù ér qín chī yóu②　yáo fá huān dōu③　shùn fá sān miáo④　yǔ
遂①，黄帝伐涿鹿而禽蚩尤②，尧伐驩兜③，舜伐三苗④，禹
fá gòng gōng　tāng fá yǒu xià⑤　wén wáng fá chóng⑥　wǔ wáng fá zhòu　qí huán rèn zhàn
伐共工，汤伐有夏⑤，文王伐崇⑥，武王伐纣，齐桓任战
ér bà tiān xià⑦　yóu cǐ guān zhī　wù⑧ yǒu bú zhàn zhě hū　gǔ zhě shǐ chē gǔ jī
而伯⑦天下。由此观之，恶⑧有不战者乎？古者使车毂击
chí　yán yǔ xiāng jié　tiān xià wéi yī　yuē zòng lián héng　bīng gé bù cáng　wén shì bìng
驰，言语相结，天下为一；约从连横，兵革不藏；文士并
shì⑨　zhū hóu luàn huò　wàn duān jù qǐ　bù kě shèng lǐ　kē tiáo jì bèi　mín duō
饬⑨，诸侯乱惑；万端俱起，不可胜理；科条既备，民多
wěi tài　shū cè chóu zhuó　bǎi xìng bù zú　shàng xià xiāng chóu　mín wú suǒ liáo　míng
伪态；书策稠浊，百姓不足；上下相愁，民无所聊；明
yán zhāng⑩ lǐ　bīng jiǎ yù qǐ　biàn yán wěi fú　zhàn gōng bù xī　fán chēng wén cí
言章⑩理，兵甲愈起，辩言伟服，战攻不息；繁称文辞，
tiān xià bú zhì　shé bì ěr lóng　bú jiàn chéng gōng　xíng yì yuē xìn　tiān xià bù qīn
天下不治；舌敝耳聋，不见成功；行义约信，天下不亲。

① 神农：古代传说中的远古帝王，发明农业和医药。补遂：古代
　　部落名。
② 黄帝：姬姓，号轩辕氏，古代传说中华民族的祖先。涿鹿：传说黄
　　帝在这里战胜蚩尤。禽：通"擒"。蚩尤：神话中东方九黎族部落领袖。
③ 驩兜：尧的大臣，传说在当时作恶。
④ 三苗：古代少数民族部落。
⑤ 有夏：即夏桀。
⑥ 崇：商时诸侯，周文王曾经讨伐崇国。
⑦ 伯：同"霸"，称霸。
⑧ 恶：同"乌"，哪里。
⑨ 饬：通"饰"，修饰文辞，意思是巧言令色。
⑩ 章：同"彰"，彰显。

yú shì　　nǎi fèi wén rèn wǔ　hòu yǎng sǐ shì　zhuì jiǎ lì bīng①　xiào shèng yú
于是，乃废文任武，厚养死士，缀甲厉兵①，效胜于

战场。夫徒处而致利，安坐而广地，虽古五帝、三王、五伯②，明主贤君，常欲坐而致之，其势不能，故以战续之。宽则两军相攻，迫则杖戟相撞③，然后可建大功。

① 厉：通"砺"，磨砺，这里指训练军队。

② 五伯：伯同"霸"，即春秋五霸，分别是齐桓公、宋襄公、晋文公、秦穆公、楚庄王。

③ 撞：冲撞。

是故兵胜于外，义强于内；威立于上，民服于下。今欲并天下，凌万乘①，诎②敌国，制海内，子元元③，臣诸侯，非兵不可！今之嗣主，忽于至道，皆惛于教，乱于治，迷于言，惑于语，沉于辩，溺于辞。以此论之，王固不能行也。"

① 万乘：拥有兵车万乘，这里指大国。

② 诎：同"屈"，屈服，制服。

③ 元元：百姓。

说秦王书十上而说不行，黑貂之裘弊，黄金百斤尽，资用乏绝，去秦而归，嬴縢履屩①，负书担囊②，形容枯槁，面目黧③黑，状有愧色。归至家，妻不下纴④，嫂不为炊，父母不与言。苏秦喟然叹曰："妻不以我为夫，嫂不以我为叔，父母不以我为子，是皆秦之罪也。"乃夜发书，陈箧数十，得太公《阴符》之谋⑤，伏而诵之，简练以为揣摩。读书欲睡，引锥自刺其股，血流至足，曰："安有说人主不能出其金玉锦绣，

qǔ qīng xiāng zhī zūn zhě hū　　jī nián　chuǎi mó chéng　yuē　　cǐ zhēn kě yǐ shuì dāng shì

取卿相之尊者乎？"期年，揣摩成，曰："此真可以说当世

zhī jūn yǐ

之君矣。"

① 嬴：缠绕。縢：古时候人的绑腿布。屩：草鞋。

② 囊：袋子。

③ 黧：黑中带黄的颜色。

④ 纴：织布机。

⑤ 太公：指姜太公。《阴符》：兵书名字。

yú shì nǎi mó yàn wū jí quē　　jiàn shuì zhào wáng yú huá wū zhī xià　zhǐ zhǎng ér

于是乃摩燕乌集①阙，见说赵王于华屋之下，抵②掌而

tán　zhào wáng dà yuè　fēng wéi wǔ ān jūn③　shòu xiàng yìn　gé chē bǎi shèng　jǐn xiù

谈，赵王大说，封为武安君③，受相印，革车百乘，锦绣

qiān tún　bái bì bǎi shuāng　huáng jīn wàn yì④　yǐ suí qí hòu　yuē zòng sàn héng　yǐ yì

千纯，白璧百双，黄金万镒④，以随其后，约从散横，以抑

qiáng qín　gù sū qín xiàng yú zhào ér guān⑤ bù tōng

强秦。故苏秦相于赵而关⑤不通。

① 燕乌集：宫阙名称。

② 抵：拍打。

③ 武安君：封号名，武安在今河北省邯郸市。

④ 镒：古代重量度量单位，一镒是二十四两。

⑤ 关：指函谷关。

dāng cǐ zhī shí　tiān xià zhī dà　wàn mín zhī zhòng　wáng hóu zhī wēi　móu chén zhī

当此之时，天下之大，万民之众，王侯之威，谋臣之

quán　jiē yù jué sū qín zhī cè　bú fèi dòu liáng　wèi fán yì bīng　wèi zhàn yì shì　wèi

权，皆欲决苏秦之策。不费斗粮，未烦一兵，未战一士，未

jué yì xián　wèi zhé yì shǐ　zhū hóu xiāng qīn　xián yú xiōng dì　fū xián rén zài ér tiān

绝一弦，未折一矢，诸侯相亲，贤于兄弟。夫贤人在而天

xià fú　yì rén yòng ér tiān xià cóng　gù yuē　　shì① yú zhèng　bú shì yú yǒng　shì

下服，一人用而天下从，故曰："式①于政，不式于勇，式

yú láng miào② zhī nèi　bú shì yú sì jìng zhī wài　dāng qín zhī lóng　huáng jīn wàn yì wèi

于廊庙②之内，不式于四境之外。"当秦之隆，黄金万镒为

yòng　zhuǎn gǔ lián jì　xuàn huáng yú dào　shān dōng③ zhī guó　cóng fēng ér fú　shǐ zhào

用，转毂连骑，炫煌于道，山东③之国，从风而服，使赵

大重。且夫苏秦特穷巷掘门、桑户棬枢④之士耳，伏轼撙

衔，横历天下，庭说诸侯之主，杜左右之口，天下莫之伉⑤。

① 式：用。

② 廊庙：指朝廷。

③ 山东：指崤山以东。

④ 掘门：同窟门，非常简陋的门；桑户：桑木做的门；棬枢：树枝做
  的门枢。

⑤ 伉：通"抗"，对抗。

将说楚王，路过洛阳，父母闻之，清宫除道，张乐设

饮，郊迎三十里。妻侧目而视，倾耳而听。嫂蛇行匍伏，四拜

自跪而谢。苏秦曰："嫂，何前倨①而后卑也？"嫂曰："以

季子②之位尊而多金。"苏秦曰："嗟乎！贫穷则父母不子，

富贵则亲戚畏惧。人生世上，势位富厚，盖③可以忽乎哉？"

① 倨：傲慢的样子。

② 季子：苏秦，字季子。

③ 盖：同"盍"，何，难道。

译文

起初，苏秦以连横之术游说秦惠王说："大王的国家，西面有巴蜀、汉中的富有，北边有胡地的貂皮、代地的良马这些特产，南边有巫山、黔中为屏障，东边有崤山、函谷关的地形之固。贵国土地肥沃，百姓富裕，拥有万辆战车、百万将士，国土肥沃广有千里，国家出产丰饶，拥有地理形势的优势便利条件，这就是所谓的自然界的宝库，天下诸侯中雄伟的大国啊。凭借大王的贤能，国内士子、百姓的众多，兵车骑兵的富足，兵法的教导，足可以兼并诸侯，吞并天下，称帝治理诸侯。请大王您对此稍加留意，臣恳请为您实现这件事情。"

秦惠王说："寡人听说，羽毛不丰满的鸟不能高飞，法令不完备的国家不能任用刑罚，道德不完备的君主不能命令百姓，政教不和顺的国家不能烦劳臣子。现在先生您不远千里、郑重地到朝廷上教导我，希望改日再听您的教诲。"

苏秦说："臣本来就疑心大王不能采用我的意见。过去神农氏讨伐补遂，黄帝讨伐涿鹿从而抓获蚩尤，尧讨伐骓兜，舜讨伐三苗部落，大禹讨伐共工，商汤讨伐夏桀，周文王讨伐崇国，周武王讨伐商纣王，齐桓公用战斗称霸天下。从这些例子来看，哪儿有不用战争的呢？古代让车辆来回往返驱驰，用语言结交，天下为一体，合纵连横，不储备兵甲武器。文人们巧言修饰，诸侯内心疑惑，祸乱争端纷纷而起，来不及清理。法律制度已经完备，百姓却大多虚伪应对，记录书册又多又乱，百姓生活难以满足。君主和百姓互相发愁，百姓没有依靠，道理彰显明白，战争反而爆发更多。文士言辞宏伟服饰华丽，战争却不曾停止，文辞越来越复杂，天下反而祸乱更多难以治理。说话的人说得舌头都破了，听话的人却好像耳朵聋了，看不到成功，行动讲究仁义诚信，天下人却不能因此亲厚。于是便废弃文治，任用武力，以优厚的待遇恩养死士，准备好盔甲，磨炼好兵器，在战场上争夺胜利。白白等待希望获得利益，安然端坐想要扩大疆域，即便是上古时期的五帝、三王、五霸，睿智的君主，常想坐着实现这件事，也一定不能实现。所以用战争来继续解决问题，距离远就两支军队互相攻打，距离近就手持剑戟相冲击，然后可以建大功。所以军队在国外取得胜利，对国内施行仁义，君主因此而有威信，百姓才会心服口服。现在想要吞并天下，凌驾于大国之上，让敌国屈服，制服海内诸侯，让天下百姓臣服，让天下诸侯臣服，非使用战争不可。现在即位的君主，忽视这个用兵的道理，在教化民众上糊涂，治理混乱，惑于言论，沉溺于诡辩文辞。根据这些来看，大王您肯定不能施行我的建议。"

苏秦游说秦惠王的奏章连上十次都没得到采纳，黑貂裘的皮衣破了，钱也花费完了，需要的资金匮乏，苏秦离开秦国回到故乡。他绑着缠腿布，穿着草鞋，挑着装书的袋子，面容憔悴，脸色黑黄，满脸羞愧。苏秦回到家里，妻子不停下织布机，嫂子不给他做饭，父母不与他交谈。苏秦感叹道："妻子不把我看作丈夫，嫂子不把我看作小叔子，父母不把我看作儿子，这都是我的过错啊。"于是，苏秦夜里找书，摆开几十箱书籍，找到了姜太公的兵书，他埋头朗诵，选择内容进行熟读思考。苏秦读书困了快要睡着，就拿起锥子刺自己的大腿，鲜血直流到脚后跟，他说："哪里有去游说一国之主，却不能让国君拿出金玉锦绣，获得卿相这样的尊贵地位的人呢？"一年后，苏秦研究兵书成功，说："这下真的可以游说当世的国君了。"

于是，苏秦便用燕乌集阙一样的言辞，在宫殿游说赵王，他常常击掌有声，赵王特别高兴，封苏秦为武安君。苏秦接受了相国之印，还有百辆兵车、千匹锦绣、百双白璧、黄金万镒，这些赏赐都跟随在他后面，苏秦倡导合纵对付连横来控制强大的秦国，所以苏秦在赵国担任相国后，函谷关的交通就因此而断绝。

　　就在此时，尽管天下广大，民众数以万计，各位诸侯威望甚高，各位谋臣权力甚大，都要取决于苏秦的策略。苏秦没有花费一斗粮食，没有劳烦一位士兵，没有让一个战士作战，没有断过一根弓弦，没有折断一支弓箭，却让诸侯相互亲厚，更胜过兄弟。贤人在位，就能使天下顺服，一人得以任用，所以天下人都会服从，所以说："用于德政而不用于武力，用于朝堂之上，而不用于国境之外。"当苏秦权势最为显赫之时，黄金万镒都为苏秦所用，随从的车辆一辆接着一辆，在道路上气势显赫，崤山以东的诸侯听到苏秦的名号就服从赵国，使得赵国的权势大为增重。况且那苏秦，不过是出身于偏僻的巷子、狭小的房屋，以桑枝木为门、木条为枢的贫寒之家的士人罢了。但他伏身于车前横木上，控制着马缰绳，在天下横行，在朝堂上游说诸侯君王，堵塞了左右近臣的嘴巴，天下没有人可以和苏秦相抗衡。

　　苏秦将要去游说楚王，他路过洛阳，苏秦的父母听说了此事，清扫了房屋和街道，安排了音乐和酒席，到郊外三十里的地方去迎接苏秦。苏秦的妻子侧目去看他，侧着耳朵听苏秦讲话。苏秦的嫂子好像蛇一样在地上匍匐行进，四次下拜又跪下谢罪。苏秦说："嫂子为什么之前傲慢而现在却那么卑躬屈膝呢？"嫂子说："因为季子您的地位尊贵又富有。"苏秦说："哎！贫穷的时候父母都不把我当成是儿子，富贵之后连亲戚也会畏惧。人在世上生活，权势地位和富有多金，难道可以忽视吗？"

跑题的超人

《苏秦以连横说秦》选自《战国策》。《战国策》是西汉刘向编订的国别体史书。这些文章并非一人所作，内容包括策士的著作和史料记载。

《战国策》刻画了很多栩栩如生的人物，这些杰出人物中，苏秦就是其中一个优秀代表。

苏秦，己姓，苏氏，名秦，字季子，雒阳人。苏秦是战国时期非常著名的纵横家、外交家和谋略家。

刘向曾经评价说："苏秦为纵，张仪为横，横则秦帝，纵则楚王，所在国重，所去国轻。"

这篇文章写苏秦被周天子拒绝之后的第二次尝试。苏秦最开始是向秦惠王提出了连横的建议。所谓连横，就是秦与六国中任何一国联合以打击别的国家。苏秦提出连横建议的基础就是秦国的国力雄厚，地理位置优越，是战国七雄中的佼佼者。

可是秦惠王对苏秦的建议并不感兴趣。

苏秦对这个结果没有气馁，又发表了长篇大论来阐述自己的观点，他阐述了古代战争和现代纵横之术横向的对比。

然而，苏秦的话没能触动秦惠王的内心，苏秦在秦国等待多时，多次递交奏折，都没有消息。苏秦落魄不已。

接着，他又遭到了亲人的鄙视。但苏秦始终是一个强者，他并没有将这些冷遇归结于亲人的势利，而是在自己身上找到了问题的根源。于是经历了艰难的埋头苦读，研究体会，苏秦再次出山。

文章用很长一段话来铺叙苏秦得到重用之后的扬眉吐气，就连苏秦的家人也改变了之前的态度，前倨后恭。可见，苏秦追求功名利禄，也有实现自我价值、追求社会认同的原因在内。

今天，我们重读这篇文章，依然会为苏秦的雄辩和为实现理想、奋斗不息而感动，也不禁要问，为什么秦惠王没有同意苏秦提出连横的建议？

如果秦国没有野心或者秦惠王没有称雄的野心就罢了，问题是他并不是这样的人。在拒绝了苏秦之后，张仪后来面见秦惠王，也是用"连横"的计策，却获得了秦惠王的重用。

看来，问题出在苏秦来的时机。

当时，秦惠王即位后，为了树立个人威信，刚刚车裂了变法功臣商鞅，此时立刻进行重大决策，国内民心浮动，难以齐心协力去执行。而苏秦忽视了这一点，苏秦在游说中，讲的都是战争在改朝换代中的重要性。秦惠王并不缺乏战斗的雄心和意志，他缺的只是一段时间，一段凝聚人心的时间，一段让秦国人同仇敌忾的时间。

这样看来，那句改日请教，也并非虚词。

苏秦是很强大，在那个战火纷飞的年代，凭一己之力能联合六国，让秦国停止东扩十五年，听起来这就是个神话，他不愧是那个年代的超人。可是，苏秦游说秦国的失败是必然的。因为他从头到尾就搞错了方向。

这也提醒我们，任何事情都需要了解实际情况，不能人云亦云，更不能凭空想象。

《战国策》之《邹忌^①讽^②齐王^③纳谏^④》

邹忌修^⑤八尺有馀，而形貌昳丽。朝服衣冠，窥镜，谓其妻曰："我孰^⑥与城北徐公美？"其妻曰："君美甚，徐公何能及君也！"城北徐公，齐国之美丽者也。忌不自信，而复问其妾曰："吾孰与徐公美？"妾曰："徐公何能及君也！"旦日^⑦，客从外来，与坐谈。问之："吾与徐公孰美？"客曰："徐公不若君之美也。"明日，徐公来，孰^⑧视之，自以为不如。窥镜而自视，又弗如远甚。暮，寝而思之，曰："吾妻之美我者，私我也；妾之美我者，畏我也；客之美我者，欲有求于我也。"

① 邹忌：战国时期齐国人，有贤才，他曾经担任过齐国相国。

② 讽：古代指下级劝说上级，用语委婉。

③ 齐王：指齐威王。

④ 纳谏：接受劝说。

⑤ 修：长，这里指个子高。

⑥ 孰：谁。

⑦ 旦日：第二天。

⑧ 孰：同"熟"，仔细。

于是入朝见威王曰："臣诚知^①不如徐公美。臣之妻私臣，臣之妾畏臣，臣之客欲有求于臣，皆以美于徐公。今齐地^②方^③千里，百二十城，宫妇左右^④莫不私王；朝廷之臣莫不畏王；四境之内^⑤莫不有求于王。由此观之，王之蔽甚矣！"

① 诚知：确实知道。

② 地：土地，领土。

③ 方：方圆，指土地大小。

④ 左右：指齐威王身边的近臣。

⑤ 四境之内：齐国全国范围的人。

　　wáng yuē　　　shàn　　　nǎi xià lìng　　　qún chén lì mín　　néng miàn cì　guǎ rén zhī guò
王曰："善。"乃下令："群臣吏民，能面刺①寡人之过
zhě　shòu shàng shǎng　　shàng shū jiàn guǎ rén zhě　　shòu zhōng shǎng　　néng bàng yì　yú yú shì cháo②
者，受上赏；上书谏寡人者，受中赏；能谤议于市朝②，
wén guǎ rén zhī ěr zhě　　shòu xià shǎng　　lìng chū xià　　qún chén jìn jiàn　　mén tíng ruò shì
闻寡人之耳者，受下赏。"令初下，群臣进谏，门庭若市。
shù yuè zhī hòu　　shí shí ér jiàn jìn　　jī nián③ zhī hòu　　suī yù yán　　wú kě jìn zhě
数月之后，时时而间进。期年③之后，虽欲言，无可进者。

　　yān　zhào　hán　wèi wén zhī　　jiē cháo yú qí　　cǐ suǒ wèi zhàn shèng yú cháo tíng
燕、赵、韩、魏闻之，皆朝于齐。此所谓战胜于朝廷。

① 面刺：当面指责。刺：指出错误。

② 市朝：公共场合。

③ 期年：满一年。期：满。

译文

邹忌身高有八尺多，而且他面容俊美，身材出众。一天早上，邹忌穿戴好衣服和帽子，照着镜子，对他的妻子说："我和城北徐公哪一个更好看呢？"他的妻子说："您更美，徐公怎么能比得上您呢？"城北徐公是齐国闻名的美男子。邹忌不相信，又去问他的小妾说："我和徐公哪一个更美？"小妾说："徐公怎么能比得上您？"第二天，有客人来，邹忌和客人坐着谈话，邹忌问客人："我和徐公哪一个更美？"客人说："徐公比不上您的美。"又过了一天后，徐公来了，邹忌仔细观察他，自认为不如徐公；照着镜子看自己，又觉得自己差远了。晚上，邹忌躺在床上思考，说："我的妻子认为我美，是因为偏爱我；我的小妾认为我美，是因为害怕我；客人认为我美，是想要有求于我。"

于是邹忌入朝拜见齐威王，说："臣本来知道自己不如徐公美。但臣的妻子偏爱臣，臣的小妾畏惧臣，臣的客人有求于臣，他们都说我比徐公美。现在齐国土地方圆千里，拥有城池一百二十座，宫里的姬妾和大王的近臣没有不偏爱大王的，朝廷上的大臣没有不害怕大王的，齐国疆域之内没有不有求于大王的。从这点来看，大王您受到的蒙蔽一定非常严重了。"

齐威王说："很好。"于是齐威王下令："所有的大臣、官吏和百姓，能够当面指责寡人错误的，受上赏；能上书劝谏寡人的，可以获得中赏；能在公共场合议论、指责寡人过错，让寡人有所耳闻的，受下赏。"命令刚颁发的时候，大臣们纷纷进谏，朝廷的门口好像集市一样热闹；几个月之后，偶尔有人进谏；一年之后，就算是想要进谏，都没有可进谏的内容了。

燕国、赵国、韩国和魏国听说了此事，都朝拜齐威王。这就是所谓的在朝廷上战胜诸侯。

我和他，到底谁美？

《邹忌讽齐王纳谏》这篇文章大家都非常熟悉，但提起邹忌，你真的了解他吗？为什么他提的建议齐威王就立刻同意了呢？

邹忌，被尊称为驺子，是战国时期齐国人。邹忌是齐桓公（不是公子小白即位的齐桓公，而是田氏代齐之后的齐国君主）、齐威王、齐宣王三朝元老，他情商、智商都很高。他的智商高体现在对治理国家的策略和当时国与国之间的形势了如指掌，而且很有自己的一套见解；他的情商高体现在邹忌进谏不会让位高者下不来台，他每次都采取讽喻的方式。不但自己的意见能得到采用，而且也不会造成难堪的局面。

但邹忌的人生也有一个污点。因为邹忌有才华、有风度，又有君子风范，所以是齐威王的得力助手。当孙膑、田忌在齐国威望大盛之后，出于嫉妒，又担心自己相位不稳，邹忌想除掉田忌。田忌不得已出奔到了楚国，一直到齐宣王即位，田忌才官复原职。

文章中的齐威王，妫姓，田氏，名因齐。话说这个妫姓可了不得，是我国上古八大姓之一，与姚姓出自五帝之一的禹舜。现在妫姓已经非常少见了，派生出的氏族有陈、田、袁、陆、王、车、薛等。齐威王是战国时期齐国（田齐）的第四代国君。

齐威王这个人首先非常有运气。齐桓公去世之后，田因齐即位，是为齐威王。还是这一年，吕氏齐国的齐康王去世，由于没有子嗣，奉邑都归田因齐所有。

齐威王的第二个特点是听人劝，重用人才，整顿吏治。齐威王二年（前355年），邹忌借讲琴理谈治国方法，劝齐威王不要沉湎于酒色，要广招人才，上下一心，国家才能繁荣昌盛。齐威王幡然醒悟，拜邹忌为相。

齐威王三年，魏国包围了赵国都城邯郸，赵国向齐国和楚国求救，于是历史上著名的围魏救赵发生了，齐国取得了桂陵之战的胜利。

齐威王也有走神儿的时候。在齐威王六年，他沉湎于享乐，不问政事。这一年，鲁国攻打齐国，韩、赵、魏三国攻打齐国，卫国攻打齐国。逼得齐国修筑长城，消极防御。在严峻的形势面前，虞姬劝谏齐威王，于是他烹杀佞臣阿城大夫，朝见周天子。这下天下人都认为齐威王是贤君。

后来，齐威王重用田忌，马陵之战大获全胜，齐国实力迅速壮大，成为当时数一数二的强大国家，称霸东方。

这篇文章讲的就是邹忌向齐威王进谏的故事。题目是"邹忌讽齐王纳谏"，讽，意思是下级对上级以委婉曲折的言语进行规劝；纳谏，意思是接受规劝。

文章开始的这段描写非常生动，而且很符合人物心理。邹忌这样的一个美男子，晨起穿衣之后，当然会揽镜自照，甚至还想和齐国的美男子徐公一比高下。

邹忌向身边人询问，自己和徐公到底谁美？结果妻子、小妾和客人都说是他美。但是邹忌还是不相信，等见到了徐公，自己亲自做了一个比较。

结果这一比之下大失所望，徐公果然是最美的！邹忌发现自己跟徐公比起来差远了！

但是邹忌也有非常可贵的一点，他很会思考。他在思考这样一个问题：明明徐公比我美，而且是美得多，为什么我问的这三个人都说我美呢？

这样他就得出了一个重大的发现，而且把这个重大的发现推广到了国政上。这是典型的推己及人、由此及彼的方法。邹忌从与徐公比美身边人不实话实说这一件小事，想到了治国。在君王身边，有更多对齐威王有所求的人，这些人为利益推动，更会颠倒黑白。

齐威王听到邹忌的进谏，不但付诸实践，而且还能更进一步：根据进谏的方式不同，越直白的越重赏，这是在鼓励老百姓都来进谏，也是表明自己接受建议的决心；他听到建议之后，还立刻改正，让老百姓看到切实的效果。在逐渐改过之后，进谏的人越来越少了。在诸侯国之间也达到了很好的效果。

这篇文章的层次结构非常有特点，从头到尾一直都是采取三层排比的手法：妻、妾、客是三层，"私我""畏我""有求于我"是三层，"宫妇左右""朝廷之臣""四境之内的百姓"，又是三层；上赏、中赏、下赏是三层，"令初下""数月之后""期年之后"又是三层。这些是明显的层次，还有比较隐蔽的，比如邹忌思想的转变，从"孰视之，自以为不如"是一层，到"窥镜而自视，又弗如远甚"是第二层，到"暮寝而思之"是第三层，这是邹忌思想的发展。

这些结构层次对于故事发展形成了推动，同时也起到了排比、递进的作用。

今天我们重读这篇文章，在为邹忌的巧妙进谏和齐威王的广开言路、虚心纳谏感慨的同时，也看到，要想进步，就不能对于别人的建议视同仇敌，应该虚心接受。就像那句老话说的，"有则改之，无则加勉"。

能够虚心聆听别人的建议，这起码代表了一个人的格局。天上的雄鹰总是越飞越高，一览天下，只有坐井观天的蛤蟆才总觉得自己看到的那一小块天空，就是整片苍穹！

《战国策》之《触龙说赵太后①》

zhào tài hòu xīn yòng shì　　qín jí gōng zhī　　zhào shì qiú jiù yú qí　　qí yuē　　　bì

赵太后新用事②，秦急攻之。赵氏求救于齐。齐曰："必

yǐ cháng ān jūn③ wéi zhì④　　bīng nǎi chū　　tài hòu bù kěn　　dà chén qiǎng jiàn　　tài hòu

以长安君③为质④，兵乃出。"太后不肯，大臣强谏。太后

míng　wèi zuǒ yòu　　　　　yǒu fù yán lìng cháng ān jūn wéi zhì zhě　　lǎo fù bì tuò qí miàn

明⑤谓左右："有复言令长安君为质者，老妇必唾其面！"

① 赵太后：指赵国的太后赵威后，她是赵孝成王的母亲。

② 新用事：刚掌控国政。用事：指执掌国政。

③ 长安君：赵威后的幼子。

④ 质：人质。

⑤ 明：直接，明白。

zuǒ shī　chù lóng yuàn jiàn　　tài hòu shèng qì ér yǐ　zhī　　rù ér xú qū　　zhì ér zì

左师①触龙愿见。太后盛气而揖②之。入而徐趋③，至而自

xiè　yuē　　　lǎo chén bìng zú④　zēng bù néng jí zǒu　bù dé jiàn jiǔ yǐ　　qiè zì shù

谢，曰："老臣病足④，曾不能疾走，不得见久矣，窃自恕，

kǒng tài hòu yù tǐ zhī yǒu suǒ xì　yě　　gù yuàn wàng jiàn tài hòu　　tài hòu yuē　　　lǎo fù

恐太后玉体之有所郄⑤也，故愿望见太后。"太后曰："老妇

shì niǎn ér xíng　　yuē　　　rì shí yǐn dé wú shuāi hū　　　yuē　　　shì zhōu ěr

恃辇⑥而行。"曰："日食饮得无衰乎？"曰："恃鬻耳。"

yuē　　　lǎo chén jīn zhě shū bù yù shí　nǎi zì qiǎng bù　rì sān sì lǐ　shǎo yì shì⑦

曰："老臣今者殊不欲食，乃自强步，日三四里，少益嗜⑦

shí　hé yú shēn　　yuē　　　lǎo fù bù néng　　tài hòu zhī sè shǎo xiè

食，和于身。"曰："老妇不能。"太后之色少解。

① 左师：春秋战国时，诸侯国官名。

② 揖：应该是"胥"字，通"须"，等候。

③ 徐趋：用快走的姿势，慢步向前走。按照当时的礼仪，臣见君应该

　　快步走。触龙年老腿脚不好，只能做出一个快走的姿势。

④ 病足：脚有病。病：有病。

⑤ 郄：同"隙"，空隙，引申为病痛。

⑥ 辇：古代的车子，由两个人拉着前进。

⑦ 嗜：喜欢。

<ruby>左师公曰<rt>zuǒ shī gōng yuē</rt></ruby>：<ruby>老臣贱息<rt>lǎo chén jiàn xī</rt></ruby>①<ruby>舒祺<rt>shū qí</rt></ruby>，<ruby>最少<rt>zuì shào</rt></ruby>，<ruby>不肖<rt>bú xiào</rt></ruby>。<ruby>而臣衰<rt>ér chén shuāi</rt></ruby>，<ruby>窃爱<rt>qiè ài</rt></ruby><ruby>怜之<rt>lián zhī</rt></ruby>。<ruby>愿令得补黑衣<rt>yuàn lìng dé bǔ hēi yī</rt></ruby>②<ruby>之数<rt>zhī shù</rt></ruby>，<ruby>以卫王宫<rt>yǐ wèi wáng gōng</rt></ruby>。<ruby>没<rt>mò</rt></ruby>③<ruby>死以闻<rt>sǐ yǐ wén</rt></ruby>！"<ruby>太后<rt>tài hòu</rt></ruby><ruby>曰<rt>yuē</rt></ruby>："<ruby>敬诺<rt>jìng nuò</rt></ruby>。<ruby>年几何矣<rt>nián jǐ hé yǐ</rt></ruby>？"<ruby>对曰<rt>duì yuē</rt></ruby>："<ruby>十五岁矣<rt>shí wǔ suì yǐ</rt></ruby>。<ruby>虽少<rt>suī shào</rt></ruby>，<ruby>愿及未<rt>yuàn jí wèi</rt></ruby><ruby>填沟壑<rt>tián gōu hè</rt></ruby>④<ruby>而托之<rt>ér tuō zhī</rt></ruby>。"<ruby>太后曰<rt>tài hòu yuē</rt></ruby>："<ruby>丈夫<rt>zhàng fū</rt></ruby>⑤<ruby>亦爱怜其少子乎<rt>yì ài lián qí shào zǐ hū</rt></ruby>？"<ruby>对<rt>duì</rt></ruby><ruby>曰<rt>yuē</rt></ruby>："<ruby>甚于妇人<rt>shèn yú fù rén</rt></ruby>。"<ruby>太后曰<rt>tài hòu yuē</rt></ruby>："<ruby>妇人异甚<rt>fù rén yì shèn</rt></ruby>！"<ruby>对曰<rt>duì yuē</rt></ruby>："<ruby>老臣<rt>lǎo chén</rt></ruby><ruby>窃以为媪<rt>qiè yǐ wéi ǎo</rt></ruby>⑥<ruby>之爱燕后<rt>zhī ài yān hòu</rt></ruby>⑦<ruby>贤于长安君<rt>xián yú cháng ān jūn</rt></ruby>。"<ruby>曰<rt>yuē</rt></ruby>："<ruby>君过矣<rt>jūn guò yǐ</rt></ruby>！<ruby>不若长<rt>bú ruò cháng</rt></ruby><ruby>安君之甚<rt>ān jūn zhī shèn</rt></ruby>。"<ruby>左师公曰<rt>zuǒ shī gōng yuē</rt></ruby>："<ruby>父母之爱子<rt>fù mǔ zhī ài zǐ</rt></ruby>，<ruby>则为之计深远<rt>zé wéi zhī jì shēn yuǎn</rt></ruby>。<ruby>媪<rt>ǎo</rt></ruby><ruby>之送燕后也<rt>zhī sòng yān hòu yě</rt></ruby>，<ruby>持其踵<rt>chí qí zhǒng</rt></ruby>，<ruby>为之泣<rt>wéi zhī qì</rt></ruby>，<ruby>念悲其远也<rt>niàn bēi qí yuǎn yě</rt></ruby>，<ruby>亦哀之矣<rt>yì āi zhī yǐ</rt></ruby>。<ruby>已<rt>yǐ</rt></ruby><ruby>行<rt>xíng</rt></ruby>，<ruby>非弗思也<rt>fēi fú sī yě</rt></ruby>，<ruby>祭祀必祝之<rt>jì sì bì zhù zhī</rt></ruby>，<ruby>祝曰<rt>zhù yuē</rt></ruby>：'<ruby>必勿使反<rt>bì wù shǐ fǎn</rt></ruby>⑧。'<ruby>岂非计<rt>qǐ fēi jì</rt></ruby><ruby>久长<rt>jiǔ zhǎng</rt></ruby>，<ruby>有子孙相继为王也哉<rt>yǒu zǐ sūn xiāng jì wéi wáng yě zāi</rt></ruby>？"<ruby>太后曰<rt>tài hòu yuē</rt></ruby>："<ruby>然<rt>rán</rt></ruby>。"

① 贱息：对别人谦称自己的儿子。息指儿子。

② 黑衣：指卫士。赵国王宫的卫士穿黑衣服。

③ 没：冒昧。

④ 填沟壑：委婉地说自己死亡。

⑤ 丈夫：古代通称成年男子。

⑥ 媪：古代对老年妇女的尊称。

⑦ 燕后：赵威后的女儿，是燕国王后。

⑧ 反：同"返"。古代诸侯之女出嫁到别的国家，只有被废或国家亡国，才能返回本国。

<ruby>左师公曰<rt>zuǒ shī gōng yuē</rt></ruby>："<ruby>今三世<rt>jīn sān shì</rt></ruby>①<ruby>以前<rt>yǐ qián</rt></ruby>，<ruby>至于赵之为赵<rt>zhì yú zhào zhī wèi zhào</rt></ruby>，<ruby>赵王之子孙<rt>zhào wáng zhī zǐ sūn</rt></ruby><ruby>侯者<rt>hóu zhě</rt></ruby>②，<ruby>其继有在者乎<rt>qí jì yǒu zài zhě hū</rt></ruby>？"<ruby>曰<rt>yuē</rt></ruby>："<ruby>无有<rt>wú yǒu</rt></ruby>。"<ruby>曰<rt>yuē</rt></ruby>："<ruby>微独<rt>wēi dú</rt></ruby>③<ruby>赵<rt>zhào</rt></ruby>，<ruby>诸<rt>zhū</rt></ruby><ruby>侯有在者乎<rt>hóu yǒu zài zhě hū</rt></ruby>？"<ruby>曰<rt>yuē</rt></ruby>："<ruby>老妇不闻也<rt>lǎo fù bù wén yě</rt></ruby>。""<ruby>此其近者祸及身<rt>cǐ qí jìn zhě huò jí shēn</rt></ruby>，<ruby>远<rt>yuǎn</rt></ruby><ruby>者及其子孙<rt>zhě jí qí zǐ sūn</rt></ruby>。<ruby>岂人主之子孙则必不善哉<rt>qǐ rén zhǔ zhī zǐ sūn zé bì bú shàn zāi</rt></ruby>？<ruby>位尊而无功<rt>wèi zūn ér wú gōng</rt></ruby>，<ruby>奉<rt>fèng</rt></ruby>④<ruby>厚<rt>hòu</rt></ruby>

ér wú láo   ér xié zhòng qì duō yě   jīn ǎo zūn cháng ān jūn zhī wèi   ér fēng   yǐ gāo yú zhī
而无劳，而挟重器多也。今媪尊长安君之位，而封⑤以膏腴之

dì   duō yǔ zhī zhòng qì   ér bù jí jīn lìng yǒu gōng yú guó   yí dàn shān líng bēng⑥   cháng
地，多予之重器，而不及今令有功于国。一旦山陵崩⑥，长

ān jūn hé yǐ zì tuō yú zhào   lǎo chén yǐ ǎo wéi cháng ān jūn jì duǎn yě   gù yǐ wéi qí ài
安君何以自托于赵？老臣以媪为长安君计短也，故以为其爱

bú ruò yān hòu   tài hòu yuē   nuò   zì jūn zhī suǒ shǐ zhī   yú shì wéi cháng ān
不若燕后。"太后曰："诺。恣君之所使之。"于是为长安

jūn yuē chē bǎi shèng   zhì yǔ qí   qí bīng nǎi chū
君约车百乘，质与齐，齐兵乃出。

① 三世：古代父子相传承为一代。

② 侯：封侯，动词。

③ 微独：不仅，不止。

④ 奉：同"俸"，俸禄。

⑤ 封：动词，帝王或诸侯分封土地给子孙或臣下作为食邑。

⑥ 山陵崩：古代比喻一国之君去世，指赵太后去世。

zǐ yì① wén zhī yuē   rén zhǔ zhī zǐ yě   gǔ ròu zhī qīn yě   yóu bù néng shì wú
子义①闻之曰："人主之子也，骨肉之亲也，犹不能恃无

gōng zhī zūn②   wú láo zhī fèng   yǐ shǒu jīn yù zhī zhòng yě   ér kuàng rén chén hū
功之尊②，无劳之奉，已守金玉之重也，而况人臣乎！"

① 子义：赵国有名的贤人。

② 尊：名词，指高贵的地位。

译文

赵太后刚刚执掌赵国国政，秦国就加紧步伐讨伐赵国。赵太后向齐国求救。齐国说："一定要以长安君为人质，齐国才会发兵。"赵太后不同意，赵国大臣纷纷竭力劝谏。赵太后直接告诉左右近臣说："有再敢说让长安君为人质的人，老太太我一定朝他脸上吐唾沫！"

赵国的左师触龙求见赵太后。赵太后怒气冲冲等着他。触龙进入宫殿内做着急状，却走得很慢，到了之后主动请罪说："老臣脚有病痛，竟然不能快步跑来，不能拜见太后已经很久了，私下原谅自己，但生怕太后玉体有病痛，所以希望在远处望望太后。"赵太后说："我全靠步辇行走。"触龙说："您每天的饮食该不会有所减少吧？"赵太后说："吃点儿稀粥罢了。"触龙说："老臣最近特别不想吃东西，于是就勉强自己散步，每天走三四里路，稍微增加饮食，身体也舒服一点儿。"赵太后说："我却不能这样做。"赵太后的满脸怒色稍微和缓了一些。

左师说："老臣的犬子舒祺，年纪最小，不像先辈贤明，而臣也老了，私下里很疼爱他，希望让他补上宫廷黑衣卫士的数目，来保护王宫。老臣冒死领罪禀告此事给您！"赵太后说："可以。这孩子年纪多大？"左师说："犬子十五岁了。希望趁着我还没去世托付给您。"太后说："男子也疼爱小儿子吗？"左师说："比妇人还厉害。"赵太后笑道："还是妇人更厉害！"左师回答说："老臣私下里认为，太后您疼爱燕后比长安君更多。"赵太后说："您错了！不像疼爱长安君那么多。"左师说："父母疼爱子女，就会为他们做长远的打算。太后您送燕后出嫁，握着燕后的脚后跟为她哭泣，为燕后惦念伤心，悲伤燕后要远去，也是为她伤心。燕后出嫁之后，您不是不想念她，祭祀的时候一定会祈祷，'一定不要让她返回赵国'。难道不是为燕后考虑长远，希望她的子孙后代相继成为燕王吗？"赵太后说："是的。"

左师说："从这一代人向上推三代，甚至到赵氏家族建立赵国的时候，赵国君王的子孙被封侯的，他们的子孙后代还有在侯位的吗？"赵太后说："没有。"左师说："不只是赵国，诸侯其他被封侯的子孙后代有在侯位的吗？"赵太后说："我没有听说过。"左师说："这件事是因为祸患来得早就会早早来到封侯者自己身上，祸患来得晚就会来到封侯者子孙身上。难道君王的子孙就一定不好吗？这是因为他们地位尊贵却没有功劳，俸禄丰厚却没有劳苦，还占有很多的珍宝啊！现在太后您让长安君地位尊贵，又将肥沃的土地分封给长安君，多给长安君很多珍宝，而不让长安君为国立功，一旦太后您去世，长安君凭什么在赵国立足呢？老臣认为太后您为长安君打算得太短浅了，所以认为您对长安君的疼爱不如对燕后。"赵太后说："好吧，任凭您支使他。"

于是赵国为长安君套车百辆，去齐国为人质，于是齐国出兵。

子义听到这件事，说："君王的儿子、骨肉之亲，还不能依靠没有功劳的尊贵、没有劳苦的俸禄，已经守护金玉之类的珍宝重器，何况是为人臣子呢！"

如何说服一个暴怒的母亲?

《触龙说赵太后》是《战国策》中的名篇。公元前265年,赵惠
文王去世,他的儿子赵孝成王即位,由于赵孝成王年幼,赵孝成王的
母亲赵威后摄政。秦国正是趁着这个机会大举进攻赵国,一举攻下赵
国三座城池,赵国危急!

为什么秦国视赵国为眼中钉?

原来,在赵惠文王当政时,他任用了乐毅和平原君为相国,蔺相
如为上卿,廉颇、赵奢为将,对外以理服人,对内整顿税收,使得赵
国"国赋大平,民富而府库实"。军事上,赵国也兼并了齐国和魏国
很多土地。赵国势力的膨胀,使得它成为六国阻挡秦国东进的屏障。

现在,赵国政权更替,人心浮动,秦国就看准这个时机对赵国下
手了。当时,赵国向齐国求救。为什么求救于齐国?虽然两国之间发
生过战争,但是齐国毕竟是赵威后的祖国,赵威后不仅是赵国王后,
也是齐国公主。可是赵威后的娘家这次不怎么支持,说帮忙可以,但
要求长安君来当人质!

这意思就是舅舅可以帮忙,但是得把外甥送来当人质。

长安君是赵威后的小儿子,也是她的爱子,赵威后十分舍不得。
在这样严苛的氛围下,触龙来见赵威后了。

触龙是赵国的左师,其实就是一个没有实权的高官。宋元之际的
史学家胡三省曾经在《资治通鉴·赵世家》中注解:冗散之官以优老
臣者也。

那么,触龙究竟是如何说动赵威后交出爱子为人质的呢?

文章一开始,就是一个"三急"的境地。

第一急,秦国攻打赵国,赵国危急;第二急,赵国的大臣因为国

家形势急了；第三急，大臣力劝赵威后，赵威后心系爱子，赵威后急了。

这一开篇，好像所有的人物都陷入了一个死胡同。

如何破局？

触龙来见赵太后，态度是恭敬的，他虽然腿脚有毛病，但是为了保持君臣礼节，依然会"徐趋"，就是慢慢地快走，这个矛盾的姿势，代表的却是老臣对于太后的尊敬。见面之后，触龙也根本没有提到长安君的事情，而是先说明自己一直担心太后的身体，早就想来问候，又问候太后身体如何，说的都是家长里短的事儿，使得赵太后的怒气逐渐消散了。

为什么？

在矛盾最激烈的时候，忽然有一位老臣过来和赵太后谈心，赵太后当然会想，这是来逼我交出儿子的，就会有逆反心理，还没说话就想让他出去了。

可是触龙却根本没提这件事，所以赵太后逐渐平静了下来。触龙开始了他的游说。他很聪明，在消除了赵太后的愤怒之后，以一个疼爱儿子的父亲形象出现，甚至为自己的儿子求情，想走个后门儿，让家中不争气的那个孩子当宫中卫士，一下子拉近了和赵太后的心理距离。紧接着，触龙又说到了燕后，提到燕后出嫁远到燕国，赵太后拉着女儿的脚后跟痛哭，但是也不愿意让女儿回来。因为燕后倘若回来，必然是被废或者亡国。这是一个母亲的苦衷，也是一国太后不得不承受的痛苦。这些话都得到了赵太后的认同。

触龙从赵太后对燕后至爱，讲到诸侯子孙今天的状况，提出了"位尊而无功，奉厚而无劳，而挟重器多也"这样一个观点，完全站在赵太后的角度，为了长安君着想，应该让他去做质子。作为诸侯子孙，身份高贵，但是你有功劳于百姓家国吗？不过凭借祖先的努力，锦衣玉食。假如有一天赵太后去世，身无寸功的长安君还如何在赵国立足？如果想要保住现在的地位，还是得为国家奉献，为国家建功立业。

这话说得赵太后哑口无言。

后来，赵国为长安君准备了一百辆车，送他到齐国去做人质。长安君刚到齐国，援兵出动，秦国立马撤兵。子义听到这件事说，国君的儿子，国君的亲骨肉啊，尚且不能依赖没有功勋的高位、没有劳绩的俸禄，并守住金玉之类的重器，何况做臣子的呢！

触龙成功地用自己的智慧说动了赵太后，这个事件也成为中国历史上非常高明的劝谏案例。触龙采取的策略，现代心理学称为"自己人效应"，就是先让对方觉得你和他是"自己人"，对方就更容易接受你的意见。

触龙从见到赵太后开始，就从自己年老、行走不便、食欲下降等方面，以及对儿女的疼爱话题引起了赵太后的共鸣，并且从赵太后对燕后和长安君的不同态度，说出了自己的论点："位尊而无功，奉厚而无劳，而挟重器多也。"

赵太后要为长安君作长久打算，就必须舍得让儿子去为国立功。"父母之爱子，则为之计深远"这个论点深深打动了赵太后，让长安君成功踏上了人质之路。

其实，历史上的赵太后是非常英明的，在《赵威后问齐使》这篇文章里，可以看到她对国家和百姓的关心，但她毕竟是一个母亲，当看到心爱的小儿子要被送去做人质，就冲动愤怒起来。触龙的话，其实就是提醒赵太后，"爱子"和"爱国"必须统一起来，这样才是真正对孩子好。触龙的循循善诱，激发了赵太后关心政治的一面，最终做出了理智的决定。

《战国策》之《唐雎①不辱使命》

qín wáng② shǐ rén wèi ān líng jūn③ yuē　　　　　guǎ rén yù yǐ wǔ bǎi lǐ zhī dì yì ān
秦王②使人谓安陵君③曰："寡人欲以五百里之地易安

líng　　ān líng jūn qí xǔ guǎ rén　　ān líng jūn yuē　　　dà wáng jiā huì　 yǐ dà yì xiǎo
陵，安陵君其许寡人！"安陵君曰："大王加惠，以大易小，

shèn shàn　 suī rán④　 shòu dì yú xiān wáng　yuàn zhōng shǒu zhī　 fú gǎn yì　　qín wáng bù yuè⑤
甚善。虽然④，受地于先王，愿终守之，弗敢易。"秦王不说⑤。

ān líng jūn yīn shǐ táng jū shǐ yú qín
安陵君因使唐雎使于秦。

① 唐雎：战国时期安陵国的大臣。

② 秦王：即秦王嬴政。

③ 安陵君：安陵国的君主，是魏襄王的弟弟。

④ 虽然：即使这样。

⑤ 说：通"悦"，高兴。

qín wáng wèi táng jū yuē　　　　guǎ rén yǐ wǔ bǎi lǐ zhī dì yì ān líng　　ān líng jūn bù tīng
秦王谓唐雎曰："寡人以五百里之地易安陵，安陵君不听

guǎ rén　 hé yě　　 qiě qín miè hán wáng wèi①　　ér jūn yǐ wǔ shí lǐ zhī dì cún zhě　 yǐ jūn
寡人，何也？且秦灭韩亡魏①，而君以五十里之地存者，以君

wéi zhǎng zhě　 gù bú cuò② yì yě　　jīn wú yǐ shí bèi zhī dì　 qǐng guǎng③ yú jūn　 ér jūn
为长者，故不错②意也。今吾以十倍之地，请广③于君，而君

nì guǎ rén zhě　 qīng guǎ rén yú　　táng jū duì yuē　　 fǒu　 fēi ruò shì yě　 ān líng jūn
逆寡人者，轻寡人与？"唐雎对曰："否，非若是也。安陵君

shòu dì yú xiān wáng ér shǒu zhī　　suī qiān lǐ bù gǎn yì yě　　qǐ zhí④ wǔ bǎi lǐ zāi
受地于先王而守之，虽千里不敢易也，岂直④五百里哉？"

① 灭韩亡魏：此时，秦已经灭亡了韩国、魏国。

② 错：通"措"，安置。

③ 广：扩大。

④ 直：仅仅。

qín wáng fú rán① nù　 wèi táng jū yuē　　　gōng② yì cháng wén tiān zǐ zhī nù hū
秦王怫然①怒，谓唐雎曰："公②亦尝闻天子之怒乎？"

táng jū duì yuē　　chén wèi cháng wén yě　　qín wáng yuē　　 tiān zǐ zhī nù　 fú shī
唐雎对曰："臣未尝闻也。"秦王曰："天子之怒，伏尸

bǎi wàn　　liú xuè qiān lǐ　　　　táng jū yuē　　　　dà wáng cháng wén bù yī zhī nù hū　　qín
百万，流血千里。"唐雎曰："大王尝闻布衣③之怒乎？"秦

wáng yuē　　bù yī zhī nù　　　yì miǎn guān tú xiǎn　　yǐ tóu qiāng dì ěr　　táng jū yuē
王曰："布衣之怒，亦免冠徒跣，以头抢地耳。"唐雎曰：

cǐ yōng fū zhī nù yě　　　fēi shì zhī nù yě　　fú zhuān zhū zhī cì wáng liáo yě　　huì xīng xí
"此庸夫之怒也，非士④之怒也。夫专诸之刺王僚也，彗星袭

yuè　　niè zhèng zhī cì hán guǐ yě　　bái hóng guàn rì　　　yāo lí zhī cì qìng jì yě　　cāng yīng jī
月。聂政之刺韩傀也，白虹贯日。要离之刺庆忌也，苍鹰击

yú diàn shàng　　cǐ sān zǐ zhě jiē bù yī zhī shì yě　　huái nù wèi fā　　xiū jìn jiàng yú tiān
于殿上。此三子者皆布衣之士也，怀怒未发，休祲⑤降于天，

yǔ chén ér jiāng sì yǐ　　ruò shì bì nù　　fú shī èr rén　　liú xuè wǔ bù　　tiān xià gǎo sù
与臣而将四矣。若士必怒，伏尸二人，流血五步，天下缟素⑥，

jīn rì shì yě　　　tǐng jiàn ér qǐ
今日是也。"挺剑而起。

① 怫然：大怒的样子。

② 公：先生，客气地称呼对方。

③ 布衣：平民百姓。

④ 士：指有才华、有胆量的人。

⑤ 休祲：象征祸福吉凶的预兆。

⑥ 缟素：白色衣物，指穿丧服。

qín wáng sè náo　　　zhǎng guì ér xiè zhī yuē　　　xiān shēng zuò　　hé zhì yú cǐ　　guǎ
秦王色挠①，长跪而谢之②曰："先生坐，何至于此！寡

rén yù yǐ　　fú hán　　wèi miè wáng　　ér ān líng yǐ wǔ shí lǐ zhī dì cún zhě　　tú yǐ yǒu
人谕矣。夫韩、魏灭亡，而安陵以五十里之地存者③，徒以有

xiān shēng yě
先生也。"

① 挠：因为遭受挫折导致胆怯、沮丧。

② 长跪：一种为了表示尊敬对方的坐姿，臀部需要离开脚后跟。谢：
　道歉。

③ 者：……的原因。

译文

秦王派人对安陵君说：“寡人想用方圆五百里土地交换安陵国，安陵君一定要答应寡人！”安陵君说：“大王您给予安陵国恩惠，用大的土地来交换小的，很好；虽然这样，我从先王那里继承了土地，愿意始终守卫，不敢交换。”秦王因此不高兴。安陵君便派唐雎出使秦国。

秦王对唐雎说：“寡人想用五百里土地交换安陵国，安陵君却不听从寡人，为什么？况且秦国已灭掉了韩国和魏国，而安陵君却凭借五十里土地幸存下来，是因为寡人将他看作忠厚的长者，所以不打安陵君的主意。现在寡人用十倍的土地，请安陵君扩大领土，而他却违背寡人的意思，这是看不起寡人吗？”唐雎回答说：“不，并不是这样。安陵君获得了先王的封地并且守护它，即使方圆千里的土地也不敢交换，何况仅仅是五百里？”

秦王闻言盛怒，对唐雎说：“先生也曾经听过天子发怒吗？”唐雎回答说：“臣没有听过。”秦王说：“天子发怒，将要倒下百万具尸体，鲜血流出千里之远。”唐雎说：“大王曾经听说过布衣老百姓之怒吗？”秦王说：“平民百姓发怒，也就是脱下帽子光着脚，用头撞地罢了。”唐雎说：“这是庸才发怒，并不是有才华、有胆量的人发怒。那专诸刺杀王僚时，彗星的尾巴扫过了月亮；聂政刺杀韩傀时，一道白虹直冲太阳；要离刺杀庆忌时，有苍鹰扑上宫殿。这三位都是平民百姓中有胆量的人，他们心怀怒气还未发作，上天就已经显示了征兆，加上臣，现在就是四个人了。如果有才能、有胆量的人发怒，就要倒下两具尸体，鲜血流下五步远，全天下的人为之穿上孝服，今天就是这个时候了。”于是拔出宝剑，挺身而起。

秦王面露胆怯屈服之色，直起身子跪着向唐雎道歉说：“请先生坐下！哪儿能到这个程度！寡人明白了：韩国和魏国灭亡了，而安陵国却凭借五十里的土地幸存，只是因为有先生啊！”

士之将怒，秦王奈何

《唐雎不辱使命》这篇文章讲的是唐雎奉安陵君之命出使秦国的故事。唐雎是安陵国臣子，安陵是当时战国时期的一个小国家，在现在河南省鄢陵西北，原来是魏国的属国。安陵君是安陵国国君，也是魏襄王的弟弟。

弱小国家的使臣面对实力雄厚而且还不那么讲理的秦国，会发生什么状况？唐雎又是如何应对的呢？

秦王嬴政上来就是不加掩饰的欺骗：用五百里地换安陵国。安陵国又不是什么风水宝地。再说，秦国什么时候做过赔本的买卖？张仪不就是用这个法子欺骗了楚怀王吗？所以安陵君根本不信。但是他很聪明，假托先王之命，祖宗家业，恕不交换。

说了这么多都没能如愿，秦国的面子往哪儿搁呢？这下秦王生气了。

就是在两国关系处于尴尬的情况下，唐雎奉命出使秦国。可以说，唐雎是"顶着雷"去的。这一次处理不好，不但性命不保，安陵国也要面临灭顶之灾。

秦王对唐雎开篇说的话明显是威胁。试问都灭了韩国和魏国，难道不是要兼并天下吗？那时安陵怎么可能幸免于难！现在不动手，不过是觉得安陵国五十里的地方不值得发兵，看看能不能骗过来。

唐雎也没客气，他表示先王留下来的土地，方圆千里也不能交换，何况五百里呢？

秦王听了更加生气了。

秦王开始了变本加厉的威胁，你不听我的，我可要让你们伏尸百万！

可是唐雎更优秀。

唐雎的回答不但让暴君秦王不敢拿自己怎么样，甚至还让他深深地恐惧了。

唐雎反问秦王，既然您说了天子一怒，伏尸百万，那您知道布衣一怒会如何吗？于是秦王描述了一番平民百姓撒泼发怒的形象，但是唐雎说这只是庸夫。他说的是士。

什么是士之一怒呢？

唐雎举了三个例子：专诸、聂政、要离。唐雎说的是历史上有名的三位刺客，又加上一句话：加上我将是四个人了。这是明说：我今天是有备而来，不惧生死，我也可以成为刺客。

而且唐雎说完还采取了行动，他把宝剑拔出来了。

一代暴君秦王，在看到唐雎将要行刺时，不但吓得惊惶失色，还赶紧向唐雎道歉。

这篇文章少有经过的叙述，全篇人物对白，重点突出，人物性格跃然纸上：秦王的虚伪残暴、色厉内荏，唐雎的不畏强暴、勇于斗争，都栩栩如生。唐雎的话，特别是大段排比，节奏鲜明，气势如虹。秦王最后的认输虽是意料之外，也在情理之中。

当侠士与暴君狭路相逢，还是勇者胜。

李斯·《谏逐客书》

qín zōng shì dà chén jiē yán qín wáng yuē　　　　　　zhū hóu rén lái shì qín zhě　　dà dǐ wèi qí
秦宗室大臣皆言秦王曰："诸侯人来事秦者，大抵为其
zhǔ yóu jiàn yú qín ěr　　　qǐng yí qiè zhú kè　　　lǐ sī yì yì zài zhú zhōng
主游间于秦耳，请一切逐客。"李斯议亦在逐中。

sī nǎi shàng shū yuē　　　chén wén lì yì zhú kè　　qiè yǐ wéi guò yǐ　　xī mù gōng qiú
斯乃上书曰："臣闻吏议逐客，窃以为过矣。昔穆公求
shì　　xī qǔ yóu yú yú róng①　　dōng dé bǎi lǐ xī yú yuān②　　yíng jiǎn shū yú sòng③　　qiú
士，西取由余于戎①，东得百里奚于宛②，迎蹇叔于宋③，求
pī bào　　gōng sūn zhī④ yú jìn　　cǐ wǔ zǐ zhě　　bù chǎn yú qín　　ér mù gōng yòng zhī
丕豹、公孙支④于晋。此五子者，不产于秦，而穆公用之，
bìng guó èr shí⑤　　suì bà xī róng　　xiào gōng yòng shāng yāng zhī fǎ　　yí fēng yì sú　　mín yǐ
并国二十⑤，遂霸西戎。孝公用商鞅之法，移风易俗，民以
yīn shèng　　guó yǐ fù qiáng　　bǎi xìng lè yòng　　zhū hóu qīn fú　　huò chǔ　　wèi zhī shī
殷盛，国以富强，百姓乐用，诸侯亲服，获楚、魏之师，
jǔ dì qiān lǐ　　zhì jīn zhì qiáng　　huì wáng yòng zhāng yí zhī jì　　bá sān chuān zhī dì⑥
举地千里，至今治强。惠王用张仪之计，拔三川之地⑥，
xī bìng bā　　shǔ　　běi shōu shàng jùn⑦　　nán qǔ hàn zhōng　　bāo jiǔ yí　　zhì yān　　yǐng
西并巴、蜀，北收上郡⑦，南取汉中，包九夷，制鄢、郢，
dōng jù chéng gāo zhī xiǎn　　gē gāo yú zhī rǎng　　suì sàn liù guó zhī zòng⑧　　shǐ zhī xī miàn shì
东据成皋之险，割膏腴之壤，遂散六国之从⑧，使之西面事
qín　　gōng yì dào jīn　　zhāo wáng dé fàn jū　　fèi rǎng hóu　　zhú huá yáng　　qiáng gōng shì
秦，功施到今。昭王得范雎，废穰侯，逐华阳，强公室，
dù sī mén　　cán shí zhū hóu　　shǐ qín chéng dì yè　　cǐ sì jūn zhě　　jiē yǐ kè zhī gōng
杜私门，蚕食诸侯，使秦成帝业。此四君者，皆以客之功。
yóu cǐ guān zhī　　kè hé fù yú qín zāi　　xiàng shǐ sì jūn què kè ér bù nà⑨　　shū shì ér
由此观之，客何负于秦哉？向使四君却客而不内⑨，疏士而
bú yòng　　shì shǐ guó wú fù lì zhī shí　　ér qín wú qiáng dà zhī míng yě
不用，是使国无富利之实，而秦无强大之名也。

① 由余：秦穆公手下能臣。戎：古代对西方少数民族的蔑称。

② 百里奚：其身世说法不一。传说他是楚国宛（今河南南阳）人，曾
为楚大夫，后沦落为奴，被秦穆公用五张黑公羊皮赎到秦国。宛：
楚国城邑。

③ 蹇叔：百里奚好友。百里奚推荐他为秦国上大夫。

④ 丕豹：晋国大夫丕郑的儿子；公孙支：岐州人。他们都是秦国
大夫。

⑤ 二十：不是准确数字。

⑥ 三川：指黄河、洛河、伊河附近的土地。

⑦ 上郡：郡名，原来属于魏国。

⑧ 六国之从：指苏秦倡导的六国合纵联盟，对抗秦国。

⑨ 内：通"纳"，接受。

"今陛下致昆山①之玉，有随、和之宝②，垂明月之珠，服太阿之剑③，乘纤离之马④，建翠凤之旗，树灵鼍之鼓。此数宝者，秦不生一焉，而陛下说⑤之，何也？必秦国之所生然后可，则是夜光之璧不饰朝廷，犀象之器不为玩好，郑、魏之女不充后宫，而骏马駃騠⑥不实外厩，江南金锡不为用，西蜀丹青不为采。所以饰后宫、充下陈⑦、娱心意，说耳目者，必出于秦然后可，则是宛珠之簪、傅玑之珥、阿缟之衣、锦绣之饰，不进于前，而随俗雅化、佳冶窈窕赵女不立于侧也。夫击瓮叩缶，弹筝搏髀，而歌呼呜呜、快耳目者，真秦之声也。郑、卫、桑间，《韶》《虞》《武》《象》者，异国之乐也。今弃击瓮叩缶而就郑卫，退弹筝而取韶、虞，若是者何也？快意当前，适观而已矣。今取人则不然。不问可否，不论曲直，非秦者去，为客者逐。然则是所重者在乎色、乐、珠、玉，而所轻者在乎人民也。此非所以跨海内、制诸侯之术也。

① 昆山：指昆仑山。

② 随、和之宝：春秋时著名珍宝随侯珠、和氏璧。

③ 太阿之剑：相传是楚国人干将，莫邪合铸的宝剑。

④ 纤离之马：骏马。

⑤ 说：通"悦"，喜欢。

⑥ 驮騠：骏马。

⑦ 下陈：指将众多的珍宝和美女充满了府库和内廷。

"臣闻地广者粟多，国大者人众，兵强则士勇。是以太山①不让土壤，故能成其大；河海不择细流，故能就其深；王者不却众庶，故能明其德。是以地无四方，民无异国，四时充美，鬼神降福，此五帝、三王②之所以无敌也。今乃弃黔首③以资敌国，却宾客以业诸侯，使天下之士退而不敢西向，裹足不入秦，此所谓'藉寇兵而赍盗粮者也'。

夫物不产于秦，可宝者多；士不产于秦，而愿忠者众。今逐客以资敌国，损民以益仇④，内自虚而外树怨于诸侯，求国无危，不可得也！"

① 太山：即泰山。

② 五帝：上古传说中的黄帝、颛顼、帝喾、尧、舜。三王：指历史上的夏禹、商汤和周武王。

③ 黔首：泛指平民百姓。

④ 仇：仇敌。

译文

秦国的宗室大臣都对秦王说："从各诸侯国来事奉秦国的人，大都是为他们君主游说和离间秦国罢了，请把外来人一律驱逐出境。"李斯也在计划被驱逐的人中。

于是李斯上书秦王说："臣听说官吏们在讨论驱逐客卿，私下认为这是错误的。过去，秦穆公求取贤才，向西在戎人那里得到了由余，向东在宛地得到了百里奚，在宋国迎来了蹇叔，召唤丕豹和公孙支从晋国而来。这五位贤臣，并不是出生于秦国，然而秦穆公却重用他们，得以吞并了二十多个小国，于是秦穆公称霸西戎。秦孝公重用商鞅新法，改变了秦国的风俗，百姓因此人口增多、生活富裕，国家因此富强起来，百姓愿意为国家驱使，诸侯也亲近服从秦国，秦国战胜了楚国和魏国的军队，扩张了方圆千里的国土，至今都很强盛。秦惠王重用张仪的计策，攻克三川的广大土地，向西吞并了巴蜀，向北攻克了上郡，向南获得了汉中，囊括九夷部落，制服鄢、郢，向东占据了成皋这险要之地，割取肥沃的土地，于是驱逐散去了六国合纵，让他们向西侍奉秦国，功业延续到今天。秦昭王得到范雎，废黜了穰侯，驱逐了华阳君，强大了秦国公室，杜绝权贵私人发展，蚕食了诸侯土地，使得秦国成就了帝王之业。这四位秦国君主，都是凭借客卿的功劳。从这点来看，客卿有什么对不起秦国呢！假如那四位君主拒绝客卿，疏远士人不加以重用，是让国家没有富强的实力，而秦国没有强大的名声。

"现在陛下得到了昆仑山的宝玉，又得到了随侯珠、和氏璧，佩戴着太阿宝剑，骑着骏马，竖起了用翠凤羽毛为装饰的旗帜，摆放着灵鼍皮制作的大鼓。这几样珍宝，没有一种是出产自秦国，但是陛下却很喜欢它们，为什么？一定要秦国出产的然后才被许可接受，那么夜光碧玉不能装饰朝廷；犀角和象牙制作的器物不能成为陛下的珍玩；郑国和魏国的美女也不能填充陛下的后宫，那骏马也不能充实您宫外的马圈，长江以南的金、锡也不能为秦国所用，西蜀的丹青颜料也不能成为彩饰。那些用来装饰后宫、充实府库，娱乐内心，让耳目悦然的东西，都必须出产自秦国才可以采纳，那么缠绕珍珠的发簪、镶嵌着珠子的耳饰、未经染色的细缯、细绢，锦绣制成的装饰，就都不会进献到陛下眼前，那符合时俗、雅致不凡，窈窕美好的佳丽，那来自赵国的美女，也不会站立在陛下身旁。敲击陶制的瓮和缶，弹起筝拍着大腿打节奏，嘴里唱着呜呜呀呀的歌，那才是真正出产于秦国的音乐；郑、卫、桑间的音乐，《韶》《虞》《武》《象》的古曲，这些都是来自异国的音乐。现在您放弃了敲击瓮缶而去听郑卫之乐，不弹筝却选择了《韶》《虞》，您这样做是为什么？因为这些异国之乐令陛下愉悦高兴，适合观看和去听罢了。现在陛下用人却不这样。不问此人是否可用，无论错误还是正确，不是秦国的人就让他离开，凡是客卿就驱逐他。然而陛下所看重的是音乐美色和珍宝珠玉，所看轻的是百姓人民。这不是可以超越海内、驾驭诸侯的办法。

"臣听说，土地广大的地方出产粮食多，国家大就人口众多，武器强大那么士兵就会勇敢。泰山不拒绝土壤，所以能成就它的高大；河海不抛弃小的水流，所以能成就河海的深邃；为君王者不能推却普通民众，所以能发挥他高尚的品德。土地不分东西南北，人民不分是本国还是异国，那就会四季富裕美好，鬼神降下福祉，这是上古时期五帝三王能够没有敌手的原因。现在陛下抛弃百姓让他们去帮助敌国，推却宾客让他们去资助诸侯，让全天下的士人退后不敢向西，停止脚步不进秦国，这就是所谓的'借武器给敌人，还给强盗粮食'啊。

"物品不出产于秦国，但宝贵的有很多；士人不出自秦国，而愿意效忠秦国的有很多。现在驱逐客卿来帮助敌国，减少本国人口来充实对手，内部空虚而在诸侯中树立仇恨，想要谋求国家没有危险，是不可能的。"

敢触秦王嬴政逆鳞的能臣

《谏逐客书》的作者提起来令人既敬佩又惋惜，他就是秦朝相国——李斯。从一介平民到中国大一统王朝的相国，一人之下，万人之上。

《谏逐客书》这篇文章开篇采取的论证方法主要是举例子，用事实说话，说明客卿为秦国发展立下的汗马功劳。

文章中提到的秦穆公时期的由余，原来是晋国人，后来进入戎地，戎王命令他出使秦国。秦穆公发现由余非常有才华，招揽由余。由余献计，秦穆公因此攻破西戎很多小国，称霸西戎。

百里奚命运坎坷，本来他是楚国大夫，楚国被灭之后成为俘虏。百里奚作为秦穆公夫人的陪嫁来到秦国，秦穆公用五张黑公羊皮赎出，成为秦国大夫，被称为"五羖大夫"。

蹇叔是百里奚的好友，经过百里奚推荐，秦穆公从宋国请他来到秦国，成为秦国上大夫。蹇叔最著名的事迹，就是在崤之战的时候不惜直言觐见，指责秦穆公不应该偷袭郑国。

丕豹是晋国大夫丕郑之子。丕郑被晋惠公杀死之后，丕豹出奔到了秦国，秦穆公任命他为大夫。

公孙支，身为秦国人，游历晋国，秦穆公任命他为大夫。这五位贤人是秦穆公最得力的政治班底，也是秦穆公身在西戎、边陲之地能够脱颖而出，成为五霸之一的关键因素。

秦孝公重用的商鞅、秦惠王重用的张仪、秦昭王重用的范雎，更是当时放眼天下难得的英才。

这些客卿的努力和出众的才华，不但铸就了自己的光辉职业生涯，更将秦国的实力推到了诸侯之巅。这是李斯的正面论证。

　　李斯的反面论证是具体而微，又是满怀讽刺的。既然凡是外国的就是不好的，为什么秦王还要苦心搜罗外国的珠宝、名马、美女？为什么还要欣赏外国优美的歌曲呢？李斯指出了逐客令的本质：不就是秦王重视个人享受，轻视百姓吗？秦国要是这样发展下去，还能统一天下吗？

　　接下来，李斯叙述了接受客卿的意义所在，并在文章的结尾点出了逐客令的严重之处：这是对敌国的帮助，是将秦国置于危险之地！

　　其实，作为逐客令的驱逐对象，李斯也是应该离开的客卿。逐客令并不是客气的说法。但李斯在文章中是冷静的，他并没有从自己的角度去恳求和解释什么，而是从秦国的角度，高屋建瓴地将逐客令的狭隘性阐释得清清楚楚。

　　秦王读了这篇文章，欣然接受李斯的劝谏。

　　鲁迅先生称赞李斯："秦之文章，李斯一人而已。"

　　《谏逐客书》不但让我们欣赏到优美的文辞、充实的历史故事、完整的逻辑结构，更让我们看到了一代政治家的眼界、格局和思想深度。

屈原·《卜居①》

屈原既放，三年不得复见②。竭智尽忠，而蔽障于谗。心烦虑乱，不知所从。乃往见太卜③郑詹尹曰："余有所疑，愿因先生决之。"詹尹乃端策拂龟④曰："君将何以教之？"

① 卜居：占卜自己该如何处世。居：指处世的态度。

② 复见：指屈原再见到楚王。

③ 太卜：掌管占卜的官员。

④ 端策：策通"策"，数蓍草；拂龟：拂去龟甲上的灰尘。

屈原曰："吾宁悃悃款款①，朴以忠乎，将送往劳来，斯无穷乎？宁诛锄草茅以力耕乎，将游大人②以成名乎？宁正言不讳以危身乎，将从俗富贵以偷生乎？宁超然高举以保真乎，将哫訾栗斯③，喔咿嚅唲④以事妇人乎？宁廉洁正直以自清乎，将突梯滑稽，如脂如韦，以絜楹乎？宁昂昂若千里之驹乎，将氾氾若水中之凫⑤乎，与波上下，偷以全吾躯乎？宁与骐骥亢轭⑥乎，将随驽马之迹乎？宁与黄鹄⑦比翼乎，将与鸡鹜争食乎？此孰吉孰凶，何去何从？世溷浊而不清，蝉翼为重，千钧为轻；黄钟⑧毁弃，瓦釜雷鸣；谗人高张，贤士无名。吁嗟默默兮，谁知吾之廉贞！"

① 悃悃款款：形容人诚实勤恳。

② 大人：指那些贵族大官。

③ 哫訾：阿谀奉承的样子。栗斯：小心求媚的样子。

④ 喔咿嚅唲：形容人强颜欢笑的样子。

⑤ 凫：野鸭。

⑥ 亢轭：并驾同行，亢，同"伉"。

⑦ 黄鹄：天鹅。

⑧ 千钧：指代重的东西。古代三十斤是一钧。

⑨ 黄钟：指发出黄钟律这样宏伟声音的大钟。黄钟本来是古代声音最

　　宏大的乐器。

　　zhān yǐn nǎi shì cè ér xiè　yuē　　　　　　fú chǐ yǒu suǒ duǎn　cùn yǒu suǒ cháng　wù yǒu suǒ
　詹尹乃释策而谢①**曰："夫尺有所短，寸有所长；物有所**
bù zú　　zhì yǒu suǒ bù míng　shù②yǒu suǒ bù dài　　shén yǒu suǒ bù tōng　yòng jūn zhī xīn
不足，智有所不明，数②**有所不逮**③**，神有所不通。用君之心，**
xíng jūn zhī yì　　guī cè chéng bù néng zhī cǐ shì
行君之意。龟策诚不能知此事。"

① 谢：谢绝。

② 数：指占卜中的卦数。

③ 逮：到。

译文

屈原已经被放逐，三年不能再见到楚王。屈原竭尽全力效忠国家却被谗言遮蔽阻挠。他内心烦闷忧虑，不知道该怎么办。于是屈原去拜见太卜郑詹尹说："我内心有疑虑，希望借助先生为我决断。"于是郑詹尹数计著草，拂去龟甲上的灰尘，说："先生有何见教？"

屈原说："我应该诚实勤恳，朴实忠诚，还是迎来送往，逢迎上下，以免陷入困境呢？我应该开荒除草出苦力耕种，还是与高官贵族交游以此成名呢？我应该直言不讳让自己深陷危机，还是随波逐流，追逐富贵以此贪生呢？我应该超然不群远走高飞以保全真实本性，还是言语谄媚阿谀奉承强颜欢笑，以此侍奉楚王的宠姬呢？我应该清正廉洁保全清誉，还是善于逢迎，好像油脂一样油滑，像熟牛皮一样柔软地去趋炎附势呢？我应该昂首挺胸、堂堂正正得像那千里驹一样，还是像那在水波中漂浮不定的野鸭，随波逐流，以此保全我自己呢？我应该与那骐骥并驾齐驱而行，还是跟随那劣马的踪迹呢？我应该与天鹅比翼齐飞，还是和鸡鸭争夺食物呢？以上这些到底哪个吉利，哪个凶险？我又该选择哪个，舍弃哪个？世道肮脏污浊，蝉翼被认为是重的，千钧被认为是轻的；宏伟的黄钟被毁坏丢掉，陶制的瓦锅却发出雷鸣一样的声音；奸佞小人如此嚣张，贤者能人却籍籍无名。哎，沉默不语吧，谁能知道我的清廉忠贞！"

郑詹尹便放下著草辞谢说："尺虽然长也有短处，寸虽然短也有长处；万物都有不足，智慧都有不明了处；术数也有不及之时，神明也有不通的难题。请您按照自己的心意行事，按照自己的意志行事。龟壳和著草是没有办法占卜这件事的。"

屈平辞赋悬日月

《卜居》这篇文章选自《楚辞》，相传为伟大诗人屈原所作，现代学者认为是楚国人在屈原死后为了悼念他创作的。

屈原是战国时期楚国的诗人和政治家，出生在楚国丹阳秭归（今湖北宜昌），芈姓，屈氏，名平，字原，自云名正则，字灵均。屈氏从春秋前期一直延续到战国后期，都是楚国贵族，屈原是楚武王熊通之子屈瑕的后代。

公元前278年，秦国大将白起攻下了郢都。屈原在极度苦闷、完全失望的心情下，于五月五日自沉于汨罗江。

从屈原开始，中国有了以文学闻名于世的作家。他开创了"楚辞"这种文体，也称"骚体"，"衣被词人，非一代也"。

在楚辞流传的过程中，汉代的赋作家无不受到楚辞的影响。而在文学作品、绘画作品、戏曲话本中的屈原形象也成为几千年来中国文化的代表，所以鲁迅称他是"逸响伟辞，卓绝一世"。

《楚辞》是中国浪漫主义文学的源头之一，与《诗经》的《国风》并称"风骚"。

屈原这种上下求索的精神和高尚的爱国精神，成为千百年来中国人传承的瑰宝。

大诗人李白在诗中写道，"屈平辞赋悬日月，楚王台榭空山丘"。

《卜居》题目的意思是占卜自己该怎么处世。卜，意思是占卜；居，指处世的方法和态度。文章记述的是屈原流放后和太卜的对话。

这篇文章最引人注意的就是屈原提出的八个问题。这是一个志趣高洁之士在混乱现象面前的痛苦心境，但也是无畏勇敢的选择。是身为小人潇洒地活着，还是身为君子困窘不堪？这个选择对于屈原而言是一个伪命题。屈原虽然是痛苦的，但他又是坚定的。无论怎样的磨难，都不会让他成为只图利益的小人，而只能让他成为饱经磨难的君子。因为他心里始终坚守正义的底线。

人生究竟该如何选择？是随波逐流还是坚定信念？这也是值得每一个现代人思考的问题。

《卜居》这种主客问答的方式，对汉赋"设为问答，以显己意"的形式，具有启发意义。后世辞赋杂文中的宾主问答方式，滥觞于此。

我们在为屈原的独创性、文学性感动的同时，更为他在百转千回的困境中坚守信念的坚定而感动，为他高尚的人格所感动。

阅读屈原，就是给我们注入高尚的正能量。

叁
|
○

汉文

　　汉朝时，"罢黜百家，独尊儒术"。汉朝产生了更加宏伟的文学作品，比如《史记》。这是强大的国家带给人们宏大视野的同时，孕育的宏伟之作。《史记》是我国第一部正史，同时具有很强的文学性，尤其是对于人物形象的塑造，对后来的文学创作影响非常大。《史记》被后世人们推崇为和"骈文"相对的古文典范之作。

《史记》之《伯夷列传》

夫学者载籍极博。犹考信于六艺①。《诗》《书》虽缺，然虞、夏之文可知也。尧将逊位，让于虞舜，舜、禹之间，岳牧咸荐，乃试之于位，典职数十年，功用既兴，然后授政，示天下重器②，王者大统，传天下若斯之难也。而说者③曰：尧让天下于许由，许由不受，耻之逃隐。及夏之时，有卞随、务光者。此何以称焉？太史公曰：余登箕山，其上盖有许由冢④云。孔子序列古之仁圣贤人，如吴太伯、伯夷之伦详矣。余以所闻由、光义至高，其文辞不少概见，何哉？

① 六艺：周朝贵族需要学习的六种技能，包括礼、乐、射、御、书、数。此处指"六经"，即《易》《书》《诗》《礼》《乐》《春秋》。

② 重器：国家珍宝，象征一国政权。

③ 说者：指诸子百家的著述。

④ 冢：坟墓。

孔子曰："伯夷、叔齐，不念旧恶，怨是用希①。""求仁得仁，又何怨乎？"余悲伯夷之意，睹轶诗可异焉。其传曰：伯夷、叔齐，孤竹君之二子也。父欲立叔齐，及父卒，叔齐让伯夷。伯夷曰："父命也。"遂逃去。叔齐亦不肯立而逃之。国人立其中子。于是伯夷、叔齐闻西伯昌善养老，"盍往归焉！"及至，西伯卒，武王载木主②，号为文王，东伐纣。伯夷、叔齐叩③马而谏曰:"父死不葬,爰及干戈④,可谓孝乎?以臣弑⑤君,可谓仁乎?"左右欲兵之。太公曰:"此义人也。"扶而去之。武王已平殷乱,天下宗周,而伯夷、叔齐耻之,义不食周粟,隐于首阳山,采薇而食之。及饿且死,作歌,其辞曰:"登彼西山兮,采其薇矣。以暴易暴兮,不知其非矣。神农、虞、夏忽焉没兮,我安适归矣?于嗟徂⑥兮,命之衰矣!"遂饿死于首阳山。由此观之,怨邪非邪?

① 希:同"稀",少有。

② 木主:木头牌位,用于象征死者。

③ 叩:通"扣",拉住。

④ 干戈:指战争。干:盾;戈:戟。

⑤ 弑:古代以下杀上为弑。

⑥ 徂:通"殂",死亡。

或曰:"天道①无亲,常与善人。"若伯夷、叔齐,可谓善人者非邪?积仁絜行如此而饿死!且七十子②之徒,仲尼独荐颜渊为好学。然回也屡空,糟糠不厌,而卒蚤③夭。天之报施善人,其何如哉?盗跖日杀不辜,肝人之肉,暴戾恣睢,聚党数千人,横行天下,竟以寿终,是遵何德哉?此其尤大彰明较著者也。若至近世,操行不轨,专犯忌讳,而终身逸乐,富厚累世不绝。或择地而蹈之,时然后出言,行不由径④,非公正不发愤,而遇祸灾者,不可胜数也。余甚惑焉,傥所

wèi tiān dào shì yé fēi yé

谓天道，是邪非邪？

① 天道：指上天意志。

② 七十子：孔子收徒三千，精通六艺者共有七十二人，七十是指整数。

③ 蚤：通"早"。

④ 行不由径：不走小路，比喻正大光明。

zǐ yuē   dào bù tóng bù xiāng wéi móu   yì gè cóng qí zhì yě gù yuē

子曰："道不同，不相为谋。"亦各从其志也。故曰：

fù guì rú kě qiú suī zhí biān zhī shì wú yì wéi zhī rú bù kě qiú cóng wú suǒ

"富贵如可求，虽执鞭之士，吾亦为之。如不可求，从吾所

hào   suì hán   rán hòu zhī sōng bǎi zhī hòu diāo   jǔ shì hún zhuó qīng shì nǎi xiàn①

好。""岁寒，然后知松柏之后凋。"举世混浊，清士乃见①。

qǐ yǐ qí zhòng ruò bǐ   qí qīng ruò cǐ zāi

岂以其重若彼，其轻若此哉？

① 见：通"现"，显露。

jūn zǐ jí mò shì ér míng bù chēng yān   jiǎ zǐ yuē   tān fū xùn cái   liè

"君子疾没世而名不称焉。"贾子曰："贪夫徇财①，烈

shì xùn míng kuā zhě sǐ quán zhòng shù píng shēng   tóng míng xiāng zhào tóng lèi xiāng qiú

士徇名，夸者死权，众庶冯②生。"同明相照，同类相求。

yún cóng lóng   fēng cóng hǔ   shèng rén zuò ér wàn wù dǔ   bó yí   shū qí suī xián

"云从龙，风从虎，圣人作而万物睹。"伯夷、叔齐虽贤，

dé fū zǐ ér míng yì zhāng yán yuān suī dǔ xué fù jì wěi ér xíng yì xiǎn yán xué zhī shì③

得夫子而名益彰；颜渊虽笃学，附骥尾而行益显。岩穴之士③，

qū shě yǒu shí   ruò cǐ lèi míng yīn miè ér bú chēng bēi fū lú xiàng zhī rén yù dǐ④ xíng

趋舍有时，若此类名堙灭而不称，悲夫！闾巷之人，欲砥④行

lì míng zhě   fēi fù qīng yún zhī shì wū néng yì⑤ yú hòu shì zāi

立名者，非附青云之士，恶能施⑤于后世哉！

① 徇财：为谋财不惜丧命。徇通"殉"。

② 冯：通"凭"，凭借。

③ 岩穴之士：指隐士。

④ 砥：磨刀石，引申为磨砺，磨炼。

⑤ 施：延续。

译文

　　有学问的人阅读书籍非常广泛，但仍然要从"六经"中进行考证研究。《诗经》《尚书》虽然现在残缺不全，但关于虞、夏方面的记载仍然可以见到。尧即将退位时，禅让君主之位给虞舜，舜禹的中间，天下的各州首领都一起推荐，才让他们在这职位上接受考验，掌管政事几十年，等到他们建立了功勋，然后才将国家大权交给他们。彰显国家重器珍宝，传承君王的大统，传承掌管天下的职位就是如此艰难。但有人却说尧要将天下让给许由，许由不接受，甚至觉得耻辱而逃跑隐居。到了夏朝，又有叫卞随、务光的人因为不接受禅让投水而死。这又有什么可以称赞的呢？太史公说：我登上箕山，那山上有许由的坟墓。孔子为古代的仁人、圣人和贤人排列次序，像吴泰伯、伯夷之类已经谈论得非常详细了。我因为听说许由、务光道义极高，关于他们的文辞却很少见，这是为什么？

　　孔子说："伯夷和叔齐，不计较过去的恩怨，怨言很少。""他们求仁就得到了仁，又有什么可以抱怨的呢？"我为伯夷的意志感到悲痛，看到流传下来的逸诗觉得很奇怪。他们的传记是这样写的：伯夷和叔齐是孤竹君的两个儿子。孤竹君想要立叔齐为继承人，等到孤竹君去世时，叔齐让位于伯夷。伯夷说："这是父亲的命令。"于是伯夷逃跑了。叔齐也不愿继承国君之位逃跑了。于是国人立孤竹君的第二个儿子为国君。伯夷和叔齐听说西伯昌善待老人，为什么不去投奔西伯昌呢？等他们到了那里，西伯昌已经去世了，周武王用车拉着木制的牌位，尊西伯昌为文王，向东讨伐商纣王。伯夷和叔齐拉着武王的马竭力劝谏他说："父亲去世了却不安葬他，还要发动战争，这可以说是孝吗？以臣子杀害君主，这可以说是仁吗？"周武王身边的近臣想要杀了他们。姜太公说："这是义士啊！"姜太公扶起他们，送他们离开了。周武王平定殷商之乱后，天下诸侯归顺西周，但伯夷和叔齐认为这是一种耻辱，坚持心中大义，不吃西周的粮食，归隐在首阳山，采摘那里的薇菜吃。等到他们快要饿死了，便写了一首歌。那歌辞说："登上那西山啊，采摘那薇菜。用残暴代替残暴，不知道那也是不对的。神农、虞夏忽然死去了，我将归附谁人？可叹啊死亡将至，生命衰朽！"他们饿死在了首阳山。从这些看来，伯夷和叔齐是怨恨，还是不怨恨呢？

有的人说："天道对人没有偏私，它常常偏向善良之人。"像伯夷和叔齐，可不可以称作善人呢？他们积聚仁德、品行高洁，反而这样饿死！况且在孔子七十门徒之中，孔子唯独推荐颜渊是好学的人。但颜渊却经常空乏贫穷，就连吃糟糠都吃不饱，因此过早去世了。天道回报善人，那为什么会是这样呢？盗跖每天杀死无辜之人，吃人心肝，为人暴戾狂妄，却聚集了几千的党徒在天下横行霸道，竟然寿终正寝。这是遵守了什么品德呢？这些都是特别显著的例子。至于到了最近，有些人品行不端，总是违法，却终身享受安乐生活，财富积累几代人都没用完。或者隐居于世外，看准时机才发表意见，行事正大光明，不公正的事情就不努力去做，反而遭到了祸患的人，更是多得数不过来。我非常困惑，如果这就是所说的天道，那这天道对还是不对呢？

孔子说："志向不一样不能在一起谋划做事"，也就是说各自按自己的志向行事。所以他又说："富贵如果可以追求，即便是手持鞭子的马夫，我也可以去做。如果富贵不可以追求，那就遵从我内心的喜好。""每年到了最冷的天气，才知道松树和柏树是最后凋零的。"世间如此浑浊，才能显现出品德高尚的人。难道这是因为他们将品德看得太重，将富贵看得太轻吗？

"君子痛心的是死后名声不为大家所称颂。"贾谊说："贪财的人为财甘愿丧命，烈士为了名誉牺牲，夸夸其谈的人为了权力而死，芸芸众生却如此贪生。""同样明亮的东西彼此辉映,同一类事物才能彼此吸引。""云跟随龙,风跟随老虎,圣人出世,万物有所感应。"伯夷、叔齐虽然是贤人,是因为有孔子的称赞而名声显赫。颜渊虽然好学,是因为跟随孔子之后而美好的行为更加彰显。隐居在岩穴的隐士,出仕或隐居有时候类似于此,他们美好的名誉湮没却不被称赞,多么可悲!民间百姓,如果想要磨砺自己的品行、树立美好的名声,不是依附那些地位高的人,怎么能将声名延续到后世呢?

采薇而食的多维意义

《史记》是二十四史的源头，是司马迁呕心沥血十四年创作的中国第一部纪传体通史。

从体例上看，《史记》分为本纪、表、书、世家、列传五部分，其中本纪和列传是主体。《史记》从传说中的黄帝开始，一直记述到汉武帝刘彻元狩元年（前122年），叙述了三千年左右的中国历史。

《伯夷列传》收录于《史记卷六十一·老子伯夷列传第一》。

伯夷，子姓，墨胎氏名允，商末孤竹国人。孤竹国是商朝一个宗族国，伯夷是孤竹国第八任国君亚微长子，他的弟弟是亚凭、叔齐。孤竹君开始要任命第三个儿子叔齐继承国君之位，孤竹君去世后，叔齐让位给伯夷。

叔齐让位，但伯夷认为这是父亲孤竹君的遗命，自己不能违背父亲的遗愿，不接受叔齐的让位，也逃走了。后来两个人一起到了西岐。周武王即位后讨伐商纣王，当时伯夷、叔齐上前牵住周武王的马缰绳，说："你父亲死了不在家守孝，还要大动干戈？这是孝道吗？你作为商朝的臣民却讨伐自己的君主，这算仁义吗？"周武王身边的随从要杀掉他们，姜太公却说："这是有节义的人啊！"于是扶他们离去。等周武王打败商纣王后，伯夷、叔齐又拒绝了周武王的高官厚禄，隐居求志，采薇而食，直到饿死在首阳山上。

在文章接下来生动的描写中，可以看出伯夷、叔齐视名利如草芥，他们可以对唾手可得的国君之位潇洒放手，看重的就是礼制、仁义。也正是因为如此，他们才投奔了周文王。但没想到，周武王即位就开始攻打商纣王，周武王的行为和伯夷、叔齐心目中的礼治相悖。而且在他们的歌中可见，他们不同意的不仅是周武王的行为违反礼治，也包括对以暴制暴的反对。他们心目中的理想君主，应该是神农时代禅让制度的君主。

这是个人与时代的格格不入。

这样置身于时代大环境之外又坚持理想信念的人，注定孤独。

司马迁从伯夷、叔齐的遭遇想到了孔子推崇的学生颜回、子路，想到了历史上著名的恶人盗跖。为什么这些善人没有善终，恶人反而逍遥安乐呢？这就是所谓的天道吗？

这是司马迁对于命运的质问。

经过思考之后，司马迁得出了结论：伯夷、叔齐能够声名远扬，是因为有孔子的关注；颜回能够名扬四海，也是因为追随孔子。而不能得到圣人关注，不依附名人的人，即便再优秀，怎么能留名于后世呢？

这篇文章在《史记》中也是独具特色的一篇，司马迁名为传记，实则传论，全篇赞论，叙事为补充。伯夷、叔齐的事实只是在文章中一闪而过。但正是从伯夷、叔齐的史上留名，才引发了司马迁对于天道和人的生命价值的思考。

《史记》之《屈原列传》

屈原者，名平，楚之同姓①也。为楚怀王左徒②。博闻强志，明于治乱，娴于辞令。入③则与王图议国事，以出号令；出④则接遇宾客⑤，应对诸侯。王甚任之。

① 楚之同姓：指楚国王族的同姓，屈、景、昭氏。

② 左徒：楚国高官。

③ 入：对国内。

④ 出：对国外。

⑤ 接遇宾客：接待诸侯使节。

上官大夫①与之同列，争宠而心害其能。怀王使屈原造为宪令②，屈平属草稿未定，上官大夫见而欲夺之，屈平不与，因谗③之曰："王使屈平为令，众莫不知，每一令出，平伐④其功，曰以为'非我莫能为'也。"王怒而疏屈平。

① 上官大夫：姓上官，官名是大夫。

② 宪令：国家的重要法令。

③ 馋：进谗言。

④ 伐：夸口。

屈平疾王听之不聪也，谗谄之蔽明也，邪曲之害公①也，方正②之不容也，故忧愁幽思而作《离骚》③。离骚者，犹离④忧也。夫天者，人之始也；父母者，人之本也。人穷则反⑤本，故劳苦倦极，未尝不呼天也；疾痛惨怛，未尝不呼父母也。屈平正道直行，竭忠尽智以事其君，谗人间之，可谓穷矣。信而见疑，忠而被谤，能无怨乎？屈平之作《离骚》，盖⑥自怨生也。《国风》好色而不淫，《小雅》怨诽而不乱。若《离骚》者，可谓兼之矣。上称帝喾⑦，下道齐桓⑧，中述汤、武⑨，以刺世事。明道德之广崇，治乱之条贯，靡不毕见⑩。其文约，其辞微，其志洁，其行廉。其称文小而其指⑪极大，举类迩而见⑫义远。其志洁，故其称物芳；其行廉，故死而不容。自疏濯淖⑬污泥之中，蝉蜕于浊秽，以浮游尘埃之外，不获世之滋垢，皭然泥⑭而不滓者也。推此志也，虽与日月争光可也。

① 公：指公正无私的君子。

② 方正：端方正直的人。

③ 《离骚》：屈原代表作，长篇抒情诗。

④ 离：同"罹"，遭受。

⑤ 反：通"返"，追念。

⑥ 盖：可能，表示推测。

⑦ 帝喾：传说古代部落首领，号高辛氏。

⑧ 齐桓：即齐桓公，春秋时期齐国国君，春秋五霸之一。

⑨ 汤、武：指商汤、周武王。

⑩ 见：通"现"。

⑪ 指：同"旨"，主旨。

⑫ 见：同"现"，体现。

⑬ 濯淖：污泥。濯同"浊"。

⑭ 泥：黑色染料，指染黑。

屈原既绌①，其后秦欲伐齐。齐与楚从②亲，惠王③患之，乃令张仪④佯去秦，厚币委质⑤事楚，曰："秦甚憎齐，齐与楚从亲，楚诚能绝齐，秦愿献商、於⑥之地六百里。"楚怀王贪而信张仪，遂绝齐，使使如秦受地，张仪诈之曰："仪与王约六里，不闻六百里。"楚使怒去，归告怀王。怀王怒，大兴师伐秦。秦发兵击之，大破楚师于丹、淅⑦，斩首八万，虏楚将屈匄⑧，遂取楚之汉中地。怀王⑨乃悉发国中兵，以深入击秦，战于蓝田。魏闻之，袭⑩楚至邓。楚兵惧，自秦归。而齐竟怒不救楚，楚大困。

① 绌：通"黜"，指被罢官。

② 从：同"纵"，合纵，指六国结成合纵同盟对抗秦国。

③ 惠王：指秦惠王。

④ 张仪：魏国人，纵横家代表人物。后来为秦惠王游说六国，主张"连横"。

⑤ 质：同"贽"，初次拜见地位尊贵的君主献上的礼物。

⑥ 商、於：秦国地名。

⑦ 丹、淅：丹水和淅水。

⑧ 屈匄：楚国将军。

⑨ 怀王：指楚怀王。

⑩ 袭：偷袭。

明年，秦割汉中地与楚以和。楚王曰："不愿得地，愿得张仪而甘心焉。"张仪闻，乃曰："以①一仪而当汉中地，臣请往如楚。"如楚，又因②厚币用事者③臣靳尚，

ér shè guǐ biàn yú huái wáng zhī chǒng jī zhèng xiù。 huái wáng jìng tīng zhèng xiù fù shì qù zhāng
而设诡辩于怀王之宠姬郑袖④。怀王竟听郑袖,复释去张

yí shì shí qū yuán jì shū bú fù zài wèi shǐ yú qí gù fǎn jiàn huái wáng yuē
仪。是时屈原既疏,不复在位,使于齐,顾反⑤,谏怀王曰:

hé bù shā zhāng yí huái wáng huǐ zhuī zhāng yí bù jí
"何不杀张仪?"怀王悔,追张仪不及。

qí hòu zhū hóu gòng jī chǔ dà pò zhī shā qí jiàng táng mò
其后,诸侯共击楚,大破之,杀其将唐眜。

① 以:如果。

② 因:利用。

③ 用事者:掌权者。

④ 郑袖:楚怀王的南后。

⑤ 反:同"返"。

shí qín zhāo wáng yǔ chǔ hūn yù yǔ huái wáng huì huái wáng yù xíng qū píng yuē
时秦昭王与楚婚,欲与怀王会。怀王欲行,屈平曰:

qín hǔ láng zhī guó bù kě xìn bù rú wú xíng huái wáng zhì zǐ zǐ lán
"秦,虎狼之国,不可信,不如毋行!"怀王稚子①子兰

quàn wáng xíng nài hé jué qín huān huái wáng zú xíng rù wǔ guān qín fú bīng jué
劝王行:"奈何绝秦欢②!"怀王卒行。入武关③,秦伏兵绝

qí hòu yīn liú huái wáng yǐ qiú gē dì huái wáng nù bù tīng wáng zǒu zhào zhào
其后,因④留怀王,以求割地。怀王怒,不听。亡走⑤赵,赵

bú nà fù zhī qín jìng sǐ yú qín ér guī zàng
不内⑥。复之秦,竟死于秦而归葬。

zhǎng zǐ qǐng xiāng wáng lì yǐ qí dì zǐ lán wéi lìng yǐn chǔ rén jì jiù zǐ lán
长子顷襄王⑦立,以其弟子兰为令尹⑧。楚人既咎子兰

yǐ quàn huái wáng rù qín ér bù fǎn yě
以劝怀王入秦而不反也。

① 稚子:小儿子。

② 欢:友好关系。

③ 武关:地名,是秦国的南关。

④ 因:竟然。

⑤ 亡走:逃跑。

⑥ 内:同"纳",收留。

⑦ 顷襄王:指楚顷襄王。

⑧ 令尹:楚国最高级的官员,相当于诸侯国的宰相。

屈平既嫉①之，虽放流，眷顾楚国，系心怀王，不忘欲反，冀幸君之一悟、俗之一改也。其存君兴国，而欲反覆②之。一篇之中三致志焉。然终无可奈何，故不可以反，卒以此见怀王之终不悟也。人君③无④愚智、贤不肖，莫不欲求忠以自为，举贤以自佐。然亡国破家相随属⑤，而圣君治国累世⑥而不见者，其所谓忠者不忠，而所谓贤者不贤也。怀王以不知忠臣之分⑦，故内惑于郑袖，外欺于张仪，疏屈平而信上官大夫、令尹子兰。兵挫地削，亡其六郡，身⑧客死于秦，为天下笑。此不知人之祸也。《易》曰："井渫不食，为我心恻，可以汲。王明，并受其福。"王之不明，岂足福哉？

① 嫉：憎恨。

② 反覆：同义词连用，反过来。

③ 人君：国家的君王。

④ 无：无论。

⑤ 随属：连接，同义词连用。

⑥ 累世：连续几代。古代称三十年为一世。

⑦ 分：本分，应该做的事情。

⑧ 身：自己。

令尹子兰闻之大怒，卒使上官大夫短①屈原于顷襄王，顷襄王怒而迁②之。

① 短：诋毁，诬陷。

② 迁：放逐，流放。

屈原至于江滨，被①发行吟泽畔，颜色憔悴，形容②枯槁。渔父见而问之曰："子非三闾大夫③欤？何故而至此？"屈原曰："举④世混浊而我独清，众人皆醉而我独醒，是以见放。"渔父曰："夫圣人⑤者，不凝滞于物而能与世推移。举世混浊，何不随其流而扬其波？众人皆醉，何不铺其糟而啜其醨⑥？何故怀瑾握瑜而自令见放为？"屈原曰："吾闻之，新沐者必弹冠，新浴者必振衣。人又谁能以身之察察，受物之汶汶⑦者乎？宁赴常⑧流而葬乎江鱼腹中耳。又安能以皓皓之白，而蒙世之温蠖⑨乎！"乃作《怀沙》之赋。于是怀⑩石遂自投汨罗⑪以死。

① 被：同"披"，指披散着头发。

② 形容：容貌形体。

③ 三闾大夫：楚国官名。

④ 举：全，都。

⑤ 圣人：指聪明睿智的人。

⑥ 糟：酒糟。醨：淡酒。

⑦ 汶汶：污染。

⑧ 常：同"长"。

⑨ 温蠖：尘垢，此处做动词，意为玷污。

⑩ 怀：抱。

⑪ 汨罗：江名，在今湖南省湘阴县。

屈原既死之后，楚有宋玉、唐勒、景差①之徒者，皆好辞②而以赋见称。然皆祖③屈原之从容③辞令，终莫敢直谏。其后楚日以削，数十年竟为秦所灭。

① 宋玉、唐勒、景差：三位楚国辞赋家，其中宋玉是屈原学生。

② 辞：文辞，指文学。

③ 祖：模仿。

④ 从容：委婉含蓄。

自屈原沉汨罗后百有余年，汉有贾生，为长沙王太傅，过湘水，投书以吊屈原。

太史公①曰："余读《离骚》《天问》《招魂》《哀郢》②，悲其志。适长沙，过屈原所自沉渊，未尝不垂涕，想见其为人。及见贾生吊之③，又怪屈原以彼其材，游诸侯，何国不容？而自令若是！读《鵩鸟赋》④，同死生，轻去就，又爽然自失矣。"

① 太史公：司马迁自称。

②《离骚》《天问》《招魂》《哀郢》：都是屈原创作的文学作品。

③ 贾生吊之：指西汉文学家贾谊写作《吊屈原赋》凭吊屈原。

④《鵩鸟赋》：贾谊写的赋。

译文

　　屈原，名为"平"，他是楚王王室的同姓。屈原曾经担任过楚怀王的左徒。屈原见识广，记忆力好，熟知治理国家的道理，在文章辞令上也很娴熟。屈原在朝廷内与楚怀王商议谋划国家大事，发布号令，对外接待其他诸侯使者，回答诸侯各国使者的问题，楚怀王非常信任他。

　　上官大夫和屈原同朝为官，想争夺楚怀王的宠信便嫉恨屈原的才华。楚怀王派屈原为国家制定重要法令，屈原写出草稿还没定稿。上官大夫看到了想要抢夺文稿，屈原没有给他。于是上官大夫对楚怀王进谗言说："大王派屈原制定法令，大家没有不知道这件事的。每一项法令颁布，屈原就夸耀自己的功劳，说'除了我没有人能做好这件事'。"楚怀王因此发怒就疏远了屈原。

　　屈原痛心楚怀王的不明智，谄媚之言遮蔽了真相，邪恶小人歪曲了公正，品德正直的君子不被接纳，所以内心忧虑苦闷创作了《离骚》。"离骚"，就是遭受忧患。天，是人类的始祖；父母，是人类的本源。人处境窘迫就会追思本源，所以困苦窘迫至极的时候，没有不呼天喊地的；疾病疼痛、忧伤至极的时候，没有不呼唤父母的。屈原品行端正，竭尽全部的忠诚和智慧来侍奉君主，然而小人却来离间，可以说境遇窘迫。为人诚信却被怀疑，品质忠诚却被诽谤，怎么能没有怨言呢？屈原所创作的《离骚》，大概就来自内心的埋怨吧！《国风》虽然多写爱情却并没有过分之处，《小雅》虽然有埋怨却没有宣传祸乱。像《离骚》这样的作品，可以说是兼而有之了。《离骚》远古称赞帝喾，近世称赞讲述到齐桓公，中古时代讲述商汤和周武王，以此来讽谏当时的政治。它阐明了道德的广泛崇高，治理国家的条理，无不完全表现出来。他文字简约，文辞精微，志向高洁，行为清廉。他称赞文章虽然平常却旨意宏大，举例虽然常见却意义深远。他的志向高洁，所以文章多以美人芳草为比喻；他的行为廉洁，所以到死也不为奸佞小人所容。屈原自己远离污泥，如同蝉蜕远离污秽，浮游于尘世之外，不被世上的泥垢玷污，周身洁白，出淤泥而不染。推断屈原的志向，即便是和日月争夺光辉也是可以的。

屈原已经被罢黜官职。后来秦国想要讨伐齐国，而齐国与楚国关系亲密结为合纵联盟，秦惠王为此感到忧患。于是秦国命令张仪假装离开秦国，呈上厚礼和信物给楚怀王，说："秦国特别憎恨齐国，齐国和楚国合纵亲密，楚国如果真的能和齐国绝交，秦国愿意献给楚国商、於之地六百里的土地。"楚怀王为人贪婪，相信了张仪，于是楚国和齐国绝交，派出使者到秦国接受土地。张仪欺骗使者，说："我和楚怀王约定的是六里地，没听说过六百里地。"楚国使者发怒离开秦国，回到楚国后向楚怀王报告。楚怀王勃然大怒，大举出兵攻打秦国。秦国出兵攻打楚国，在丹水和淅水大败楚国军队，将楚国士兵斩首八万人，俘虏了楚国将军屈匄，于是秦国夺取了楚国的汉中地区。楚怀王发动楚国所有的兵力，用来深入攻击秦国，两国在蓝田交战。魏国得到这个消息，在邓地偷袭楚国。楚国士兵内心恐惧，从秦国撤兵。而齐国竟然因为绝交愤恨，不救援楚国，楚国境况大为窘迫。

第二年，秦国割汉中和楚国讲和。楚怀王说："寡人不愿得到土地，希望得到张仪就满意了。"张仪知道后，说："用一个张仪去抵汉中的土地，臣请求前去楚国。"张仪到了楚国，又凭借厚礼贿赂楚国掌权者靳尚，在楚怀王宠姬郑袖面前诡辩。楚怀王竟然听信了郑袖的说辞，再次放走了张仪。当时屈原已经被疏远，不在朝廷任职，他出使到了齐国，回来之后劝谏楚怀王说："为什么不杀了张仪呢？"楚怀王后悔莫及，派人追赶张仪，却追不上了。

之后，诸侯共同攻打楚国，楚国大败，楚国将军唐眜被杀。

当时秦昭王与楚国通婚，想要和楚怀王会面。楚怀王想去，屈原说："秦国是虎狼一样残暴的国家，不能信任，不如不要去。"楚怀王的小儿子子兰劝说楚怀王参加会面："为什么要断绝和秦国的友好关系！"楚怀王最终还是启程了。他到了武关之后，秦国在楚怀王后面设伏兵断绝了后路，扣留了楚怀王，以此威胁楚国割土地。楚怀王怒火中烧，不听秦国命令。他逃到了赵国，但赵国不敢接纳他。楚怀王只能又回到秦国，最终死在了秦国，灵柩运回楚国下葬。楚怀王的长子顷襄王即位，让他的弟弟子兰担任楚国令尹。楚国人都将责任归咎于子兰，因为是他劝说楚怀王去秦国而最终没能回来。

屈原因此怨恨子兰，虽然他被流放，却内心眷恋楚国，担心楚怀王，心里从来没忘记返回朝廷。他希望君王能够醒悟，国家的风俗可以为之一改。他关怀君主择振兴楚国，想要返回朝廷的希望，在一篇文章中再三表达。但是最终没有办法，没能返回朝廷。由此看出楚怀王最终没有醒悟。一国之君无论是愚笨、智慧、贤明或者昏聩，没有不想寻求忠臣为自己服务的，选拔贤才辅佐自己。但是国破家亡的事情接连出现，圣明君主治理国家却多少代也没有出现过，这就是所说的忠臣不忠，也是所说的贤人不贤。楚怀王因为不清楚忠臣的职守，所以在内廷被郑袖迷惑，在外被张仪欺骗，疏远屈原却宠信上官大夫、令尹子兰，导致兵败失地，丧失了楚国六个郡，自己也死在秦国，被天下人嘲笑，这是不知晓人的祸害。《易经》上说："井水没有淘去泥污不能饮用，这是我内心的忧患，因为井水本来是供人汲取的。君主贤明，百姓都可以享受这福气。"君主不贤明，哪儿有什么福气！

令尹子兰听说这些话，勃然大怒。最终让上官大夫在顷襄王面前诋毁屈原。顷襄王大怒，流放了屈原。

屈原来到了江边，他披散着头发在岸边吟诗，他的面容憔悴，身体如同枯死的树木没有生气。渔父看到屈原就问他："您不是三闾大夫吗？为什么会来到这里呢？"屈原说："整个世间都是浑浊的，唯独我一人清白，所有人都醉了，唯独我清醒，所以我被放逐了。"渔父说："聪明人不被外物束缚，能够和世俗一起变化。世间都浑浊，为什么不随波逐流然后掀起那些波涛呢？大家都醉了，为什么不去吃那些酒糟喝点儿薄酒呢？为什么要抱守美玉一样的美德，让自己被放逐？"屈原说："我听说，刚洗过头的人必定弹去帽子上的灰尘，刚沐浴过的人一定会抖落衣服上的灰尘。谁能让自己清白的身体被浑浊外物污染？我宁愿奔赴那长流江水葬身于鱼腹中。又怎么能让自己洁白无瑕的身体蒙受尘世的污垢呢？"于是，屈原创作了《怀沙》这篇赋。屈原怀抱着大石，自投于汨罗江而死。

屈原去世之后，楚国又有宋玉、唐勒、景差这些人，都以喜爱文辞擅长作赋而被人们称赞。但是他们都效仿屈原的文辞含蓄，却始终没有人敢直言进谏。后来楚国一天天被削弱，几十年后竟然被秦国所灭。屈原自沉于汨罗江后一百多年，汉代的贾谊是长沙王太傅。他路过湘水，写文章来吊唁屈原。

太史公说："我阅读《离骚》《天问》《招魂》《哀郢》，为屈原的志向感到悲伤。路过长沙时，路过屈原自沉的深渊，未尝不落泪，怀念屈原的为人。等到看了贾谊凭吊屈原的文章，又责怪屈原凭借他的能力贤才周游诸侯国，哪个国家不能接纳他，却自己走到这一步！读《鹏鸟赋》这篇文章，将死与生看作相同，将罢黜与任用等闲视之，又让我内心茫然若有所失。"

安能以皓皓之白，而蒙世之温蠖乎！

《屈原列传》这篇文章节选自《史记·屈原贾生列传》中有关屈原的部分。屈原和贾谊都是文学家，而且都怀才不遇，遭到贬斥，所以司马迁将这两位文学前辈合在一起写传。

在秦朝之前，关于屈原是没有详细文字记载的，这篇文章也是非常宝贵的记载屈原生平事迹最早、最完整的文献。

司马迁在文章开始讲了屈原的出身和能力。一个能力出众的楚国贵族，登上政坛，风光无限，前途光明。就在屈原无限风光的时候，那个命中注定的小人华丽登场。

表面上看这是上官大夫一次成功的污蔑，实际上却是屈原不能适应的政治环境导致了他的遭遇。关键在于楚怀王对屈原缺乏最基本的信任，他仅凭一面之词，完全不去调查，就疏远了屈原。试问屈原如何去分辨？这样的职场环境，根本不是屈原这样的能臣能够驾驭的。

因为这样不公平的待遇，屈原创作了千古名篇——《离骚》。《离骚》是屈原苦闷内心的真情抒发之作，司马迁对此评价很高。通过对《离骚》写作的分析，司马迁以此推断屈原的志向。

文学带给屈原最大的安慰和抒发情感的需要，但现实世界却不会因此改变分毫，楚怀王的昏聩，楚国政坛的混乱，终于给楚国带来了灭顶之灾。

这是历史上非常著名的一次诈骗。张仪仅用一个口头谎言，就骗得贪心的楚怀王打破了合纵，和齐国绝交，一败涂地。而合纵中的魏国还趁火打劫，齐国心怀怨恨。合纵中的几个国家各怀心事，而且格局都很小，根本无法和秦国抗衡。事态发展急转直下。

楚怀王在国家利益面前选择了报复张仪这样的私人恩怨，结果还因为张仪的诡计又放走了他。即便有屈原的劝谏，这样的楚王，还能率领楚国走向胜利吗？

等待楚国的只能是一次又一次的败仗。

楚怀王不听屈原的建议，终于还是不免以楚王之尊客死秦国，身死名灭。这样的后果，并没有让楚国人反思，曾经劝说楚怀王前往秦国造成这个悲剧的子兰，甚至担任令尹，成为楚国政坛一人之下、万人之上的角色。

曾经的苦难就在眼前，未来的希望却更加渺茫。楚怀王识人不明、重用小人，屈原看得很清楚，的确，这就是楚怀王一败涂地以至客死秦国的关键原因。

对于屈原自投汨罗江的描写。司马迁借渔父之口，询问屈原为何非要投江不可？屈原的回答是："举世混浊而我独清，众人皆醉而我独醒，又安能以皓皓之白，而蒙世之温蠖乎！"

屈原对于楚国是爱之深，责之切，关键是楚国政坛小人当道，看不到一点儿希望，所以他说举世混浊。这样污浊不堪的世间，一个品德高尚的人，活着只能是一种痛苦。而渔父说的，为什么不能与这个世界和解？这样看重自己高尚节操的人，是不屑与这个污浊的世界同流合污的。

所以屈原选择了死亡。

他是怀抱大石自投于汨罗江的，可见屈原死志之坚。

为什么怀抱大石？因为生长于楚国的屈原，一定水性极佳，为了避免投水混乱中出于本能逃离死亡，他选择了最决绝的方式。

对于屈原，司马迁始终是惺惺相惜的。如同西汉的贾谊，心痛屈原应该游说诸侯，认为被贬是不重要的。但对于屈原而言，理想得不到实现是一重悲剧，祖国被毁灭是一重悲剧，祖国看不到希望是另外一个悲剧。

也许任何人都可以选择出奔别国，但屈原是宁可牺牲生命，也绝对不会出奔别国的。这就是爱国主义诗人屈原与别的才华横溢却不被重用之人的最大区别。

屈原那样绚烂短暂的生命，如同夏夜的烟火璀璨夺目又令人惋惜。屈原的高尚品德、爱国精神和文学成就，值得我们后人骄傲，值得我们后人学习！

《史记》之《货殖列传序》

《老子》曰：“至治之极，邻国相望，鸡狗之声相闻，民各甘其食，美其服，安其俗，乐其业，至老死不相往来。”必用此为务，挽①近世涂民耳目，则几无行矣。

① 挽：通晚。

太史公曰：“夫神农以前，吾不知已①。至若《诗》《书》所述虞、夏以来，耳目欲极声色之好，口欲穷刍豢②之味，身安逸乐，而心夸矜势能之荣，使俗之渐民久矣，虽户说以眇③论，终不能化。故善者因之，其次利道④之，其次教诲之，其次整齐之，最下者与之争。”

① 已：同“矣”。

② 刍豢：指牲畜。刍：吃草的牲畜；豢：吃粮食的牲畜。

③ 眇：同“妙”。

④ 道：同“导”。

夫山西饶材、竹、穀、纑、旄①、玉石，山东多鱼、盐、漆、丝、声色；江南出楠、梓、姜、桂、金、锡、连②、丹沙③、犀、瑇瑁、珠玑、齿、革，龙门④、碣石北多马、牛、羊、旃⑤、裘、筋、角；铜、铁则千里往往山出棋置。此其大较也。皆中国人民所喜好，谣俗被服饮食、奉生送死之具也。故待农而食之，虞⑥而出之，工而成之，商而通之。此宁有政教发征期会哉？人各任其能，竭其力，以得所欲。故物

jiàn zhī zhēng guì　guì zhī zhēng jiàn　gè quàn qí yè　lè qí shì　ruò shuǐ zhī qū xià　rì

贱之征贵，贵之征贱，各劝其业，乐其事，若水之趋下，日

yè wú xiū shí　bú zhào ér zì lái　bù qiú ér mín chū zhī　qǐ fēi dào zhī suǒ fú ér zì rán

夜无休时，不召而自来，不求而民出之。岂非道之所符而自然

zhī yàn yé

之验邪⑦？

① 榖：楮树，树皮可用来造纸。旄：牦牛尾。

② 连：同"链"，铅矿石。

③ 丹沙：同"丹砂"，一种矿物，俗称朱砂。

④ 龙门：山名。

⑤ 旃：同"毡"。

⑥ 虞：古代掌管山林川泽出产的官员。这里指开发山林川泽的人。

⑦ 邪：同"耶"。

　　　zhōu shū　　　yuē　　　nóng bù chū zé fá qí shí　gōng bù chū zé fá qí shì　shāng

《周书》①曰："农不出则乏其食，工不出则乏其事，商

bù chū zé sān bǎo jué　yú bù chū zé cái kuì shǎo　cái kuì shǎo ér shān zé bù pì　yǐ

不出则三宝绝，虞不出则财匮少。"财匮少而山泽不辟②矣。

cǐ sì zhě　mín suǒ yī shí zhī yuán　yě　yuán dà zé ráo　yuán xiǎo zé xiǎn　shàng zé fù

此四者，民所衣食之原③也。原大则饶，原小则鲜。上则富

guó　xià zé fù jiā　pín fù zhī dào　mò zhī duó yǔ　ér qiǎo zhě yǒu yú　zhuō zhě bù

国，下则富家。贫富之道，莫之夺予，而巧者有余，拙者不

zú　gù tài gōng wàng　fēng yú yíng qiū　dì xì lǔ　rén mín guǎ　yú shì tài gōng quàn qí

足。故太公望④封于营丘，地潟卤，人民寡，于是太公劝其

nǚ gōng　jí jì qiǎo　tōng yú yán　zé rén wù guī zhī　qiǎng zhì ér fú còu　gù qí guān

女功，极技巧，通鱼盐，则人物归之，繦至而辐凑。故齐冠

dài yī lǚ tiān xià　hǎi dài zhī jiān liǎn mèi ér wǎng cháo yān　qí hòu qí zhōng shuāi　guǎn zǐ xiū

带衣履天下，海岱之间敛袂而往朝焉。其后齐中衰，管子修

zhī　shè qīng zhòng jiǔ fǔ　zé huán gōng yǐ bà　jiǔ hé zhū hóu　yì kuāng tiān xià　ér guǎn

之，设轻重九府，则桓公以霸，九合诸侯，一匡天下，而管

shì yì yǒu sān guī　wèi zài péi chén　fù yú liè guó zhī jūn　shì yǐ qí fù qiáng zhì yú

氏亦有三归⑤，位在陪臣⑥，富于列国之君。是以齐富强至于

wēi　xuān　yě

威、宣⑦也。

① 《周书》：指《逸周书》。

② 辟：同"僻"。

③ 原：同"源"。

④ 太公望：指姜太公。

⑤ 三归：供游赏用的三座高台。

⑥ 陪臣：诸侯对天子自称的说法。

⑦ 威、宣：指齐威王、齐宣王。

故曰：“仓廪实而知礼节，衣食足而知荣辱①。”礼生于有而废于无。故君子富，好行其德，小人富，以适其力。渊深而鱼生之，山深而兽往之，人富而仁义附焉。富者得势益彰，失势则客无所之，以而不乐。夷狄益甚。谚曰：“千金之子，不死于市。”此非空言也。故曰：“天下熙熙，皆为利来；天下壤壤②，皆为利往。”夫千乘之王、万家之侯、百室之君尚犹患贫，而况匹夫编户③之民乎！

① 仓廪实而知礼节，衣食足而知荣辱：见《管子·牧民》。

② 壤壤：同“攘攘”。

③ 编户：指将百姓编入户口。

译文

老子说："国家治理到最好，邻国的百姓互相可以看到，鸡狗的叫声彼此可以听见，百姓们各自认为自己的食物最为可口，自己的衣服最美丽，习俗最安逸，职业最为快乐，到老死也不互相往来。"如果一定以此为要务，在现代用以堵塞百姓的耳目以回到过去，那么几乎是行不通的。

太史公说："神农以前的古代事迹，我不知道了。至于《诗经》《尚书》所写的虞、夏以来的事情，人们的耳目要极力享受声色，嘴巴想要吃尽饲养的牲畜的美味，身体想要安逸享乐然而心里却要夸耀骄傲有权势的荣誉。这种风俗已经在百姓中浸润很久了，即便是用精妙的说法去劝说每个人，最终也不能改变。所以最好的办法是顺应这种风俗，其次是因势利导，之后是对百姓进行教诲，然后是制定规则让百姓服从，最下等的就是与民争利。"

太行山的西面盛产木材、竹子、楮树、牦牛、玉石；太行山的东面盛产鱼、盐、漆、丝和歌舞、美女；江南盛产香木、梓树、生姜、肉桂、金、锡、铅矿、朱砂、犀角、玳瑁、珍珠、象牙、皮革；龙门、碣石以北盛产马、牛、羊、毡、裘、兽筋、兽角；铜、铁则在千里广阔的山上出产。这是物产分布的大概情况。这些都是中原人民喜爱的物品，通常用来制作吃喝、穿着、奉生送死的必需物品。所以要等待农民种地才能有食物，依靠虞人才能获得山林中的物品，依靠工人劳动才能有各种物品，依靠商人才能让货品流通。这难道有政令征收或者约束他们？人们各自发挥自己的能力，竭尽全力工作，得到自己想要的。所以这里的物贱，他们就运到别处卖高价；这里的物贵，他们就从别处低价收购，运回销售，贵就是贱的征兆，使得人们各自在自己的行业努力，乐于从事自己的工作，好像流水向低处流，白天晚上都没有停的时候，不用召唤自己就来了，不用要求，百姓自己就生产了。这难道不就是符合了生产道理，自然而然应验了吗？

《周书》上说："农民没有产出，人们就会缺乏粮食；工人不生产，物品就会缺乏；商人不经商，那么粮食、物品和财货都会断绝；虞人不工作，那么财货就会缺乏。"财货缺少，那么山川水泽就没办法开发了。这四种人，是人民衣食的来源。来源多就会富饶，来源少就会穷困。对上可以让国家富强，对下可以让家庭富裕。贫穷和富裕是没办法抢夺过来的，聪明人就会有余，笨拙的人就会不足。姜太公被封营丘，土地都是盐碱地，人民也很少，所以姜太公劝说百姓中的女子纺线织布，极尽发展技术，让那里的鱼盐通往外地，所以百姓都前来归附，就像绳子串着钱一样，像车辐凑集到车毂一样络绎不绝。所以齐国的帽子、衣带、服饰、鞋子行销天下，东海和泰山之间的诸侯收敛衣袖前往齐国朝拜。后来齐国中道衰落，管仲修订了姜太公的政令，设置了调节物价的九府，因此齐桓公称霸，多次集会诸侯，匡扶天下；管仲也因此拥有市租，成为齐国的陪臣，比诸侯国的君主还要富裕。所以齐国富强延续到了齐威公、齐宣公时期。

所以管仲说："仓库物品储备充实，百姓才会知道礼节，人们丰衣足食才能明白荣辱。"礼产生在富有的时候而废除在贫困的时候。所以君子富有，喜欢施舍恩德；小人富有，才能调节自己的劳动。水深，才会有鱼；山深，野兽才会前往；人富有了，才会归附仁义。富人得到势，名声更为显赫，失去了权势，如同客居的人没有归宿，所以不会快乐。夷狄等少数民族这种情况更加严重。谚语说："富有千金的人，不会在市场上死去。"这不是一句空话。所以说："天下的人为了利益蜂拥而至，天下的人为了利益各奔东西。"拥有千乘战车的君主，食邑万户的诸侯，拥有百户俸禄的君子，尚且担心贫困，更何况那些普通的老百姓呢！

历史学家的经济学报告

《货殖列传》与《平准书》（叙述汉武帝时期平准均属政策的由来）开创了在正史中记载社会经济活动的先例，是历史学的一次创新。而司马迁在这篇文章中融入的思想，也非常先进。

文章以老子的经济观点开篇。这是老子小国寡民思想的体现。事实上，老子提出"老死不相往来"的思想，有着深刻的历史原因。这是对于古代太平盛世的一种总结，也是对于桃花源式和平生活的向往。在西汉初年，汉朝的皇帝用道家理论治国，诞生了著名的盛世——文景之治。但随着社会生产的发展，这样"小国寡民"式的发展显然是不现实的。所以司马迁在文章开篇就明确指出，让老百姓回归古代生活，是行不通的。

接下来，司马迁就对这个原因进行了深入浅出的阐释。司马迁分析了伴随社会发展产生的社会心理：现在已经不具备小国寡民的社会心理基础，人们追求更好的生活，这是无可厚非，也无法改变的。所以作为统治者，最好就是顺其自然，或者进行教育，制定规章，最坏就是与民争利。

司马迁对全国各地的特产非常了解，在此基础上，他具有非常宝贵的"民本思想"，而且也意识到了生产分工的重要性。在司马迁看来，正是因为有农、工、商的分工，才会有社会的发展。这种分工是不需要政令束缚的。好比流水，是自然而然的。"若水之趋下，日夜无休时，不召而自来，不求而民出之"，这种社会分工是符合经济法则的。

这是早在一千多年之前的司马迁对于市场经济的朴素认识。和当时普遍的"重农抑商"思想不同，在司马迁看来，社会分工是自然产生的，而且符合社会发展规律，无须政策干预。就这点来看，司马迁比同时期的很多思想家和政治家都要高明。

司马迁看到农、工、商、虞这四种人的生产，是百姓生活、国家发展的基础。他以齐国的发展为例，说明发展社会生产的重要性。的确，作为海滨之国，齐国大片的盐碱地并不适宜发展一般农业生产。幸亏遇到足智多谋的姜太公，这个问题迎刃而解：他用纺织业、渔业、制盐吸引百姓，齐国的纺织品行销天下。到了管仲为相国，更新了经济政策。强大的国力成为齐桓公称霸的经济基础。

毫不夸张地说，齐国是战国七雄里祖产最多、家底最厚的。而这一切都源自姜太公、管仲的经济思想和经济政策。

司马迁引用了管仲著名的论断"仓廪实而知礼节，衣食足而知荣辱"。经济基础是国家发展、社会安定、百姓安居乐业的基础。在此基础上，自然不能"重农抑商"，而是要发展商业，促进社会生产发展。

今天我们重读这篇文章，依然会为在当时那个"重农抑商"的大环境下，甚至还有人梦想回到"小国寡民"的时代，司马迁能有这样先进的经济思想感到佩服。

这是一个历史学家对社会发展、经济发展关心、关切并力陈己见的探索。在这篇历史学家富有创见的经济论文中，我们看到司马迁时刻迸发出火花的思想。

这也提醒我们，不能为专业、行业限制，应该学习一点儿经济学，或者了解一些其他学科知识，不断进行思考。

唯有富有创新性的思考，是不为时代所限制的。

贾谊·《过秦论》上篇

秦孝公①据殽、函②之固，拥雍州之地，君臣固守，以窥周室③。有席卷天下、包举宇内、囊括四海之意，并吞八荒④之心。当是时也，商君⑤佐之，内立法度，务耕织，修守战之具；外连衡⑥而斗诸侯。于是秦人拱手而取西河⑦之外。

① 秦孝公：战国时期秦国国君。

② 殽、函：指崤山和函谷关，都是秦国可以据守的险要之地。

③ 周室：指掌控天下的周王室。

④ 八荒：指天下，原来指八方。

⑤ 商君：指商鞅。

⑥ 连衡：又称"连横"。指秦国离间六国，使诸侯各自与秦国联合，从而破坏诸侯之间的关系，逐一攻克。

⑦ 西河：又称河西，指黄河西岸地区。

孝公既没①，惠文、武、昭襄②蒙故业，因③遗策，南取汉中，西举巴、蜀，东割膏腴之地，收要害之郡。诸侯恐惧，会盟而谋弱秦，不爱④珍器、重宝、肥饶之地，以致天下之士，合从⑤缔交，相与为一。当此之时，齐有孟尝，赵有平原，楚有春申，魏有信陵。此四君⑥者，皆明智而忠信，宽厚而爱人，尊贤而重士，约从离衡⑦，兼韩、魏、燕、赵、宋、卫、中山之众。于是六国之士，有宁越、徐尚、苏秦、杜赫之属为之谋，齐明、周最、陈轸、召滑、楼缓、翟景、苏厉、乐毅之徒通其意，吴起、孙膑、带佗、兒良、王廖、田忌、廉颇、赵奢之伦制其兵。尝以什倍之地，百万之众，叩关而攻秦。秦人开关延敌，九国之师逡逃而不敢进。秦无亡矢遗镞⑧之费，而天下诸侯已困矣。于是从散约败，争割地而赂秦。秦有余力而制其弊⑨，追亡逐北，伏尸百万，流血漂橹。因利乘便，宰割天下，分裂河山。强国请服，弱国入朝。施及孝文王、庄襄王，享国之日浅，国家无事。

① 没：通"殁"，去世。

② 惠文、武、昭襄：指秦惠文王、秦武王、秦昭襄王。

③ 因：沿用。

④ 爱：吝啬。

⑤ 合从：从，通"纵"。苏秦倡导，六国联合对抗秦国"连横"政策。

⑥ 四君：战国四公子，指齐国孟尝君田文、赵国平原君赵胜、楚国春申君黄歇、魏国信陵君魏无忌。

⑦ 衡：通"横"。

⑧ 镞：箭头。

⑨ 弊：通"敝"，疲惫。

及至始皇，奋六世①之余烈，振长策而御宇内，吞二周②而亡诸侯，履至尊③而制六合，执敲扑而鞭笞天下，威振④四海。南取百越⑤之地，以为桂林、象郡。百越之君俛首系颈，委命下吏。乃使蒙恬北筑长城而守藩篱，却匈奴七百余里。胡人不敢南下而牧马，士不敢弯弓而报怨。于是废先王⑥之道，燔百家之言，以愚黔首。隳

míng chéng shā háo jùn shōu tiān xià zhī bīng jù zhī xián yáng xiāo fēng dí zhù yǐ wéi jīn
名城，杀豪俊，收天下之兵聚之咸阳，销锋镝，铸以为金
rén shí èr yǐ ruò tiān xià zhī mín rán hòu jiàn huà wéi chéng yīn hé wéi chí jù yì
人十二，以弱天下之民。然后践华为城，因河为池；据亿
zhàng zhī chéng lín bú cè zhī yuān yǐ wéi gù liáng jiāng jìng nǔ shǒu yào hài zhī chù
丈之城，临不测之渊⑦以为固。良将劲弩，守要害之处，
xìn chén jīng zú chén lì bīng ér shuí hē tiān xià yǐ dìng shǐ huáng zhī xīn zì yǐ
信臣精卒，陈利兵而谁何⑧。天下已定，始皇之心，自以
wéi guān zhōng zhī gù jīn chéng qiān lǐ zǐ sūn dì wáng wàn shì zhī yè yě shǐ huáng
为关中⑨之固，金城千里，子孙帝王万世之业也。始皇
jì mò yú wēi zhèn yú shū sú
既没，余威震于殊俗。

① 六世：指秦孝公、秦惠文王、秦武王、秦昭襄王、秦孝文王、秦庄
襄王一共六位秦国君主。
② 二周：指西周和东周。
③ 履至尊：指登上帝位。
④ 振：通"震"，震慑。
⑤ 百越：古代越族，居住在江浙闽越等地。
⑥ 先王：指自秦孝公以来的六位秦国君主。
⑦ 亿丈之城：指华山；不测之渊：指黄河。
⑧ 何：通"呵"。
⑨ 关中：关中指秦国雍州地区。

rán ér chén shè wèng yǒu shéng shū zhī zǐ méng lì zhī rén ér qiān xǐ zhī tú
然而陈涉，瓮牖绳枢①之子，氓隶②之人，而迁徙之徒
yě cái néng bù jí zhōng yōng fēi yǒu zhòng ní mò dí zhī xián táo zhū yǐ dùn zhī
也。材能不及中庸，非有仲尼、墨翟之贤，陶朱、猗顿之
fù niè zú háng wǔ zhī jiān miǎn qǐ qiān mò zhī zhōng shuài pí bì zhī zú jiàng shù bǎi
富，蹑足行伍③之间，俛起阡陌④之中，率罢弊之卒，将数百
zhī zhòng zhuǎn ér gōng qín zhǎn mù wéi bīng jiē gān wéi qí tiān xià yún jí xiǎng yìng
之众，转而攻秦。斩木为兵，揭竿为旗，天下云集响应，
yíng liáng ér yǐng cóng shān dōng háo jùn suì bìng qǐ ér wáng qín zú yǐ
赢粮而景从⑤，山东豪俊遂并起而亡秦族矣。

① 瓮牖绳枢：以破瓮为窗户，用草绳当门枢。
② 氓隶：乡村中地位低下的人。

③ 行伍：代指军队，古代军队五人为"伍"，二十五人为"行"。

④ 俛起阡陌：同"勉"，突起；阡陌：本义是田间小路，这里指民间。

⑤ 景：通"影"。

　　qiě fú　　 tiān xià fēi xiǎo ruò yě　　 yōng zhōu zhī dì　　 xiáo　 hán zhī gù　　 zì ruò yě
　　且夫①天下非小弱也，雍州之地，殽、函之固，自若也；
chén shè zhī wèi　　 bù zūn yú qí　 chǔ　 yān　 zhào　 hán　 wèi　 sòng　 wèi　 zhōng shān
陈涉之位，不尊于齐、楚、燕、赵、韩、魏、宋、卫、中山
zhī jūn yě　　 chú yōu jí qín　　 bù xiān　 yú gōu　 jǐ　 zhǎng shā yě　　 zhé shù zhī zhòng
之君也；锄耰棘矜②，不铦③于钩、戟、长铩也；谪戍之众，
fēi kàng yú jiǔ guó zhī shī yě　　 shēn móu yuǎn lù　　 xíng jūn yòng bīng zhī dào　 fēi jí nǎng shí
非抗于九国之师也；深谋远虑，行军用兵之道，非及曩时
zhī shì yě　　 rán ér chéng bài yì biàn　　 gōng yè xiāng fǎn　　 shì shǐ shān dōng zhī guó yǔ chén shè
之士也。然而成败异变，功业相反。试使山东之国与陈涉
duó zhǎng xié dà　　 bǐ quán liàng lì　　 zé bù kě tóng nián ér yǔ yǐ　　 rán qín yǐ qū qū zhī
度长絜大，比权量力，则不可同年而语矣。然秦以区区之
dì　　 zhì wàn shèng zhī quán　　 xù bā zhōu　 ér cháo tóng liè　 bǎi yòu　 yú nián yǐ　　 rán hòu yǐ
地，致万乘之权，序八州④而朝同列，百有⑤余年矣。然后以
liù hé wéi jiā　 xiáo　 hán wéi gōng　　 yì fū zuò nàn ér qī miào huī　　 shēn sǐ rén shǒu　 wéi tiān
六合为家，殽、函为宫。一夫作难而七庙隳，身死人手，为天
xià xiào zhě　　 hé yě　　 rén yì bù shī　 ér gōng shǒu zhī shì yì yě
下笑者，何也？仁义不施，而攻守之势异也。

① 且夫：再说。

② 锄耰棘矜：耰是一种农具，种地时用来碎土平田；棘：酸枣树；矜：
　矛柄，指木棍。

③ 铦：锋利。

④ 八州：指兖州、冀州、幽州、徐州、豫州、荆州、扬州、营州。古
　代天下分为九州，秦国在雍州。

⑤ 有：通"又"，连接整数和余数。

译文

秦孝公占据了崤山、函谷关这样险峻坚固的地方，拥有雍州的土地，秦国君主和臣子固守国土窥伺周王室，有统一天下、制服四海的雄心壮志。在这个时候，商鞅辅佐秦孝公，在秦国国内定法度，鼓励人民耕种织布，修建防守、进攻的武器，对外在诸侯间施行"连横"策略，让诸侯内斗。因此秦国人像拱手一样轻松地向西取得了河西之地。

秦孝公去世之后，秦惠文王、秦武王、秦昭襄王继承了先王的遗业，延续了之前秦国的政策，向南攻占了汉中，向西夺取了巴蜀之地；向东攻克了肥沃的土地，向北夺取了地理位置险要的郡，各国诸侯都很害怕秦国，于是举行会盟策划削弱秦国，诸侯不吝啬珍宝和肥沃的土地，用来招揽天下贤人，诸侯国之间结为合纵，相互援助合为一体。在此时，齐国有孟尝君，赵国有平原君，楚国有春申君，魏国有信陵君。这四位著名的公子都很睿智且忠诚守信，宽厚待人且爱护百姓，尊重贤才、重视人才，用合纵对抗连横，联合了韩国、魏国、燕国、楚国、齐国、赵国、宋国、卫国和中山国的军队。于是，六国优秀的士人，有宁越、徐尚、苏秦、杜赫这些人为他们谋划，有齐明、周最、陈轸、召滑、楼缓、翟景、苏厉、乐毅这些人沟通各国意见，吴起、孙膑、带佗、倪良、王廖、田忌、廉颇、赵奢这些人率领他们的军队。诸侯合纵曾经用十倍于秦国的土地、百万的军队，攻伐函谷关来攻打秦国。秦国人打开函谷关大门迎战敌人，九个诸侯国的军队却心存顾虑徘徊不进。秦国没有耗费一支箭，而天下的诸侯已经非常疲惫困窘。于是，合纵盟约因此失败，诸侯争着割让土地贿赂秦国。秦国有余力制约各诸侯的弊端，追赶逃跑的军士，诸侯军队百万士兵死去，流在地上的鲜血可以使盾牌浮起来。秦国得以凭借这有利形势，分割天下，重新划分山河归属。强大的诸侯国请求服从秦国，弱小的诸侯国朝见秦国。

秦国的统治延续到秦孝文王、秦庄襄王，因为他们统治的时间不长，国家没有发生大事。

到了秦始皇时期，他发扬前面六位先王的精神，用武力统治天下，吞并了西周、东周，灭亡了各诸侯国，登上皇帝之位统治天下，用残酷的刑罚奴役天下，威名震慑四海。秦始皇向南夺取了百越的土地，将这土地命名为桂林、象郡；百越的君主，低下头来脖子上系着绳子，将性命交付给下级官员。秦始皇派蒙恬在北面修筑长城守卫边疆，将匈奴击退七百多里；胡人不敢往南下牧马，勇士不敢拉弓射箭来报仇。于是，秦始皇废弃了先王的治国理念，焚毁了诸子百家的作品，来让百姓变愚钝；他毁坏了高大的城墙，杀死了诸侯国的英雄；收缴了全天下的武器，集中在咸阳销毁，将它们冶炼铸成十二个金人，用来削弱天下百姓的力量。然后以华山为城墙，以黄河为护城河，占据了华山和黄河这样的险要之地，认为是坚固的险阻。秦国的良将手持强弓守卫险要之地，忠诚的大臣和精兵摆开阵势盘问行人。天下安定，秦始皇认为以关中的坚固地势、方圆千里的坚固城墙，这是子孙万世都可以称帝的基业。秦始皇去世之后，他的余威仍然震慑边远地区。

然而，陈涉是出身于破瓮当窗户、草绳当门枢的底层农家子弟，是个被征发戍边的小卒；他的才能还不如一个普通人，更没有孔子、墨子的贤才，没有陶朱、猗顿的富有；他置身于军队戍卒之中，率领着疲惫的士兵，统领着几百人的队伍，转头攻打秦国；他砍下木头做兵器，举起旗杆为旗帜，天下响应他的英雄却如同白云聚集，挑起干粮如影随形地跟随他。于是，崤山以东的豪杰英雄一起反抗，终于消灭了秦国。

再说，秦朝天下并没有缩小被削弱，雍州的土地，崤山和函谷关的坚固，还依然是那样。陈涉的地位并不比齐、楚、燕、赵、韩、魏、宋、卫、中山的君主更高贵；种地的锄头和木棍也不比钩戟长矛锋利；那些贬谪戍边的士卒，也不能和上九国诸侯的军队抗衡；论起深谋远虑，行军用兵的道理，也赶不上之前的谋士。然而胜利和失败改变了，功绩也是相反的，这是为什么呢？假如让崤山以东的诸侯和陈涉比较长短，比较权力力量，二者是不能相提并论的。然而秦国以自己小小的地盘，成就了兵车万乘的权势，为天下其他八州排序，让其他诸侯来朝见，有一百多年了；这以后秦国以天下为家业，以崤山、函谷关为宫殿；陈涉一个人发难，秦国七庙被毁坏，秦王死在别人手中，被全天下人嘲笑，这是为什么呢？因为秦国不施行仁义，所以改变了攻和守的形势啊。

子孙帝王万世之业为何败于戍卒之手?

《过秦论》这篇文章是汉代名士贾谊的代表作,也是汉代散文名篇。司马迁和班固都对贾谊有很高的评价,李商隐曾经有"宣室求贤访逐臣,贾生才调更无伦。可怜夜半虚前席,不问苍生问鬼神"的名诗——《贾生》。贾谊的才华在历代文人中口口相传,经久不衰。

贾谊,洛阳人,西汉初年著名的政论家、文学家,世称贾生。贾谊少年时就才华出众,跟随荀况的学生张苍学习。张苍是西汉初期的丞相,他的老师是荀子,同学是李斯。张苍丰富的从政经验,给了贾谊对于治理国家的最初印象。

据说贾谊十七岁就因为能够背诵诗文、善于写文章而在当地闻名,河南郡守吴公召贾谊为幕僚。在贾谊辅佐下,吴公治理河南郡政绩卓著,时评天下第一。

汉文帝登基后,发现河南郡治理得很好,将吴公晋升为廷尉,吴公趁机举荐了贾谊。汉文帝一见贾谊就非常欣赏,任命他为博士。二十一岁的贾谊,成为博士中最年轻的一个。每逢皇帝出题辩论,贾谊都对答如流。一年之内,他被破格提拔为太中大夫。

由此贾谊开始针砭时弊,为汉文帝出谋划策。当时西汉出现了"背本趋末"的现象,也就是很多人弃农经商。贾谊上《论积贮疏》,提出重农抑商的经济政策,主张发展农业,加强粮食储备。汉文帝采纳了他的建议。同时,贾谊也提出了遣送列侯到封地的措施。从这一点看,贾谊绝不是坐而论道、五谷不分的书呆子,相反,他对于国计民生,对于当时王权对皇权的挑战这样复杂的政治问题,都很有自己的见解。

汉文帝觉得贾谊的奏疏对国家起到了很大的作用,想提拔贾谊担任公卿之职。但朝中大臣如绛侯周勃、灌婴、御史大夫冯敬等人都很嫉妒贾谊，于是针对贾谊的一场无声的围剿开始了。大臣们进言，说贾谊"年少初学，专欲擅权，纷乱诸事"。

可能贾谊还是太年轻了，他能够指点江山，这源于天生的才华和老师的指点，但面对人际关系的蝇营狗苟，无端陷害，贾谊并没有做出有力的回击。汉文帝逐渐疏远了贾谊，不再采纳他的意见。汉文帝四年（前176年），贾谊被外放为长沙王太傅，距离京城千里之遥。贾谊写下了《吊屈原赋》，凭吊这位和自己遭遇如此相同的伟大诗人。

周勃被捕时，贾谊不念旧恶，上疏《阶级》，建议汉文帝对大臣以礼相待。

三年后，汉文帝想念贾谊，在未央宫祭神的宣室接见贾谊。汉文帝向贾谊询问鬼神的问题，贾谊侃侃而谈，直到深夜。汉文帝听后感慨万千，"我很久没看到贾生了，自以为超过他了，今天看来，还是比不上他啊！"此时，灌婴已死，周勃回到绛县封地。但汉文帝只是任命贾谊为梁怀王太傅，虽距离长安近了一些，并未委以重任。

贾谊虽然远离长安，但是心系国家。他多次上疏论政，论述匈奴入侵、制度建设、诸侯王问题，《治安策》就是此时创作的名篇。

汉文帝十一年，贾谊随梁怀王入朝，不料梁怀王坠马而死，贾谊悲痛万分，又为此自责，经常哭泣。梁怀王死去无子，按照常理封地应该撤销。贾谊认为这样的局势于国家不利，建议给梁王立继承人，扩大梁国封地北到黄河。汉文帝听从了贾谊的建议，迁淮阳王刘武为梁王，迁城阳王刘喜为淮南王。

后来七国之乱发生，梁王刘武坚决抵御，贾谊当年苦心经营的目的终于实现了。汉文帝十二年，才华横溢却郁郁不得志的贾谊永远离开了这个世界，时年三十三岁。

也许贾谊的一生舒心顺意时少，抑郁不平时多。但他的文章所表现出来的永远是那样神采飞扬，令人钦佩。《过秦论》就是其中的优秀代表。

西汉初年，总结秦亡的经验教训是一大社会潮流，也是开启汉朝这一漫长统治的政治要务。贾谊的《过秦论》分为上、中、下三篇，这篇文章是其中的上篇。

在贾谊看来，秦孝公的成功来自任用商鞅，采取了正确的对内对外政策，发展国力，令诸侯内斗，趁机夺取土地。贾谊看到了六国合纵的人才济济，也看到了在这样强有力的优势下，秦国独立面对六国的强势对抗。的确，对于秦国而言，不强大，唯有死。但其实贾谊还有一点没有谈及，那就是张仪的"连横"政策对于"合纵"的破坏。六国虽然人多势众，但是人越多，心越不齐，就越容易被乘虚而入，分崩离析。加上范雎的"远交近攻"政策，六国的失败就成了必然。

贾谊用气势如虹的文字描述了秦始皇称帝这一段历史。的确，战国七雄，人才辈出，最终是秦国历经几代人的努力实现了神州一统，这是令后人瞩目的盛世。但几代人的心血为什么会毁于一旦，亡于二世呢？

历数中国历史，可能也只有隋朝可以与之比肩。其中的原因到底是什么？

贾谊认为，是因为"仁义不施而攻守之势异也"。秦始皇在完成统一大业之后，反而将秦朝的严刑峻法实行到了极致，这些重压让老百姓不堪重负。当所有人都没有活路的时候，为什么不拼死一搏？所以，农民起义军是真正为了博一条生路而集结的军队，自然胜过各怀私心的六国军队。

《过秦论》上篇是一篇千古雄文，虽然意在议论，但叙述占了很大篇幅，以秦朝发展为时间线索，条分缕析。文章又有汉赋的写法，铺张夸大，又多用对比手法，感情饱满。

今天我们重读这篇文章，依然会看到当年的金戈铁马，战场硝烟，看到六国华丽的宫殿化为灰烬，看到转眼间，阿房宫也化为尘土。令人激动感慨。

这是文字的力量，也是贾谊留给后人的宝贵财富。

诸葛亮·《前出师表》

臣亮言：先帝①创业未半而中道崩殂②。今天下三分③，益州④疲敝，此诚危急存亡之秋⑤也。然侍卫之臣不懈于内，忠志之士忘身于外者，盖追先帝之殊遇，欲报之于陛下也。诚宜开张圣听⑥，以光先帝遗德，恢宏志士之气。不宜妄自菲薄，引喻失义，以塞忠谏之路也。宫中府中⑦，俱⑧为一体，陟罚臧否⑨，不宜异同。若有作奸犯科及为忠善者，宜付有司⑩论其刑赏，以昭陛下平明之治，不宜偏私，使内外异法也。

① 先帝：指蜀汉开国之君刘备。先，对死去的人的尊称。

② 崩殂：死。崩：皇帝去世的委婉说法。殂：死去。

③ 三分：指当时天下分魏、蜀、吴三方势力。

④ 益州：汉朝行政区域之一，这里指代蜀汉。

⑤ 秋：指关键时刻，一般指不好的时候。

⑥ 开张圣听：指广泛吸收听取意见。

⑦ 宫：指皇宫；府：指丞相府。

⑧ 俱：通"具"，全，都。

⑨ 陟罚臧否：陟，奖励；罚：惩罚；臧否：善恶，用为动词，指评论人物好坏。

⑩ 有司：专门管理某项工作的部门。

侍中、侍郎郭攸之、费祎、董允等，此皆良实，志虑①忠纯，是以先帝简拔以遗②陛下。愚以为宫中之事，事无

dà xiǎo　　xī yǐ zī zhī　　rán hòu shī xíng　　bì néng bì bǔ quē lòu　　yǒu suǒ guǎng yì
大小，悉以咨之，然后施行，必能裨补阙③漏，有所广益。

jiāng jūn xiàng chǒng　　xìng xíng shū jūn　　xiǎo chàng jūn shì　　shì yòng yú xī rì　　xiān dì chēng zhī
将军向宠，性行淑均，晓畅军事，试用于昔日，先帝称之

yuē néng　　shì yǐ zhòng yì jǔ chǒng wéi dū　　yú yǐ wéi yíng zhōng zhī shì　　shì wú dà xiǎo
曰能，是以众议举宠为督④。愚以为营中之事，事无大小，

xī yǐ zī zhī　　bì néng shǐ háng zhèn hé mù　　yōu liè dé suǒ yě　　qīn xián chén　　yuǎn xiǎo rén
悉以咨之，必能使行阵⑤和睦，优劣得所也。亲贤臣，远小人⑥，

cǐ xiān hàn suǒ yǐ xīng lóng yě　　qīn xiǎo rén　　yuǎn xián chén　　cǐ hòu hàn suǒ yǐ qīng tuí yě
此先汉所以兴隆也；亲小人，远贤臣，此后汉所以倾颓也。

xiān dì zài shí　　měi yǔ chén lùn cǐ shì　　wèi cháng bù tàn xī tòng hèn　　yú huán　　líng yě
先帝在时，每与臣论此事，未尝不叹息痛恨⑦于桓、灵也。

shì zhōng　　shàng shū　　zhǎng shǐ　　cān jūn　　cǐ xī zhēn liáng sǐ jié zhī chén　　yuàn bì xià qīn
侍中、尚书、长史、参军，此悉贞良死节⑧之臣，愿陛下亲

zhī xìn zhī　　zé hàn shì zhī lóng　　kě jì rì ér dài yě
之信之，则汉室之隆，可计日⑨而待也。

① 志虑：志向与思想。

② 遗：给予。

③ 阙：通"缺"，这里指事务上的疏漏。

④ 督：军官职位，指向宠曾经担任蜀军中部督。

⑤ 行阵：军队行列。

⑥ 小人：这里指官中宦官。

⑦ 痛恨：内心感到沉痛、遗憾。

⑧ 死节：以死报国、保全节操的气节。

⑨ 计日：计算天数，指马上就到。

chén běn bù yī　　gōng gēng yú nán yáng　　gǒu quán xìng mìng yú luàn shì　　bù qiú wén
臣本布衣①，躬耕于南阳②，苟全性命于乱世，不求闻

dá yú zhū hóu　　xiān dì bù yǐ chén bēi bǐ　　wěi zì wǎng qū　　sān gù chén yú cǎo lú
达于诸侯。先帝不以臣卑鄙③，猥自枉屈，三顾④臣于草庐

zhī zhōng　　zī chén yǐ dāng shì zhī shì　　yóu shì gǎn jī　　suì xǔ xiān dì yǐ qū chí　　hòu zhí
之中，谘臣以当世之事，由是感激，遂许先帝以驱驰。后值

qīng fù　　shòu rèn yú bài jūn zhī jì　　fèng mìng yú wēi nàn zhī jiān　　ěr lái èr shí yòu yī nián
倾覆，受任于败军之际，奉命于危难之间，尔来二十有⑤一年

yǐ　　xiān dì zhī chén jǐn shèn　　gù lín bēng jì chén yǐ dà shì yě　　shòu mìng yǐ lái　　sù yè
矣。先帝知臣谨慎，故临崩寄臣以大事也。受命以来，夙夜

yōu tàn　　kǒng tuō fù bú xiào　　yǐ shāng xiān dì zhī míng　　gù wǔ yuè dù lú　　shēn rù bù máo
忧叹，恐托付不效，以伤先帝之明，故五月渡泸⑥，深入不毛⑦。

今南方已定，兵甲⑧已足，当奖帅三军，北定中原，庶竭驽钝，攘除奸凶，兴复汉室，还于旧都⑨。此臣之所以⑩报先帝而忠陛下之职分也。至于斟酌损益，进尽忠言，则攸之、祎、允之任也。愿陛下托臣以讨贼兴复之效⑪；不效，则治臣之罪，以告⑫先帝之灵。若无兴德之言，则责攸之、祎、允之咎，以彰其慢⑬。陛下亦宜自谋，以咨诹善道⑭，察纳雅言，深追先帝遗诏⑮，臣不胜受恩感激。今当远离，临表涕泣，不知所云。

① 布衣：指百姓。

② 南阳：指当时的南阳城。

③ 卑鄙：地位、身份低，见识浅陋。

④ 顾：探望。

⑤ 有：通"又"。

⑥ 泸：指泸水，今日的金沙江。

⑦ 不毛：不长草木，指废弃荒凉的地方。毛：庄稼，草木。

⑧ 兵甲：泛指武器装备。

⑨ 旧都：指东汉都城洛阳。

⑩ 所以：用来……的。

⑪ 效：效命的任务。

⑫ 告：告慰，安慰。

⑬ 慢：怠慢，指工作不尽职。

⑭ 咨诹善道：询问治国良策。诹：咨询。

⑮ 先帝遗诏：刘备留给后主的遗诏，有言："勿以恶小而为之，勿以善小而不为。惟贤惟德，能服于人。"

译文

臣诸葛亮有言禀告：先帝开创统一天下的大业还没完成一半，就在中途去世了。现在天下分为三国，我们蜀汉实力微弱，处境艰难，这实在是危急存亡的关键时刻啊。然而侍奉护卫的大臣在内毫不懈怠，忠诚的将士们在外舍生忘死，原来都是他们追念先帝的厚遇，想要报效陛下。陛下应该广泛听取群臣意见，以此发扬先帝留下来的光辉美德，发扬志士的志气，不应该过于轻视自己，发表不适当的讲话，从而阻塞了忠臣的劝谏之路。

皇宫和丞相府，各级部署都是一个整体，奖赏和惩戒，评价好坏，不应该有不同。如果有做邪恶事情、触犯法律或者行为忠诚善良的人，都应该交给相关部门评定对他的刑罚或奖赏，以此显示陛下公正严明，不应该有偏爱私心，让宫内和宫外刑罚、奖赏有所不同。

侍中、侍郎郭攸之、费祎、董允等人，都是志向和思想忠诚纯正的人，所以先帝将他们选拔出来留给陛下。臣认为宫内的事情无论大小，全都去咨询他们，然后再施行，必定可以弥补缺失漏洞，可以获得启发和帮助。

将军向宠，性情善良，品德端正，精通军事，当年被任用，先帝称赞他有才能，所以大家商议推荐向宠为中部督。臣以为军队里的事情，无论大小去咨询他，必定能够让军队行列整齐和谐，好的和差的各得其所。

亲近贤臣，远离小人，这是前汉所以兴盛的原因；亲近小人，远离贤臣，这是后汉倾覆衰败的原因。先帝在世时，每当和臣谈论这些事情，没有一次不叹息痛恨汉桓帝、汉灵帝的。侍中、尚书、长史、参军，这都是忠诚可靠，能够为国家效死的忠义之臣，希望陛下亲近、信任他们，那么汉室的兴隆，就指日可待了。

臣原本是一个平民，在南阳务农种地，只想在乱世中苟且保全性命，不求在诸侯中扬名显贵。先帝不因为臣地位低微、见识浅薄，降低身份，屈尊三次到草庐之中看望臣，向臣咨询当时的天下大事，因此臣内心感动，于是同意为先帝奔走效劳。后来遭到失败，臣在战争失败时受命，在情况危急时刻接受命令，从那时起已经二十一年了。

先帝知道臣为人谨慎，所以临终时将国家大事托付给臣。自从臣接受先帝遗命以来，整天都为国家担忧地叹息，唯恐先帝托付的事情不能完成，有损于先帝的英明。所以在五月渡过泸水，深入人烟稀少的地方。现在南方已经平定，武器装备也很充足，应该奖赏率领三军，向北进军平定中原，希望可以竭尽臣平庸的才能，铲除曹魏奸邪之人，光复大汉，回到东都洛阳。这是臣用来报答先帝而效忠陛下的职责本分。至于酌情处理事务，有所兴革，毫无保留地进献忠言，那是郭攸之、费祎、董允的职责。

希望陛下将讨伐曹魏兴复汉室的任务交给臣，如果不能完成，就治臣的罪，以此告慰先帝英灵。如果没有发扬陛下恩德的忠言，就治郭攸之、费祎、董允的疏忽职守，以此表明他们的过失；陛下也应该谋求自强，询问臣子治国良策，识别采纳正确的言论，深刻追念先帝留下来的遗诏。臣不胜感激。

现在臣即将远离，面对奏折泪落如雨，不知道该说些什么。

出征前的嘱托

　　《前出师表》是我国历史上著名的能臣——诸葛亮所作，这篇文章创作于诸葛亮决定北伐魏国、收复中原之前是给后主刘禅的上书中的表文，出自《三国志·蜀志·诸葛亮传》卷三十五。

　　即将出征的丞相诸葛亮，身负刘备嘱托，他对留守的后主刘禅说了些什么呢？

　　开头这一段话是诸葛亮内心情感的真实流露。虽然三足鼎立，但是蜀汉是三国中最为弱小的一方，而且现在刘备去世，危机重重，正处于不前进就是后退、后退就是灭亡的关键时期。作为蜀汉丞相，在出征之前，诸葛亮要唤醒刘禅，让他认识到当前形势的严峻。接下来，诸葛亮手把手教刘禅，自己出征后应该怎样处理政事。原则就是要公正，惩恶奖善都要交给主管官吏去完成。最后，诸葛亮还特地强调了要公正，不要执法标准不同。

　　诸葛亮又为刘禅推荐文武大臣可用之人，这些人都经过先帝考量，人品、能力都没有问题。可以相信，有任何问题，只要向他们咨询，一定是有所增益的。

　　诸葛亮为后主说明为什么要"亲贤臣，远小人"，这样做的意义何在。这是历史证明的经验教训，东汉灭亡，就和不能秉持这一原则有关。

　　"臣本布衣"这一段，是诸葛亮饱含深情的独白。

　　为什么诸葛亮要为了完成一个承诺呕心沥血？就是为了当时刘备三顾茅庐的诚意，那是当时士为知己者死的最高承诺。而到了刘备托孤，这份责任就更加沉重。所谓夙兴夜寐，惟恐有负先帝嘱托。所以才有了诸葛亮平定南方，现在就到了北定中原的日子。

这也是诸葛亮实现诺言，实现理想的关键一步。

最后这一段话是诸葛亮的军令状，是不达目的誓不罢休的决心。他对于其他大臣以及后主刘禅也提出了要求，每个人都要坚守岗位，不得怠慢。

毕竟这是一个宏伟的目标，仅凭一个人无法完成。

这篇文章是诸葛亮北伐出征前对于后主刘禅的嘱咐，逻辑清晰，言辞恳切，情谊真挚，信念坚定。在刘备去世之后，诸葛亮付出了巨大的努力才取得后方安定，使北伐的条件成熟，他内心是无比激动的。诸葛亮对当时蜀国的弊端其实早有了解，也能够对后主循循善诱，这篇文章虽然是饱含感情之作，却是诸葛亮苦思熟虑的结果，并非一时兴起写就的。

我们今天重读这篇文章，依然可以感受到诸葛亮的一片拳拳爱国之心，对于先帝的感恩图报之心，对于后主刘禅的嘱托爱护之心。文章多用四字句，节奏感很强。而且有很多排比对偶句子，也是当时东汉末年骈体文兴起的文坛风尚。

正是诸葛亮的报效国家之心感动了无数文人，南宋诗人陆游曾经在《书愤》中写道："出师一表真名世，千载谁堪伯仲间。"

诸葛亮·《后出师表》

先帝虑汉、贼^①不两立，王业不偏安^②，故托臣以讨贼也。以先帝之明，量臣之才，故知臣伐贼，才弱敌强也。然不伐贼，王业亦亡，惟坐而待亡，孰与^③伐之？是故托臣而弗疑也。臣受命之日，寝不安席，食不甘味，思惟北征，宜先入南^④。故五月渡泸，深入不毛，并日^⑤而食。臣非不自惜也，顾王业不可偏安于蜀都^⑥，故冒危难以奉先帝之遗意，而议者^⑦谓为非计。今贼适疲于西，又务于东^⑧，兵法乘劳，此进趋之时也。谨陈其事如左：

① 汉：指刘备建立的蜀汉；贼：指三国中的曹魏。

② 偏安：指国家偏处于一地，自认为很安全。

③ 孰与：哪里比得上？表示抉择，偏向后一个选择。

④ 入南：指诸葛亮率领军队去西南征战。

⑤ 并日：两天合为一天。

⑥ 蜀都：指蜀汉地域。

⑦ 议者：对北伐表示反对的官员。

⑧ 今贼适疲于西，又务于东：指当时曹魏发生三郡叛变，同时东吴大将军陆逊打败曹魏大司马曹休。

高帝^①明并日月，谋臣渊深，然涉险被^②创，危然后安。今陛下未及高帝，谋臣不如良、平^③，而欲以长策取胜，坐定天下，此臣之未解一也。

① 高帝：指汉高祖刘邦。

② 被：同"披"。

③ 良、平：指汉高祖的谋士张良、陈平。

liú yáo wáng lǎng gè jù zhōu jùn lùn ān yán jì dòng yǐn shèng rén qún yí mǎn
刘繇、王朗① 各据州郡，论安言计，动引圣人，群疑满
fù zhòng nàn sāi xiōng jīn suì bù zhàn míng nián bù zhēng shǐ sūn cè zuò dà suì
腹，众难塞胸。今岁不战，明年不征，使孙策②坐大，遂
bìng jiāng dōng cǐ chén zhī wèi jiě èr yě
并江东③，此臣之未解二也。

① 刘繇：东汉末年扬州刺史；王朗：东汉末年会稽太守。

② 孙策：孙权长兄。他借用袁术之兵，兼并江南地区。

③ 江东：长江中下游地区。

cáo cāo zhì jì shū jué yú rén qí yòng bīng yě fǎng fú sūn wú rán kùn yú
曹操智计殊绝于人，其用兵也，仿佛孙、吴①，然困于
nán yáng xiǎn yú wū cháo wēi yú qí lián bī yú lí yáng jī bài běi shān dài sǐ
南阳，险于乌巢，危于祁连，逼于黎阳，几败北山，殆死
tóng guān rán hòu wěi dìng yì shí ěr kuàng chén cái ruò ér yù yǐ bù wēi ér dìng zhī
潼关，然后伪定②一时尔。况臣才弱，而欲以不危而定之，
cǐ chén zhī wèi jiě sān yě
此臣之未解三也。

① 孙、吴：指孙武、吴起，都是战国著名军事家。

② 伪定：指曹操统一黄河以北地区。诸葛亮认为蜀汉是正统，所以斥
  责曹魏为"伪"。

cáo cāo wǔ gōng chāng bà bú xià sì yuè cháo hú bù chéng rèn yòng lǐ fú ér lǐ fú
曹操五攻昌霸不下，四越巢湖不成，任用李服而李服
tú zhī wěi rèn xià hóu ér xià hóu bài wáng xiān dì měi chēng cāo wéi néng yóu yǒu cǐ shī
图之，委任夏侯而夏侯败亡，先帝每称操为能，犹有此失，
kuàng chén nú xià hé néng bì shèng cǐ chén zhī wèi jiě sì yě
况臣驽下，何能必胜？此臣之未解四也。
zì chén dào hàn zhōng zhōng jiàn jī nián ěr rán sàng zhào yún yáng qún mǎ yù
自臣到汉中①，中间期年耳，然丧赵云、阳群、马玉、
yán zhī dīng lì bái shòu liú hé dèng tóng děng jí qū zhǎng tún jiàng qī shí yú rén
阎芝、丁立、白寿、刘郃、邓铜等及曲长、屯将七十余人、
tū jiàng wú qián cóng sǒu qīng qiāng sǎn jì wǔ jì yì qiān yú rén cǐ jiē
突将、无前、賨、叟、青、羌、散骑、武骑一千余人②。此皆

数十年之内所纠合四方之精锐，非一州之所有；若复数年，则损三分之二也，当何以图敌？此臣之未解五也。

① 汉中：郡名，治所在南郑（今陕西省汉中市）。

② 突将、无前：蜀汉军中冲锋将士；賨、叟、青、羌：蜀汉军队中的少数民族部队；散骑、武骑：骑兵名号。

今民穷兵疲，而事不可息；事不可息，则住与行劳费正等。而不及早图之，欲以一州之地与贼持久，此臣之未解六也。

夫难平①者，事也。昔先帝败军于楚②，当此时，曹操拊手，谓天下已定。然后先帝东连吴、越③，西取巴、蜀，举兵北征，夏侯授首，此操之失计而汉事将成也。然后吴更违盟，关羽毁败④，秭归蹉跌⑤，曹丕称帝。凡事如是，难可逆见。臣鞠躬尽力，死而后已，至于成败利钝，非臣之明所能逆睹也。

① 平：同"评"，评断，评定。

② 先帝败军于楚：指刘备在当阳长坂被击败，当阳属于楚地。

③ 东连吴越：指刘备联合东吴抗击曹操，赤壁之战大胜曹军。

④ 关羽毁败：指关羽被吕蒙偷袭，失败被杀。

⑤ 秭归蹉跌：指刘备为关羽复仇，却在秭归被陆逊击败。

译文

先帝深为忧虑蜀汉与曹贼不能并存，帝王大业不能偏处一地自认为安全，所以委托臣讨伐曹魏。以先帝的明智，考量臣的才能，本来知道臣讨伐曹贼，臣的才能微弱而敌人强大。但是如果不讨伐敌人，帝王大业也会败亡。与其坐以待毙，哪里比得上去讨伐敌人？所以先帝委托臣这个任务毫无迟疑。

臣从接受命令那天开始，睡觉也不安稳，吃饭也没有滋味。想到北伐，最好先开始南征。所以臣在五月份渡过泸水，深入荒无人烟之地，两天并作一天吃饭；臣并不是不爱惜自己，而是看到王业不能在蜀地偏安一隅，所以冒着危险艰难，以此执行先帝的遗愿，然而反对者却认为这并非上策。现在曹贼在西边疲于应付叛乱，又要应付东边东吴进攻，兵法说应该趁着敌人疲惫发动进攻，这正是快速前进的时机。臣谨将这些事陈奏如下：

汉高帝明智如同日月，他手下谋臣计谋高深莫测，却仍然身陷险境而受伤，经受危难后才得以安定。现在陛下比不上高皇帝，您手下的谋臣比不上张良和陈平，却想要用长期相持的打算取胜，安安稳稳地平定天下，这是臣不能理解的第一点。刘繇、王朗各自占据着州郡，当论及安定策略时，动不动就引用圣贤的话，群臣满腹疑虑，为难充斥心胸，今年不去作战，明年不去出征，让孙策安安稳稳发展壮大，于是吞并江东，这是臣不能理解的第二点。曹操的智谋计策远超常人，他用兵如同孙武、吴起，但却在南阳被困，在乌巢遇险，在祁连遭遇危机，在黎阳被敌人逼迫，几乎在北山惨败，险些死于潼关，然后才能一时僭越平定北方。何况臣才能微弱，却想要不冒险就平定天下，这是臣不能理解的第三点。曹操五次进攻昌霸失败，四次横渡巢湖不成功，任用李服，李服却谋害他，委任夏侯渊，夏侯渊却战败而死。先帝经常称曹操有本事，还有这些失误呢，何况臣才能低微，为什么必定能胜利？这是臣不能理解的第四点。自从臣到了汉中，这期间不过一年罢了，却丧失了赵云、阳群、马玉、阎芝、丁立、白寿、刘郃、邓铜等将军以及曲长、屯将等七十多名将领，突将、无前、賨、叟、青、羌、散骑、武骑等军卒一千多人。这些都是几十年内从四方汇聚来的精锐部队，不是一州所有的；如果再过几年，就会损失三分之二的军力，那时候拿什么去对敌？这是臣不能理解的第五点。现在民众穷苦士兵疲惫，然而战事却不能停止，那么坐以待敌和主动进攻敌人，所花费的劳力是相等的。还不如此时进攻敌人，却想凭借一州的地域和敌人相持对抗，这是臣不能理解的第六点。

最难以评断的是战争。过去先帝在楚地兵败，当时曹操拍手称快，说天下局势安定。但是后来先帝向东联合东吴，向西取得巴蜀之地，出兵北伐，夏侯渊交出了自己的脑袋，这是曹操失策，而汉室即将复兴。但之后东吴违背盟约，关羽战败，先帝在秭归兵败，曹丕僭越称帝。凡事都是如此，难能预测。臣为国家鞠躬尽瘁，至死方休。至于北伐是成功还是失败，是顺利还是困难，就不是臣的智力能够预测的了。

蜀汉不得不北伐的六个理由

《后出师表》这篇文章收录于三国时期吴国人张俨的《默记》，一般认为这是诸葛亮的作品。读者可能会觉得奇怪，为什么诸葛亮写了《前出师表》，还要写《后出师表》？他反复重申这件事目的何在？

这篇文章从时间上来看，晚于《前出师表》，是诸葛亮第一次北伐失败后写的。在蜀汉第二次北伐之前，朝廷上议论纷纷，很多人在质疑，为什么我们蜀国要反复北伐？难道三国鼎立的局面还不够好？

北伐，是诸葛亮对刘备做出的承诺，也是刘备集团持之以恒的战略目标。整个三国时期，刘备从未对曹魏集团投降示弱，在最艰难的处境中，他宁可带着百姓逃亡，也绝不与曹操苟合。

在刘备看来，曹操托名汉相，实为汉贼。也许别的起义军能够投降曹操，但是身为大汉皇室后裔的刘备，绝不可能如此。更何况，刘备心怀天下，他要实现汉室复兴，统一天下，必然要除去汉贼。

作为刘备的亲密战友，诸葛亮对于刘备的心事再明白不过了。刘备托孤给诸葛亮，诸葛亮必然会用毕生心血完成这一壮举，实现对刘备的承诺。

但蜀国其他的官员，甚至包括后主刘禅，他们不这么看。很多大臣满足于蜀国偏安一隅的安定，看不到国家发展的长远目标，耽于和平环境的生活，非议北伐。

而此时，魏国大举进攻东吴，东吴名将陆逊打败了魏将曹休，张郃东下，关中地区力量薄弱。诸葛亮认为，第二次北伐时机已经到来，准备再次北伐。

在这样的情况下，诸葛亮上书后主刘禅，这就是《后出师表》。

文章开篇，诸葛亮为后主刘禅讲当年刘备决定北伐的原因。假如不能北伐，偏安一隅，那最后的结果就是坐以待毙。所以北伐即使很难，即使是以弱对强，也必须前进。

当然，说自己没有才能，那是诸葛亮自谦。但也能看出刘备对诸葛亮的信任和心怀天下的雄心壮志。真正心怀理想的人，怎么可能碰到困难就退缩呢？更不可能为安逸的生活所束缚，放弃自己的理想。

这是诸葛亮对自己受命以来的回忆，他所有任务的中心，就是为了北伐。在战略上，他先平定大后方；在战术上，他深入敌后，来到不毛之地。工作辛苦，冒着生命危险。

这是为了什么？

为了实现先帝的遗愿！

其实这里有诸葛亮实现理想的成分，但在更大程度上是对刘备知遇之恩的回报。要知道，在遇到刘备之前，诸葛亮可是一位潇洒的隐士。

现在敌人出现了劳困，正是北伐的大好时机。

但是朝廷中却出现了反对北伐的声音。针对这些反对意见，诸葛亮提出了蜀汉不得不北伐的六个理由。

第一，诸葛亮用汉高祖刘邦作比较，告诉后主刘禅，即便是汉高祖，也得身临险境，遭遇危难才能安定，何况我们还不如汉高祖当年的实力。这是诸葛亮对居安派的反驳。要想战略相持，那也得有实力才行。只有双方实力对等，才能战略相持。蜀汉和曹魏比较，那只能说是坐以待毙。

第二，诸葛亮用刘繇、王朗的例子，说明错失战机，只会让敌人强大，继而吞并自己。

第三，诸葛亮用曹操失败的例子，说明只要上战场，失败是正常的。不失败，不冒险，就不可能有平定天下的胜利。

第四，像曹操这样的军事天才都不能避免失败，那为什么我诸葛亮这样的庸才就能避免失败呢？当然，这是诸葛亮在自谦。同样也是在说明，失败在所难免。

第五点和第六点，诸葛亮在说明入驻汉中一年以来蜀汉力量的损失。假如此时还不进攻，那就真的是坐以待毙了。现在烽烟四起，谁也不能逃离这个战争的大环境，与其坐等敌人势大，不如趁机进攻。

诸葛亮对战事的真实感受就是战争结果难以预料，但这并不能改变他的志向，因为要复兴汉室，诸葛亮决定要鞠躬尽瘁，死而后已。

如果说《前出师表》是为了开导后主刘禅，亲贤臣，远小人，那么《后出师表》就是在表达不出击就灭亡的危难时刻奋力前行的决心和勇气。在《后出师表》中，文章重点放在了军事方面，诸葛亮在用毕生的战斗经验唤醒后主刘禅的斗志。同时，也是对朝中不同意北伐、偏安一隅大臣的有力反驳。

而诸葛亮列举的六个疑问，是按照严密的逻辑顺序，逐层深入的一个剖析。

文章中提出的"鞠躬尽力，死而后已"，历经千百年光阴淘洗，变化为"鞠躬尽瘁，死而后已"这一成语，激励着后来无数爱国志士为国家奋斗终身，这篇文章也成为我国历史文化中的重要篇章。

可惜后主刘禅，始终是扶不起的阿斗。

但对于诸葛亮而言，也许奋斗过、战斗过、坚持过了，此生就再无憾事！

六朝文

　　六朝是我国历史上从三国到隋朝时期南方的六个朝代。六朝文明空前繁荣，《古文观止》选入李密、王羲之和田园诗人陶渊明等人的文章。王羲之的《兰亭集序》是东晋散文的杰出作品，陶渊明的文章寄寓着他对于"田园"和"自然"的人生理想，文字纯真自然，真情流露，虽然用词朴素，却饱含深意，耐人寻味。

李密·《陈情表》

臣密言：臣以险衅，夙遭闵①凶。生孩六月，慈父见背；行年四岁，舅夺母志。祖母刘，愍臣孤弱，躬亲抚养。臣少多疾病，九岁不行，零丁孤苦，至于成立。既无伯叔，终鲜兄弟，门衰祚薄，晚有儿息。外无期功强近之亲②，内无应门五尺之僮，茕茕孑立，形影相吊③。而刘夙婴疾病，常在床蓐，臣侍汤药，未曾废离。

① 闵：通"悯"，指可忧患的事，多指疾病或死亡。

② 期功强近之亲：指比较近的亲戚。古代根据亲属关系的亲疏决定服丧时间长短，服丧一年称"期"，服丧九个月称"大功"，服丧五个月称"小功"。

③ 吊：安慰。

逮奉圣朝，沐浴清化①。前太守②臣逵，察臣孝廉③；后刺史④臣荣，举臣秀才⑤。臣以供养无主，辞不赴命。诏书特下，拜臣郎中⑥，寻蒙国恩，除臣洗马⑦。猥以微贱，当侍东宫，非臣陨首所能上报。臣具以表闻，辞不就职。诏书切峻，责臣逋慢；郡县逼迫，催臣上道；州司临门，急于星火。臣欲奉诏奔驰，则以刘病日笃；欲苟顺私情，则告诉不许。臣之进退，实为狼狈。

① 清化：清明的政治教化。

② 太守：郡的长官。

③ 孝廉：汉代以来推荐人才的一种科目，推荐孝顺父母、品行端正的人。

④ 刺史：州的长官。

⑤ 秀才：当时地方推荐人才的一种科目，指优秀人才。

⑥ 郎中：官名，当时各部都有郎中。

⑦ 洗马：太子属官，掌管图书。

伏惟①圣朝以孝治天下，凡在故老，犹蒙矜育，况臣孤苦，特为尤甚。且臣少事伪朝②，历职郎署，本图宦达，不矜名节。今臣亡国贱俘，至微至陋，过蒙拔擢，宠命优渥，岂敢盘桓，有所希冀？但以刘日薄西山，气息奄奄，人命危浅，朝不虑夕。臣无祖母，无以至今日；祖母无臣，无以终余年。母孙二人，更相为命，是以区区③不能废远。臣密今年四十有四，祖母刘今年九十有六，是臣尽节于陛下之日长，报刘之日短也。乌鸟私情④，愿乞终养。

① 伏惟：古代奏疏、书信中下级对上级常用的敬语。

② 伪朝：指蜀汉。

③ 区区：拳拳，形容自己的感情真挚。

④ 乌鸟私情：乌鸦反哺，常以此比喻子女对父母的孝敬。

臣之辛苦，非独蜀之人士及二州牧伯所见明知，皇天后土，实所共鉴。愿陛下矜愍愚诚，听①臣微志。庶刘侥幸，卒保余年。臣生当陨首，死当结草。臣不胜犬马怖惧之情，谨拜表以闻。

① 听：听许，同意。

译文

臣李密启奏：

臣因为厄运当头，幼年就遭遇不幸。臣刚出生六个月，父亲就不幸去世。四年之后，舅舅逼迫母亲改嫁。臣的祖母刘氏可怜我从小丧父，孤苦伶仃，就亲自抚养我。臣小时候经常患病，九岁还不会走路。孤苦伶仃，一直到长大成人。臣没有伯父叔叔，也没有兄弟。家门衰微，福分浅薄，很晚才有儿子。在外没有比较近的亲属，在内没有照应门户的小童，臣孤苦，只有自己的身体和影子互相安慰。然而祖母刘氏疾病缠身，经常卧病在床，臣服侍祖母饮食吃药，从来没有离开过她。

等到了圣朝，臣亲身承受着清明的教化。前任太守逵考察过，举荐臣为孝廉，后来的刺史荣又推举臣为秀才。臣由于供养祖母，都辞谢了没有接受恩命。朝廷特地下了诏书，任命臣为郎中。不久又蒙受恩典，除去臣的旧职，任命臣为太子洗马。臣出身低微，充任东宫职务，这不是臣杀身成仁就可以报答朝廷恩典的。臣将以上情况全都上奏朝廷，辞谢不去上任。然而诏书急切严厉，责备臣回避怠慢。郡县的地方长官催促臣赶快上路；州官亲自上门催促，比星火还紧急。臣想要接受命令，为朝廷奔走效劳，然而祖母刘氏病情日益沉重；臣想要姑且迁就私情，但请求得不到许可；臣做官或不做官，都左右为难，境况困顿。

臣俯伏思考圣朝用孝道治理天下，凡是故臣遗老，尚且获得怜悯抚养，何况臣孤苦伶仃，情况更为严重。况且臣年轻时曾经供职于蜀汉，担任过各级官职，本来就希望为官显达，并不顾惜美名节操。现在臣是亡国蜀汉的俘虏，地位卑微浅薄至极，过分受到提拔，受到特别恩惠的任命，怎么敢徘徊观望、辞不赴命，有非分之想呢？只是因为祖母刘氏生命垂危，呼吸时断时续，早上不知道晚上会怎样。没有祖母的照顾，就没有臣的今天；

祖母没有臣的照顾，也没办法度过剩下的日子。祖母和我，相互依靠着活命，因此臣一片赤诚，不能放弃奉养祖母而远离。

臣李密今年四十四岁了，臣的祖母刘氏今年九十六岁，所以臣在陛下面前效忠的日子还长着呢，但臣报答祖母刘氏的日子越来越短了。臣怀着乌鸦反哺的情感，乞求陛下同意臣为祖母养老送终。臣的辛酸苦楚，不但蜀地的百姓和梁州、益州二州的长官目睹心知，就连天地神明都看得清楚明白。希望陛下怜惜臣一片愚拙诚心，允许臣完成自己的小小心愿，或许祖母刘氏有幸，能够保全她的余生。臣活着会不惜牺牲生命报效朝廷，死了也会结草衔环报答陛下的恩德。臣怀着难以言表的犬马一样诚惶诚恐之情，恭谨地奉上奏章请您知道这件事情。

一片真情背后的良苦用心

《陈情表》这篇文章的作者李密，本名李虔，字令伯，武阳（今四川眉山）人。

李密的祖父李光，曾经担任过朱提太守。朱提是古代地名，汉武帝时曾设朱提县，治所在今天云南省昭通市境内。后来设立为郡。李密虽然出身于官宦世家，但是命运坎坷。他六个月时父亲去世，四岁时母亲改嫁。李密在祖母刘氏抚养下长大成人。

祖母是李密成长路上的唯一亲人，而李密对祖母也非常孝顺。《晋书·李密传》曾经记载，祖母有病，李密痛哭流涕，夜不解衣，在旁边侍奉。凡是祖母的膳食、汤药，他一定亲口尝过才会拿给祖母食用。

李密体弱多病，但是很好学。他的老师是蜀汉时期的大臣，也是著名学者、史学家、儒学家：谯周。谯周后来担任过蜀汉典学从事，是益州学者之首。

李密跟随老师博览五经，特别是精通《左传》。年轻时，李密曾经担任蜀汉尚书郎。

李密曾经几次出使吴国，孙权曾经问李密，蜀汉兵马多少？李密说："官用有余，人间自足。"后来，大家一起讨论道义问题，很多人都说自己愿意做弟弟，而李密却说自己愿意做兄长。孙权问他为什么？李密回答说："做哥哥有更多时间侍奉父母。"

可见，李密是个真孝子，本性善良，不忘感念父母。但像李密这样感情真挚的人，却父丧母去，想来令人唏嘘。

蜀汉灭亡后，征西将军邓艾敬慕李密的才能，请他担任主簿。李密以祖母年迈为由，婉言谢绝。后来，晋武帝司马炎立太子，又下诏征李密为太子洗马。

　　此时，李密的祖母已经九十六岁高龄，于是他写了《陈情表》，上书说明自己无法应诏的原因。这篇文章成为中国文学史上抒情文的代表作之一，流传千古。

　　文章开篇是李密对于自己生活的回忆。他用了很多四字句描述幼年遭遇，这种童年孤苦无依的生活，在四字句描述下更加显得节奏跌宕有力。他命运多舛，唯与祖母相依为命。

　　接着，李密讲到了自己职业生涯的困境。不是对朝廷不满，也不是不想为国家出力，而是家有祖母，缠绵病榻，实在难以成行。

　　李密请求晋武帝同意自己不就任太子洗马一职。作为曾经的蜀汉官员，如今朝廷征召推拒不去，怎么说都是尴尬的。李密首先用"孝道"这个社会伦常来作为自己行动的理论支撑，然后又说明了自己并非要为蜀汉守节不去就任。要知道，假如晋武帝怀疑李密推辞官职是为了蜀汉，那就不是丢官那么简单了，连自身性命也难以保全。

　　这是李密最后的恳求，也是对未来报效国家的一个诺言。

　　那么，李密真的是因为祖母的原因坚辞不就的吗？

　　从李密对于祖母的感情来讲，这是一方面原因。还有另外的原因，像李密这样重情重义的人，沦为亡国之臣，能够马上改换门庭吗？

　　恐怕很难。

　　李密不是后主刘禅，没办法做到乐不思蜀。像他这样重情重义的人，对于故国当然是有深厚情感的。而且三国鼎立那么久，如今西晋立朝，内里关系盘根错节。这时候出来为官，还是太子洗马，成为矛盾焦点所在，并非明智之举。

　　对于晋武帝而言，他需要李密，不仅是需要李密这个人才，也是需要李密的贤名为新的朝廷涂脂抹粉。李密从这一点出发，在"孝道"上大做文章，即便晋武帝没有达成让李密立刻加盟的目的，允许李密照顾祖母，在社会上也可以传扬自己推行"孝道"的贤德之举。

侍奉祖母是尽孝，报效国家是尽忠。李密在文章中写得很明白，将来祖母百年之后再尽忠，这样晋武帝也无话可说。

所以李密虽然写了一封动人的抒情信，但他一定是经过了深思熟虑，而且找好了文章立足点，这才以情动人，写出了让晋武帝不得不同情、不得不肯定的一封信。

李密的智商、情商在这封信里表露无遗，据说晋武帝看到这封信后赞叹道："密不空有名也。"晋武帝不但同意了李密的请求，还赏赐给他奴婢两人，并且让郡县供应李密祖母的膳食。李密终于完成了侍奉祖母的心愿。

在《陈情表》写完一年左右，李密的祖母去世了。李密守孝两年，后来出仕，任太子洗马，又迁汉中太守。这时政局稳定，晋武帝也不需要利用李密的名声来收买人心了，于是不久之后，李密就辞官归隐。

今天我们在重读这篇文章时，不但为李密坎坷的身世而感伤，也为他对祖母的深厚情谊感动，更为李密的聪慧、行云流水的文笔而赞叹。

南宋文学家赵与时在他的《宾退录》中曾经引用安子顺的言论说："读诸葛孔明《出师表》而不堕泪者，其人必不忠；读李令伯《陈情表》而不堕泪者，其人必不孝；读韩退之《祭十二郎文》而不堕泪者，其人必不友。"

王羲之·《兰亭集序》

永和①九年，岁在癸丑。暮春②之初，会于会稽山阴③之兰亭，修禊④事也。群贤毕至，少长⑤咸集。此地有崇山峻岭，茂林修竹，又有清流激湍，映带左右，引以为流觞曲水⑥。列坐其次，虽无丝竹管弦之盛，一觞一咏，亦足以畅叙幽情。是日也，天朗气清，惠风⑦和畅。仰观宇宙之大，俯察品类之盛，所以⑧游目骋怀，足以极视听之娱，信⑨可乐也。

① 永和：东晋晋穆帝的年号。

② 暮春：农历三月。暮：晚。

③ 会稽：郡名，在今浙江省绍兴市。山阴：地名，今绍兴市越城区。

④ 修禊：古代于农历三月上旬巳日，魏以后定为三月三日，人们在水滨聚集，嬉戏洗濯，以祛除不祥并求福。

⑤ 少长：少指王羲之的儿子王凝之、王徽之；长指谢安、王羲之。

⑥ 流觞曲水：将酒杯放到弯曲的水流中任意漂流，杯子停在谁面前，谁就饮酒。

⑦ 惠风：和风。

⑧ 所以：用于。

⑨ 信：确实。

夫人之相与，俯仰①一世，或取诸②怀抱，晤言③一室之内；或因寄所托，放浪形骸之外。虽趣④舍万殊，静躁不同，当其欣于所遇，暂得于己，快然自足，曾不知老之将至。及其所之既倦，情随事迁，感慨系之矣。向之所欣，俯仰之间，已为陈迹，犹不能不以之兴怀。况修短⑤随化，终期于尽。古人云："死生亦大矣。"岂不痛哉！

① 俯仰：表示时间短暂。

② 取诸：取之于。

③ 晤言：面对面谈话。

④ 趣：通"取"，取舍。

⑤ 修短：寿命长短。

每览昔人兴感之由，若合一契①，未尝不临文嗟悼，不能喻之于怀。固②知一③死生为虚诞，齐彭殇④为妄作。后之视今，亦犹今之视昔，悲夫！故列叙时人，录其所述。虽世殊事异，所以兴怀，其致一也。后之览者，亦将有感于斯文。

① 契：古代的信物，在符契上刻字，一分为二，各执一半为凭证。

② 固：本来，原本。

③ 知一：把……看作一样。

④ 殇：未成年就去世的人。

译文

　　永和九年，正是癸丑年，晚春三月初，我和朋友们在会稽郡山阴兰亭相会，为了做禊礼。众多贤士能人都会集于此地，年长的和年幼的都聚集在这里。兰亭此地有高峻的山岭、茂密的树林和高高的竹子，有清澈又湍急的水流，辉映环绕在亭子周围，我们将溪水引为流觞的曲水，列坐于曲水之旁。虽然没有演奏音乐的盛大场面，但饮酒作诗，也足以抒发幽深内藏的感情。

　　这一天，天气晴好，空气清新，和风习习，抬头望到宇宙的广大，低头俯瞰自然界万物的繁多，用来放开眼光，驰骋胸怀，足以穷尽视听娱乐，确实很快乐。

　　人和人相互交往，很快就度过了一生。有的人在一间房子里畅谈自己的抱负；有的人寄情于自己爱好的事物，无拘无束地生活。虽然每个人取舍爱好不同，安静和急躁各有不同，但是当他们欢喜于所遇到的事物，暂时感到自得，感到高兴和满足时，竟不知道衰老很快就要来到了；等到他们对自己喜爱或得到的事物感到厌倦，情感随着事物变化而变化，感慨也就随之产生。过去所喜爱的事物，转眼间已经成为旧迹，尚且不能不因为它而引发心中的感慨，何况寿命长短全凭造化，最终会归于终结！古人说："死生是一件大事啊！"这怎能不让人感到痛心呢！

　　每当看到前人发出感慨的缘由，好像符契一样契合，难免不对着前人的文章发出叹息，心里也不能释然。本来就知道把生和死等同的说法是不真实的，把长寿和夭亡等同起来的说法是妄言胡说。后人看待我们现在的人，也就像是现在的人看待前人，可悲啊！所以一个个地记录下当时参加聚会的人，记录下他们创作的诗作，即便是时代改变，世事变化，但触发人们感慨的原因，人们的思想感情是一样的。后世的读者，也将对这次集会创作的诗文有所感慨。

茂林修竹，曲水流觞

晋穆帝永和九年（353年）农历三月初三，一场著名的文人盛会在会稽山阴（今绍兴城外兰渚山下）的兰亭举行。

这是中国古代文人一种非常风雅的聚会行动，后人称之为"雅集"。文人们游山玩水、诗酒唱和、书画遣兴，活动更是多样，可以吟诗、观海、听涛、垂钓、作画、抱琴、挂画、焚香、瓶供、品茗，非常风雅，有点儿类似于今天的文艺沙龙。

这一次的兰亭集会也成为历史上著名的兰亭雅集。当时是会稽内史的大书法家王羲之和各位名士如谢安、孙绰等四十一人在兰亭席地而坐，临流赋诗，得诗三十七首。

大家推举聚会召集人王羲之为这次兰亭雅集写一篇序文，记录这次雅集。

王羲之在微醺之中，挥毫落纸，千古名篇《兰亭集序》就此诞生，王羲之在这篇文章中的书法气势飘逸，是可遇不可求的即兴之作。他后来多次重写这篇文章，却再也没有达到这样高超的书法水平。兰亭雅集成为历史上最为风雅的一次文人集会，情景令后人无限遐想。

开头一段，王羲之写到了这次兰亭聚会的时间、地点、人物、缘起，最出彩的地方就是对于环境描写的风雅，"崇山峻岭，茂林修竹，清流激湍"，这里的人做什么呢？"流觞曲水"。果然是风雅的环境、风雅的人。

王羲之身在竹林流水之间，感受到大自然的伟大。他对于时间流逝、生命衰老有所感慨。在极度欢乐的宴饮中想到生命易逝，是王羲之超脱于宴饮之外的思考，也是对整个生命的观照。

因为感慨生命易逝，所以知道此情此景未来也终将归于虚幻。为了记录当时的情景，王羲之写下了这篇序文，目的是让后人能够看到当时盛会的诗篇，有所感触。

这篇文章文字疏朗，韵味深长，是古代骈文的精品。在句法上，对仗整齐，语言清新，朴素自然。

今天我们重读这篇文章，在走近永和九年春天那个著名聚会的同时，也感慨王羲之与众不同的思想。曲水流觞时，是什么触动了王羲之，让他在一派祥和、融洽、欢乐的气氛中，想到了生命短暂，年华易逝？让这普通的序文充满了哲学意味。

后人的确如王羲之希望的那样，千年来为这篇文章痴迷者不知凡几。王羲之的心愿终归是实现了，永和九年春天的那个盛会，永远留在人们的记忆中，不能磨灭。

陶渊明·《归去来兮辞①》之一

余家贫，耕植不足以自给。幼稚②盈室，缾③无储粟，生生所资，未见其术。亲故多劝余为长吏④，脱然有怀，求之靡途。会有四方之事，诸侯⑤以惠爱为德，家叔以余贫苦，遂见用于小邑。于时风波未静，心惮远役，彭泽⑥去家百里，公田之利，足以为酒。故便求之。及少日，眷然有归欤之情。何则？质性自然，非矫厉所得。饥冻虽切，违己交病。尝从人事，皆口腹自役。于是怅然慷慨，深愧平生之志。犹望一稔⑦，当敛裳宵逝。寻程氏妹⑧丧于武昌，情在骏奔，自免去职。仲秋至冬，在官八十余日。因事顺心，命篇曰《归去来兮》。乙巳岁十一月也。

① 归去来兮辞：回去吧。来：表趋向的语助词。兮：语气词。

② 幼稚：指儿童。

③ 缾：同"瓶"，大腹小口的陶器。

④ 长吏：指小官。

⑤ 诸侯：指州郡的长官。

⑥ 彭泽：县名，在今江西省湖口县以东。

⑦ 一稔：公田收获一次。

⑧ 程氏妹：嫁给程家的妹妹。

归去来兮，田园将芜胡①不归！既自以心为形役②，奚惆怅而独悲！悟已往之不谏，知来者之可追，实迷途其未远，觉今是而昨非。舟遥遥以轻扬，风飘飘而吹衣。问征夫以前路，恨晨光之熹微。乃瞻衡宇③，载欣载奔。僮仆欢迎，稚子候门。三径④就荒，松菊犹存。携幼入室，有酒盈樽。引壶觞以自酌，眄庭柯以怡颜。倚南窗以寄傲，审容膝之易安。园日涉以成趣，门虽设而常关。策扶老以流憩，时矫首而遐观。云无心以出岫⑤，鸟倦飞而知还。景⑥翳翳以将入，抚孤松而盘桓。

① 胡：为什么。

② 以心为形役：让心神为形体所役使。指本心不愿出仕，为了生计违背本心做了官。

③ 衡宇：简陋的房屋。

④ 三径：院子里的小路。汉朝蒋诩隐居后，在院子里竹下开辟三条小路，只和少数友人来往。后人用"三径"指代隐士的居所。

⑤ 岫：有洞的山峰，泛指山峰。

⑥ 景：同"影"，指太阳光。

归去来兮，请息交以绝游。世与我而相违，复驾①言兮焉求？悦亲戚之情话②，乐琴书以消忧。农人告余以春及，将有事于西畴。或命巾车③，或棹孤舟④。既窈窕以寻壑，亦崎岖而经丘。木欣欣以向荣，泉涓涓而始流。善万物之得时，感吾生之行休。

① 驾：驾车。

② 情话：知心话。

③ 巾车：有车帷的小车。

④ 棹孤舟：划一艘小船。棹，本义是船桨，此处是动词，意为划船。

已矣乎！寓形宇内复几时，曷不委心任去留①？胡为乎遑遑欲何之？富贵非吾愿，帝乡②不可期。怀良辰③以孤往，或植杖而耘耔。登东皋以舒啸，临清流而赋诗。聊乘化以归尽④，乐夫天命复奚疑！

① 去留：指生死。

② 帝乡：仙人居住的地方。

③ 良辰：指春天。

④ 归尽：到死亡。

译文

　　我家里贫困，种地植桑不足以供给家用。家里孩子很多，瓶里没有储存的粮食，维持生计的办法还没找到。很多亲朋好友都劝我当个小吏，我豁然开朗，有了为官的念头，但想要当小吏也没有门路。适逢有到各处去的大事，州郡的长官以施恩惠为美德，我叔叔看我贫困，于是我被任命于小邑。当时讨伐桓玄的战争还没结束，我心里也害怕去远处服役，彭泽县距离我家百里，公田里的收获足够酿酒。因此我便谋求这个职位。到任后没多久，我内心依恋有想归家的心愿。为什么会这样？我本性至诚，不是勉强可以改变的。虽然饥寒交迫，但违背人的本心让人思想上非常痛苦。我曾经在仕途为官，都是为了糊口而役使自己。于是我感到惆怅失意，深切感到没有实现毕生抱负而惭愧。还指望公田收获一次，就收拾行李乘夜离去。不久，嫁到程家的妹妹病逝于武昌，我吊丧的心情万分迫切，于是自请辞职。从农历八月到冬天，在官位八十多天。因为辞官的事情心意顺遂，所以写了一篇文章《归去来兮》。时间是乙巳年十一月。

　　回去吧，田园即将荒芜为什么还不回去？既然自己的心灵被形体役使，为什么要惆怅悲伤？明知过去已经无法劝止，但知道未来的事还可以挽救。我确实误入歧途，但还不算太远。我知道今天的选择是正确的，而过去的行为是错误的。小船在水面漂流摇荡着前进，轻风吹起衣袂翩翩。我向那行人询问前面的路，只遗憾清晨的阳光微弱，天还没亮。

　　终于看到了自家的房屋，我满心欢喜奔跑过去。家里的僮仆前来欢迎，孩子们在门口等待。院子里的小路已经快要荒芜，松树和菊花还长在那里。我领着孩子们进入室内，家里的酒杯已经斟满。拿起酒壶和酒杯自饮自酌，随便看看院子里的树木笑容欣然。靠着南窗寄托傲世情怀，虽然住处狭小却让人感觉舒适。每天走到院子里游玩，深得其趣，虽然家里有门却经常关着。拄着手杖到处走走歇歇，经常抬头遥望远方。白云无意却自由地从山峰中冒出，小鸟飞累了也知道回巢。太阳逐渐暗淡要落山，手抚孤松留恋徘徊。

回来吧！我要停止与人交往，断绝与世人交游。世事和我的思想违背，还要驾车出游追寻什么？听到亲人的知心话感到愉快，弹琴读书是乐事可以解忧。农夫告诉我春天快要到了，要去西边的田地里耕种。有时叫一辆有帷幕的小车，有时划一艘小船。有时经过幽深曲折的山谷，有时走过高低不平的山路。草木繁盛，生机勃勃，泉水潺潺，水流细微。羡慕大自然的万物到了春天就开始及时生长，感叹我的一生将要结束。

算了吧！人寄生于天地之间能有多久？为什么不顺从自己的心意，管它生和死呢？为什么要心神不安想去哪儿呢？高官厚禄不是我的愿望，仙乡遥不可及。留恋春天的美好独自外出，有时扶着手杖去除草培苗。登上东边的高地放声呼啸，在那清溪边写诗。姑且顺从大自然的运转变化，乐天知命还有什么可疑虑的呢！

美丽的田园，勇敢的诗人

陶渊明，字元亮，晚年更名为潜，别号五柳先生，私谥靖节，世称靖节先生。他是浔阳柴桑（今江西九江）人，东晋末年诗人、辞赋家、散文家。陶渊明是田园诗派的鼻祖，也被誉为隐逸诗人之宗。

据说陶渊明曾祖是东晋名将陶侃。陶渊明从小家境贫寒，但他学习儒家经典，不同流俗。在当时的社会环境影响下，他也受到了道家思想影响，如他在《归园田居》中所写："少无适俗韵，性本爱丘山。"虽然家境贫寒，但陶渊明热爱读书，他身上一直有儒家和道家思想的交融。

二十岁时，陶渊明开始了他的游宦生涯，这一切都是为了生活。

二十九岁时，陶渊明出任江洲祭酒，没多久就辞官回家。后来州里征召他为主簿，他却推却了这一差事，在家赋闲。

隆安二年（398年），陶渊明加入桓玄幕府，桓玄是东晋权臣，大司马桓温之子。能够加入桓玄幕府，在一般人看来，这是青云捷径。三年后，陶渊明因母亲去世回乡居丧。丁忧期满后，他又出任了将军刘裕参军。

义熙元年（405年）八月，陶渊明最后一次出仕为彭泽令。十一月，陶渊明的妹妹去世了，他写了《归去来兮辞》，正式归隐田园。

三年后，陶渊明家里着火，宅院尽毁，他不得不迁居。但即便生活如此困顿，陶渊明还是谢绝了朝廷多次征召。

历史上隐居的文人不在少数，但像陶渊明这样真心隐逸的并不多。有很多人是通过隐逸博取一个"隐士"的头衔，换来朝廷的征召。陶渊明是真正对名山大川、田园生活发自内心地热爱，想要归隐山林。而且，他在归隐山林后，是亲自下地干活，安于田园生活的。

陶渊明的生活是困顿的，但他的灵魂是自由的，他的艺术是高尚的。

在很多方面，陶渊明都是中国文学史"第一人"：陶渊明是中国文学史上第一个大量写作饮酒诗的人，他用"饮酒"后的"醉话"传达对于社会黑白颠倒、官场险恶的批判。

陶渊明写有以《杂诗》十二首，《读山海经》十三首为代表的咏怀诗，这些诗歌充分抒发了诗人内心情感，对于田园生活的热爱，对于理想的追求。

陶渊明的田园诗在他的诗歌中数量最多，成就最高。这些诗歌对于唐宋诗人有很大影响。

陶渊明也有金刚怒目的一面，如《咏荆轲》《读山海经》里的"精卫衔微木"等。

陶渊明的散文辞赋作品影响力不亚于他的诗歌。他对社会现实的黑暗虚伪有清醒的认识，他选择归隐并不是消极逃避，而是对社会现实的一种深刻批判，特别是在生活困顿时，其对于理想的坚持，最难能可贵。

《归去来兮辞》创作于陶渊明辞官之初。

在序文中，陶渊明叙述了自己出仕的原因和回归田园的过程。陶渊明出仕不是为了名利，仅仅是为了养活全家老小。但是当了小官之后的他内心忐忑，怀念家乡，觉得这样做违背了自己的心意，在官场疲于应付。他本来是想干满一年回去，结果妹妹去世，于是星夜奔丧。八十多天的官场生涯就此终结。

陶渊明内心对此是感到轻松愉快的，由于辞职这件事情很顺利，所以他创作了《归去来兮辞》这篇文章。归去来兮，意思就是回去吧。

这篇文章是中国文学史上表现归隐意识的创作高峰。陶渊明生动描绘了归隐田园之前的志忑，重返田园之后的所见所闻、所思所感，流露出对田园生活的热爱和乐天知命的人生观。

文章以"归去来兮"开篇，形象表现了陶渊明心中的郁结，感情真挚，特别是对于归家的描写，充满了浓浓的思恋之情，而且具有浓郁的浪漫主义情调。

宋代文坛领袖欧阳修曾经说过：晋无文章，唯陶渊明《归去来兮辞》一篇而已。

陶渊明·《桃花源记》

jìn tài yuán zhōng　　wǔ líng rén bǔ yú wéi yè　　yuán xī xíng　　wàng lù zhī yuǎn jìn
晋太元①中，武陵②人捕鱼为业。缘③溪行，忘路之远近④。

hū féng táo huā lín　　jiā àn shù bǎi bù　　zhōng wú zá shù　　fāng cǎo xiān měi　　luò yīng bīn fēn
忽逢桃花林，夹岸数百步，中无杂树，芳草鲜美，落英缤纷。

yú rén shèn yì zhī　　fù qián xíng　　yù qióng qí lín
渔人甚异之，复前行，欲穷⑤其林。

① 太元：东晋孝武帝年号。

② 武陵：郡名。在今武陵山区或湖南常德。

③ 缘：顺着。

④ 远近：偏义复词，指"远"。

⑤ 穷：动词，走到某地尽头。

lín jìn shuǐ yuán　　biàn dé yì shān　　shān yǒu xiǎo kǒu　　fǎng fú ruò yǒu guāng　　biàn
林尽水源，便得①一山。山有小口，仿佛若②有光。便

shě chuán cóng kǒu rù　　chū jí xiá　　cái tōng rén　　fù xíng shù shí bù　　huō rán kāi lǎng
舍船，从口入。初极狭，才通人。复行数十步，豁然开朗。

tǔ dì píng kuàng　　wū shè yǎn rán　　yǒu liáng tián　　měi chí　　sāng zhú zhī shǔ　　qiān mò
土地平旷，屋舍俨然③，有良田、美池、桑竹之属，阡陌④

jiāo tōng　　jī quǎn xiāng wén　　qí zhōng wǎng lái zhòng zuò　　nán nǚ yī zhuó　　xī rú wài rén
交通⑤，鸡犬相闻。其中往来种作，男女衣着，悉如外人。

huáng fà chuí tiáo　　bìng yí rán zì lè　　jiàn yú rén　　nǎi dà jīng　　wèn suǒ cóng lái　　jù
黄发垂髫⑥，并怡然自乐。见渔人，乃大惊，问所从来，具⑦

dá zhī　　biàn yāo huán jiā　　shè jiǔ shā jī zuò shí　　cūn zhōng wén yǒu cǐ rén　　xián lái wèn
答之。便要⑧还家，设酒杀鸡作食。村中闻有此人，咸⑨来问

xùn　　zì yún xiān shì bì qín shí luàn　　shuài qī zǐ　　yì rén lái cǐ jué jìng　　bú fù chū
讯。自云先世避秦时乱，率妻子⑩邑人⑪来此绝境⑫，不复出

yān　　suì yǔ wài rén jiàn gé　　wèn jīn shì hé shì　　nǎi bù zhī yǒu hàn　　wú lùn wèi jìn
焉，遂与外人间隔。问今是何世，乃不知有汉，无论魏、晋

cǐ rén yī yī wèi jù yán suǒ wén　　jiē tàn wǎn　　yú rén gè fù yán zhì qí jiā　　jiē chū jiǔ
此人一一为具言所闻，皆叹惋。余人各复延至其家，皆出酒

shí　　tíng shù rì　　cí qù　　cǐ zhōng rén yǔ yún　　bù zú wèi wài rén dào yě
食。停数日，辞去。此中人语云："不足为外人道也。"

① 得：看见。

② 若：好像。

③ 俨然：整齐的样子。

④ 阡陌：田间小路。南北走向的为阡，东西走向的为陌。

⑤ 交通：交错相通。

⑥ 黄发垂髫：老人和小孩。黄发，是长寿的象征，指老人；垂髫，垂下来的头发，指小孩。

⑦ 具：通"俱"，全，都。

⑧ 要：通"邀"，邀请。

⑨ 咸：都。

⑩ 妻子：古代指妻子、儿女。

⑪ 邑人：同乡的人。

⑫ 绝境：与世隔绝的地方。

既①出，得其船，便扶向路，处处志②之。及郡下，诣太守，说如此。太守即遣人随其往，寻向所志，遂迷，不复得路。

① 既：已经。

② 志：动词，做标记。

南阳刘子骥，高尚士也。闻之，欣然规往。未果，寻①病终。后遂无问津者。

① 寻：随即。

译文

东晋太元年间，武陵郡有一个人以捕鱼为生。他沿着小溪划船，忘记了路的远近。忽然，他遇到了一片桃林，两岸几百步都是桃花，中间没有其他树，花草新鲜美好，花纷纷落在地上。渔人对此感到很吃惊，他继续前行，想要走到桃林尽头。

桃林的尽头在溪水发源地，于是出现了一座山，山上有一个小洞口，看起来好像有光。于是渔人下船，从小洞进入。开始的时候非常狭窄，仅容一人通过。又走了几十步，忽然变得宽阔明亮。只见平坦空旷的土地，整齐的屋舍，还有良田、美丽的池水、桑树和竹子之类。田间小路交错相通，到处都可以听到鸡鸣狗叫。在这里耕种劳作的人，男女的穿着都和桃花源外的人一样。老人和孩子都很愉快、高兴的样子。

这里的人看到渔人非常吃惊，问渔人从哪里来。渔人详细地回答了他们。于是村里人邀请渔人到自己家，杀鸡倒酒，做饭款待渔人。村里人听说来了这么一个人，都来询问消息。他们说自己的祖先为了躲避秦朝时的战乱，带领妻子儿女和同乡人来到这个与世隔绝的地方，不再出去。因而和外面的人断绝了往来。村里人问渔人现在是什么朝代，他们竟然不知道有汉朝，更别提魏朝和晋朝了。渔人把自己知道的事情一件一件详细地讲述给他们，村里人听了都大为叹息。剩下的人都把渔人请到自己家里，用酒饭招待渔人。渔人在这里停留了几天，告辞离开。这里的人对渔人说："这里的情况没必要对外人说啊！"

渔人走出后，找到了他的渔船，沿着来时的路返回，每个地方都做了标记。等到了郡城，渔人就拜见太守，说了在桃花源的见闻。太守便派人跟着渔人前往，寻找他之前做的标记，终于迷失方向，再也不能找到去桃花源的路了。

　　南阳的刘子骥，是品德高尚的人士。他听说了这件事，高兴地计划前往，还没有实现，就因病去世了。后来就没有人去探寻桃花源的路了。

穿越，在那桃花盛开的地方

陶渊明为了生计曾经几次出仕，但最终返归田园。一次，郡官派督邮来见他，县吏叫他穿好衣服迎接，陶渊明叹息道："我岂能为五斗米，向乡里小儿折腰！"

历史上要做隐士的人不少，但是有几个如陶渊明这样是真心隐逸，热爱田园生活的呢？历史上重视农业问题的人不少，但是有几个是如陶渊明这样亲自下地干活，用劳动、用双手养活自己的呢？

《桃花源记》这篇文章是陶渊明的代表作之一，是陶渊明为《桃花源诗》写作的序言。这篇文章中的秘境，千百年来被无数中国人称为世外桃源，是可遇不可求的理想生活境界。

这个故事其实是陶渊明在假借晋武帝时期一个渔人身份展开的一段幻想奇遇。他用芳香的两岸桃花暗示了此地的不同寻常。渔人见此美景，准备要前去探索一番。

走进桃花源，渔人发现这里有两个特点：田园风光，太平世界。每个人都在耕种劳作，男女老幼各得其所。其实，桃花源就是陶渊明理想的世界。桃花源里的人虽然与世隔绝，但是对外界充满了向往。而且他们单纯善良，对陌生人也盛情款待。

虽然桃花源里的人盛情款待渔人，但是渔人一出来还是反悔了，没有遵守自己的诺言，而是将在桃花源的见闻汇报给了太守。

太守派人跟着渔人去找桃花源，沿着那些曾经做的标记，却再也寻找不到了。唯有隐士南阳刘子骥计划前往，却因病去世。从此再也没有人去寻找桃花源了。

与世隔绝的桃花源，渔人偶然的闯入如同穿越到了另外的世界。这里有一个有趣的现象，在当代通俗小说中，很多穿越或者幻想小说中，主人公无论男女，实现的都是统一天下，称王称霸的梦想。为什么渔人进入的桃花源会是一个和平的田园？为什么渔人再度寻访却无法进入？

因为，桃花源是陶渊明理想中的田园世界，他又怎么会让世俗之人随意染指呢？

假如渔人带兵找到了桃花源，那就是另外一个故事了。可想而知，那个故事不会美好。

而文章末尾写的刘子骥去世之后，再没人去探访桃花源了，也意味着理想世界的神圣不可侵犯，更意味着世上再无像陶渊明这样纯粹热爱田园的人。

陶渊明·《五柳先生传》

先生不知何许人也，亦不详其姓字^①。宅边有五柳树，因以为号焉。闲静少言，不慕荣利。好读书，不求甚解，每有会意，便欣然忘食。性嗜酒，家贫，不能常得。亲旧^②知其如此，或^③置酒而招之。造饮辄尽，期在必醉，既^④醉而退，曾不^⑤吝情去留。环堵萧然，不蔽风日；短褐穿结，箪瓢屡空，晏如也。常著文章自娱，颇示己志。忘怀得失，以此自终。

① 姓字：姓名。古代男子二十行冠礼，之后称字。

② 亲旧：亲朋好友。旧，指老朋友，故交。

③ 或：有时。

④ 既：已经。

⑤ 曾不：竟然不。

赞^①曰：黔娄^②有言："不戚戚于贫贱，不汲汲于富贵。"其言兹若人之俦^③乎？衔觞赋诗，以乐其志，无怀氏^④之民欤？葛天氏之民欤？

① 赞：写在传记文章结尾的文字，一般是评论性的。

② 黔娄：战国时齐国隐士和道学家。

③ 俦：同类。

④ 无怀氏：与后文的"葛天氏"都是传说中的上古帝王。在他们统治下，百姓安居乐业，民风朴实。

译文

　　先生不知道是哪里人，也不知道他的姓名和字号，因为他的住宅旁有五棵柳树，就以此为号。五柳先生为人安静，很少说话，不追求荣华富贵。他喜欢读书，只求领会要旨，不在一字一句的解释上过分纠结；每当读书有所体会，就高兴得饭都忘了吃。他喜欢饮酒，家里贫困所以不能经常喝酒。亲朋好友知道他这种情况，有时就准备好酒叫他去喝，他只要去喝酒就喝个尽兴，一定要喝醉。喝醉了就回家，竟然不拘去留。五柳先生家里空空荡荡，没办法遮风挡雨，也没法挡住太阳，他穿的粗布衣服上打了补丁，盛饭的竹篮和饮水的水瓢经常是空的，但他依然安然自得。五柳先生经常写文章自娱自乐，也很能展示自己的志趣。他不计较得失，并坚持这样过完自己的一生。

　　赞语说：黔娄曾说过："不因为贫贱而忧愁，不极力营求富贵。"这话说的就是五柳先生这样的人吧！一边喝酒一边吟诗，用来为自己坚定的志向感到快乐，是无怀氏时候的人呢？还是葛天氏时候的人？

美酒相伴，纵情山水

《五柳先生传》是陶渊明为自己写的传记，在这篇传记里，陶渊明表明了自己心目中的理想生活，塑造了一个真实的自我。文章短小精悍，行文简洁，却个性突出，读后给人留下难忘的印象。

可能会有人奇怪，为什么写传记不介绍传主的生平、个人信息呢？还说不清楚他是什么地方的人，也不知道姓名和字号，这怎么可能？这不是陶渊明自己写自己吗？

答案就是陶渊明有意为之！

因为几乎所有平常人介绍时所关注的籍贯、姓名等信息，在陶渊明看来，都不重要。在陶渊明心目中，人是大自然的一部分，他对大自然无比亲近喜爱。所谓"少无适俗韵，性本爱丘山"，在伟大的大自然面前，人是多么渺小。为什么还要去用这些凡俗的东西束缚自己呢？

所以他用家附近的五棵柳树为号，这也是与自然同行之意。

五柳先生这个人，从他的自号开始，整个人的特点就是"自然"。不矫揉造作，顺从天性。他喜爱读书，却并不死抠字眼，一旦有所得就乐得吃不下饭；他喜欢饮酒，家里又穷，亲戚朋友谁请他，他就去喝，喝醉了就回家。

五柳先生家里穷困落魄，粗布衣服都打着补丁。但是他本人怡然自得，从不把个人得失放在心上。

这是陶渊明本人的真实写照。陶渊明以爱喝酒闻名，不但有《饮酒诗》，借醉酒说真话，而且还有许多饮酒的趣事。传说有一年重阳节，陶渊明因为家贫无酒，就在东篱采了一把菊花，又坐在东篱旁。不一会儿，看到一个穿白衣服的人过来了，原来是江州刺史王弘给他送酒来了。于是陶渊明对酒当歌，大醉而归。这就是"白衣送酒"的故事。

五柳先生和传统意义上的儒家是完全不同的。颜回也甘于贫困，但并不像五柳先生那样纵情于山水之间，陶醉于醇酒之中。陶渊明是一个更为洒脱，带有更多道家风采的人。

赞语部分，是陶渊明对于自己隐逸生活的一种定义。他认为自己这样的生活不为名利所惑，是无比快乐的。但这是上古时代才会有的人。这是陶渊明对上古社会风气的一种追慕，也是对于当时黑暗的社会生活的嘲讽和针砭。

这篇文章给人耳目一新之感，立意新奇。《五柳先生传》是陶渊明写自己，但又托名"五柳先生"，文章在"虚""实"之间。但正是在这虚实之间，是一个热爱读书、饮酒、安贫、著文的真实自我。文章用白描手法，塑造了栩栩如生的五柳先生，在不长的篇幅中，却让一个家境贫寒、志向高洁的隐士形象跃然纸上，不能不让人为之赞叹。

全文一百七十三个字，用笔精练，内涵丰富。

这篇文章让读者看到了陶渊明的文章功底和艺术魅力，同时也让后来这些在茫茫红尘中匆忙奔走的凡夫俗子审视自己的内心。

伍
—
〇

唐文

　　唐代是我国历史的辉煌时代，当时的文化繁荣、欣欣向荣。唐代兴起了"古文运动"，推崇先秦两汉时期不讲求骈偶的散文。韩愈和柳宗元是古文运动的杰出代表。古文运动的旗帜是"载道""明道"，韩愈和柳宗元的文章是他们用创作对古文运动的呼应。

王勃 · 《滕王阁①序》

南昌故郡，洪都②新府。星分翼、轸，地接衡、庐③。襟三江而带五湖④，控蛮荆而引瓯越。物华天宝，龙光射牛斗之墟；人杰地灵，徐孺下陈蕃之榻⑤。雄州雾列，俊彩星驰。台隍枕夷夏之交，宾主尽东南之美。都督阎公之雅望，棨戟遥临；宇文新州之懿范，襜帷暂驻。十旬休暇⑥，胜友如云，千里逢迎，高朋满座。腾蛟起凤，孟学士之词宗；紫电清霜，王将军之武库。家君作宰，路出名区，童子何知，躬逢胜饯。

① 滕王阁：原址在今江西南昌，是唐朝滕王李元婴担任洪州都督时修建的。

② 洪都：唐代将豫章郡改为洪州。

③ 衡、庐：指衡山和庐山。

④ 三江：指长江中下游；五湖：指太湖区域的湖泊。

⑤ 徐孺：东汉名士。据说豫章太守陈蕃不接待宾客，却专门为徐孺设立一榻，平时挂起，徐孺来访才放下。

⑥ 十旬休暇：官员工作十天休息一天，叫"旬休"。

时维九月，序属三秋①。潦水尽而寒潭清，烟光凝而暮山紫。俨骖騑于上路，访风景于崇阿。临帝子之长洲，得仙人之旧馆。层峦耸翠，上出重霄，飞阁流丹，下临无地。鹤汀凫渚，穷岛屿之萦回，桂殿兰宫，列冈峦之体势。披绣闼，俯雕甍，山原旷其盈视，川泽盱其骇瞩。闾阎扑地，

zhōng míng dǐng shí zhī jiā②　gě jiàn mí jīn　qīng què huáng lóng zhī zhú　yún xiāo yǔ jì cǎi
钟 鸣 鼎 食 之 家②，舸 舰 弥 津，青 雀 黄 龙 之 舳。云 销 雨 霁，彩

chè yún qú　luò xiá yǔ gū wù qí fēi　qiū shuǐ gòng cháng tiān yì sè　yú zhōu chàng wǎn
彻 云 衢。落 霞 与 孤 鹜 齐 飞，秋 水 共 长 天 一 色。渔 舟 唱 晚，

xiǎng qióng péng lǐ zhī bīn　yàn zhèn jīng hán　shēng duàn héng yáng zhī pǔ
响 穷 彭 蠡③之 滨，雁 阵 惊 寒，声 断 衡 阳 之 浦④。

① 三秋：秋天里的第三个月。

② 钟鸣鼎食之家：指大家世族。古代贵族吃饭鸣钟列鼎，食物摆放在
　　鼎里。

③ 彭蠡：古代大泽，今鄱阳湖。

④ 衡阳之浦：据说衡阳有回雁峰，大雁飞到这里就不再向南飞了，等
　　待春天返回。

yáo jīn fǔ chàng　yì xīng chuán fēi　shuǎng lài fā ér qīng fēng shēng　xiān gē níng ér bái
遥 襟 俯 畅，逸 兴 遄 飞。爽 籁 发 而 清 风 生，纤 歌 凝 而 白

yún è　suī yuán lǜ zhú　qì líng péng zé zhī zūn　yè shuǐ zhū huá　guāng zhào lín chuān zhī bǐ
云 遏。睢 园①绿 竹，气 凌 彭 泽 之 樽；邺 水 朱 华，光 照 临 川 之 笔②。

sì měi jù　èr nán bìng　qióng dì miǎn yú zhōng tiān　jí yú yóu yú xiá rì　tiān gāo dì
四 美③具，二 难 并。穷 睇 眄 于 中 天，极 娱 游 于 暇 日。天 高 地

jiǒng　jué yǔ zhòu zhī wú qióng　xìng jìn bēi lái　shí yíng xū zhī yǒu shù　wàng cháng ān yú rì
迥，觉 宇 宙 之 无 穷；兴 尽 悲 来，识 盈 虚 之 有 数。望 长 安 于 日

xià　zhǐ wú huì④ yú yún jiān　dì shì jí ér nán míng shēn　tiān zhù gāo ér běi chén yuǎn
下，指 吴 会④于 云 间。地 势 极 而 南 溟 深，天 柱 高 而 北 辰 远。

guān shān nán yuè　shuí bēi shī lù zhī rén　píng shuǐ xiāng féng　jìn shì tā xiāng zhī kè　huái dì
关 山 难 越，谁 悲 失 路 之 人？萍 水 相 逢，尽 是 他 乡 之 客。怀 帝

hūn⑤ ér bú jiàn　fèng xuān shì⑥ yǐ hé nián
阍⑤而 不 见，奉 宣 室⑥以 何 年？

① 睢园：西汉梁孝王在睢水旁修筑的竹园。梁孝王经常和文人们在此
　　饮酒聚会。

② 邺水朱华：指诗人曹植，他曾经在河北临漳作诗："朱华冒绿池"。
　　临川之笔：指诗人谢灵运，他曾经担任临川内使。

③ 四美：良辰、美景、赏心、乐事。

④ 吴会：吴地古称。

⑤ 帝阍：原指天帝的守门人，这里指皇宫的宫门。

⑥ 宣室：汉代未央宫前殿正室。汉文帝曾经在此召见贾谊，谈话到半夜。

呜呼！时运不齐，命途多舛。冯唐①易老，李广②难封。屈贾谊③于长沙，非无圣主；窜梁鸿④于海曲，岂乏明时？所赖君子安贫，达人知命。老当益壮，宁移白首之心？穷且益坚，不坠青云之志。酌贪泉⑤而觉爽，处涸辙以犹欢。北海虽赊，扶摇可接；东隅已逝，桑榆非晚。孟尝高洁，空余报国之心；阮籍猖狂，岂效穷途之哭？

① 冯唐：西汉官员，有才干却一直得不到重用。汉文帝选拔人才，有
　　人举荐冯唐，但他已经九十多岁了。

② 李广：汉武帝时名将，却终身未封侯。

③ 贾谊：西汉文学家。汉文帝本想重用贾谊，但由于权贵反对，所以
　　疏远了贾谊，任命他为长沙王太傅。

④ 梁鸿：东汉人，因作诗讽刺皇帝，被迫逃往齐鲁避难。

⑤ 贪泉：古代传说广州有贪泉，人喝了这水就会变得贪婪。

勃，三尺微命，一介书生。无路请缨①，等终军之弱冠，有怀投笔，慕宗悫之长风②。舍簪笏于百龄，奉晨昏于万里。非谢家之宝树，接孟氏之芳邻③。他日趋庭，叨陪鲤对④，今晨捧袂，喜托龙门。杨意⑤不逢，抚凌云而自惜，钟期既遇⑥，奏流水以何惭？

① 请缨：请求皇帝赐给长缨。指参军报国。

② 宗悫：南朝宋人，少年心怀壮志，曾经说"愿乘长风破万里浪"。

③ 谢家之宝树：指谢玄。孟氏之芳邻：孟母三迁，指赴宴的嘉宾。

④　鲤对：接受父亲的教诲。孔鲤是孔子的儿子。

⑤　杨意：蜀人杨得意，曾经担任掌管天子猎犬的官，推荐司马相如给汉武帝。

⑥　锺期既遇：即钟期既遇，指遇到钟子期那样的知音。

wū hū　　shèng dì bù cháng　　shèng yán nán zài　　lán tíng　　yǐ yǐ　　zǐ zé　qiū xū
呜乎！　胜地不常，　盛筵难再。　兰亭①已矣，梓泽②丘墟。

lín bié zèng yán　　xìng chéng ēn yú wěi jiàn　　dēng gāo zuò fù　　shì suǒ wàng yú qún gōng　　gǎn jié
临别赠言，幸承恩于伟饯；登高作赋，是所望于群公。敢竭

bǐ chéng　　gōng shū duǎn yǐn　　yì yán jūn fù　　sì yùn jù chéng
鄙诚，　恭疏短引。一言均赋，四韵俱成。

tēng wáng gāo gé lín jiāng zhǔ　　pèi yù míng luán bà gē wǔ
滕王高阁临江渚，佩玉鸣鸾罢歌舞。

huà dòng cháo fēi nán pǔ yún　　zhū lián mù juǎn xī shān yǔ
画栋朝飞南浦云，珠帘暮卷西山雨。

xián yún tán yǐng rì yōu yōu　　wù huàn xīng yí jǐ dù qiū
闲云潭影日悠悠，物换星移几度秋。

gé zhōng dì zi jīn hé zài　　kǎn wài zhǎng jiāng kōng zì liú
阁中帝子今何在？槛外长江空自流。

①　兰亭：指兰亭集会。

②　梓泽：金谷园别称。西晋石崇所建，在今河南省洛阳西北。

译文

这里是汉朝设置的豫章郡，现在的洪州都督府。这里属于翼、轸二星对着的地面，地理上连接着衡山和庐山。以三江为衣襟，以太湖五湖为衣带，控制着荆楚，连接着瓯越。这里物产精美，好像天上的珍宝，宝剑的光芒直射天上斗、牛二星；这里人才俊杰，源自此地的灵秀，徐孺子曾在太守陈蕃家中下榻。雄伟的洪州像雾一样涌起，杰出的人才像星星一样闪耀。南昌位于瓯越和中原交界的地方，来参加这次宴会的宾客和主人都是东南一带的俊杰。德高望重的都督阎公远道而来；具有美好风范的宇文新州，赴任途中在此地短暂停留。正好赶上十日休假的日子，杰出好友群聚；迎接千里之外的客人，高贵的宾客坐满宴席。文坛杰出领袖孟学士，文采好比腾飞的蛟龙和凤凰；王将军武库里的宝剑，有紫电青霜。家父被任命为交趾县令，我因为探望父亲路过著名的洪州；我年幼无知，却有幸参加了这次隆重的宴会。

深秋九月，正值秋季。山中积水消退，寒潭中水流清澈，山中雾气凝结，山峰呈现紫色。驾驶着车子在高高的山路前行，在险峻的群山中探访风景；到达滕王阁的沙洲，这是仙人曾经居住的宫殿。山峰重叠，耸起一片片青翠直到重霄；凌空而起的阁道涂抹着朱红色的油彩，仿佛看不到底。仙鹤、野鸭停息的水边小洲，极尽岛屿的迂回曲折之势；用桂树、木兰修建的宫殿，随山冈而高低起伏。

打开精美的雕花门，俯瞰雕饰的屋脊，满目皆是重叠的山峰、平原，迂回的河流湖泊让人惊叹不已。遍地房屋，有很多贵族官宦人家；船只停满了渡口，都是雕刻着青雀、黄龙船头的大船。乌云散去，雨过天晴，阳光普照，天气晴朗。晚霞伴着飞翔的孤雁，秋水和长天连为一色。傍晚的渔船中传出歌声，响彻了彭蠡湖岸；寒气惊扰了雁群，雁叫声到衡阳之浦才停止。

登高望远，心胸舒畅，飘洒脱俗的兴致油然而生。宴会上排箫的音乐声起如同清风拂来，优美的歌声凝聚，阻住了白云飞散。今天的宴会如同当年的睢园盛会，在场的宾客豪饮超过了诗人陶渊明；客人们的才华好像诗人曹植、谢灵运。良辰美景、赏心乐事这四样美满的事物都齐备，贤主嘉宾两难齐全。极尽目光遥望天边，尽情享受假日。天空浩渺，感觉宇宙是无穷无尽的；兴致过去，悲伤袭来，知道事物兴衰成败自有定数。遥望长安，远看吴会。地势偏远，南海深邃，天柱高不可测，北极星却很遥远。关山重重，难以逾越，谁会同情那找不到路的人？萍水相逢，大家原本都是他乡之客。心系朝堂，却不得召见，何时才能到宣室殿？

唉！命运坎坷，前途不顺。冯唐容易年老，李广难以封侯。让贾谊在长沙遭贬，并不是没有明君；梁鸿到海边隐居，难道不是处在昌明时代？所以依赖的不过是君子事前就能洞察先兆，心胸豁达的人知道自己的命运。年老更要增强自己的壮志，怎么能在白发苍苍时改变理想？处境窘迫更应该坚定信念，不能丢失远大崇高的理想。饮了贪泉水仍保持廉洁，身处于干涸车辙中的鲋鱼，仍然可以乐观。北海虽然遥远，但乘着旋风还可以抵达；早年的光阴已经逝去，但珍惜将来还不算晚。孟尝君品德高洁，却空有报国之志；阮籍为人猖狂，怎能效仿他在穷途末路痛哭而还？

我王勃，地位低下的一介书生。虽然和终军年纪一样，却没有报国之路；追慕班超投笔从戎，羡慕宗悫乘风破浪的壮志豪情。我宁愿舍弃一生的功名富贵，到万里之外去早晚侍奉父亲。我不是谢玄那么杰出的人才，却在今日的盛宴结识了各位贤才。过几天我将去父亲那里接受教诲，今日举起双袖作揖，有幸参加盛会，好像登上龙门。我没遇到杨意那样的举荐人，只能独自叹息。既然遇到了钟子期这样的知音，演奏高山流水又有何惭愧？

唉！名胜之地不能长存，隆重的宴会难再遇到；兰亭集会已经成为陈迹，繁华的金谷园也成为废墟。临别赠言给各位，有幸参加这次盛宴，登高写文章，就寄希望于各位。极尽心力，恭敬地写下这篇小序。一说每人都请赋诗，四韵八句就写成了。

高高的滕王阁耸立在江渚，佩玉声鸣鸾声停止了歌舞。

画栋雕梁早晨飞过南浦的云，朱红帘幕晚上卷起西山雨露。

闲暇的云潭中日影晃晃悠悠，景物变换星斗转移几度春秋。

阁中的帝子啊如今在哪里？槛外的赣水啊空自奔流。

落霞与孤鹜齐飞，秋水共长天一色

《滕王阁序》的作者王勃天赋过人，六岁便能作诗。

十六岁的王勃应幽素科试及第，顺利通过了吏部选官，被授朝散郎。

王勃被授朝散郎后，创作了《乾元殿颂》。唐高宗看到这篇文章非常高兴，又得知是年龄未及弱冠的王勃所做，不由得感叹："奇才，奇才，我大唐奇才！"

这之后王勃声名大噪，被推举为"初唐四杰"之首。

经过主考官举荐，王勃被选为沛王府修撰。很快，王勃遇到了人生中最大的危机。

因为替沛王创作了一篇斗鸡的檄文——《檄英王鸡文》，王勃惹怒了唐高宗，被逐出长安。

天之骄子王勃就此被逐出长安，大好仕途毁于一旦。

后来，王勃的朋友惋惜他空有抱负，就为他谋得虢州参军一职。谁知王勃在这里藏匿犯罪的官奴，为了避免事情暴露，又杀人隐瞒。虽然最后王勃遇到天下大赦，幸免死罪，但他的父亲却因此受到牵连，被贬为交趾县令。

王勃在探望父亲的归途中，不幸遇到海难，葬身于碧波万顷的大海之中。

《滕王阁序》写于 675 年的秋天。

王勃前往交趾探望父亲时路过南昌，都督阎伯舆重阳节在滕王阁大宴宾客。王勃也前往拜见，于是阎伯舆也邀请王勃参加了此次宴会。

不过，阎伯舆大宴宾客的目的是要夸赞女婿孟学士的才华，甚至已经提前让女婿准备好了一篇文章，在宴会上书写一番，给大家看。

在宴会中，阎伯舆假意让众人写作序言，在座的宾客深知都督此番深意，都推辞不写。不料王勃居然要来纸笔，笔走龙蛇。阎伯屿一看，自己苦心策划了半天居然被一个年轻人打乱了计划，恼怒之下拂袖而去。退入后堂却又心有不甘，于是派手下前去探听这个鲁莽的年轻人到底写了什么。

知道王勃开头写的是"南昌故郡，洪都新府"，阎伯屿微哂，这不过是老生常谈！但听说写到"星分翼、轸，地接衡、庐"，阎伯屿便不吭声了。这个年轻人，好像有两把刷子！等听说"落霞与孤鹜齐飞，秋水共长天一色"，阎伯屿不由得赞叹道："此真天才，当垂不朽！"

《滕王阁序》开篇，王勃点明了滕王阁所在地南昌的悠久历史和重要政治地位，且用词简洁，引人联想。

文章开头这几句简洁有力，又逻辑分明，从历史来源到地理位置、战略位置，点出了南昌城的重要性。写滕王阁却不从眼前景物着笔，而大笔如椽，既有历史的纵深，又有空间的开阔，更有战略的思考。

文章的逻辑线索是从地理、历史环境写到了人文环境。这样历史悠久、人才辈出的豫章，今日都督阎公有此高雅的声望，来到洪州坐镇，新州宇文刺史来到此地暂时停留，正逢十日，友人云集，高朋满座。

第二段开始描写滕王阁周围的风光。

这一段风景描写恍如天人，清雅不流俗。从地到天、山，到驾车寻访、长州旧馆、山峦岛屿、宫殿起伏。作者塑造了一段美好的深秋游历。从颜色上看有寒潭之"碧"、暮山之"紫"、层峦之"翠"、飞阁之"丹"，又有虚无缥缈之烟光，桂殿兰宫之芬芳。

第三段是放眼远望的景观。这是一幅文字描就的山水画，带着中国古代特有的空旷、孤寂的氛围，虽无人影闪现，却并非无人。钟鸣鼎食的富足，渡口泊满渔舟，那晚上的歌声，响彻江面，在这样雨后初晴的日子里，和着孤独的野鸭和大雁的鸣叫，如何不让人内心充满感动和共鸣？

第四段回到眼前。此刻良辰美景、赏心乐事，贤主、嘉宾齐聚，欢娱之余极目远眺，自然很容易想到宇宙之无垠、天地之广阔、个人之渺小。最欢乐、最热闹的时候，伤心人别具情怀，特别容易疏离，将自我与热闹的人群分隔。而王勃的伤心失意，就在于他理想的难以实现。才华横溢者少有自甘后进者，人生失意，或者游戏人生，或者自怨自艾，或者奋发图强。

王勃在第五段写到了一群理想难以实现的人，隐含的是自己的失意。

在第六段，王勃直抒胸臆，对自己的信念想法做进一步阐释：既表明了自己无路请缨的黯然，又有侍奉父亲的决然，更有对在座各位宾客耐心欣赏自己文章的感谢。

综观《滕王阁序》这篇千古名文，气韵高华、浑然天成、格调高雅。用典绵密不卖弄，恰到好处又熨帖。写风景观察入微，独出心裁，由景入情，合情合理，善于抒情，气盛情真；善于描写，形象逼真。文中千古绝唱屡见不鲜。最难得的是其中展现的乐观精神，身处困境不堕青云之志的坚守，令人赞叹、感佩。行文如同行云流水，文气纵横，用词妥帖，又自带高古仙气。

无论何时，读到这篇文章，总给人美的享受。

刘禹锡 · 《陋室铭①》

shān bú zài gāo　yǒu xiān zé míng　shuǐ bú zài shēn　yǒu lóng zé líng　sī shì lòu
山不在高，有仙则名；水不在深，有龙则灵。斯是②陋

shì　wéi wú dé xīn　tái hén shàng jiē lǜ　cǎo sè rù lián qīng　tán xiào yǒu hóng rú
室，惟吾德馨。苔痕上阶绿，草色入帘青。谈笑有鸿儒③，

wǎng lái wú bái dīng　kě yǐ tiáo sù qín　yuè jīn jīng　wú sī zhú zhī luàn ěr　wú àn dú
往来无白丁④。可以调素琴，阅金经。无丝竹⑤之乱耳，无案牍

zhī láo xíng　nán yáng zhū gě lú　xī shǔ zǐ yún tíng　kǒng zǐ yún　hé lòu zhī yǒu
之劳形。南阳诸葛庐，西蜀子云亭⑥。孔子云：何陋之有？

① 铭：古代一种文体，是刻在器物上目的在于警诫自己或记述功德的
　　文字。

② 斯：这。是：肯定的意思。

③ 鸿儒：大学问家，指有学问的人。鸿，同"洪"。

④ 白丁：平民，指学问不高的人。

⑤ 丝竹：指奏乐声。丝：指弦乐器；竹：指管乐器。

⑥ 南阳：今河南省南阳市，是诸葛亮隐居之地。子云：扬雄，西汉著
　　名文学家。

译文

　　山不在多高，只要有神仙就会出名；水不在多深，水里有蛟龙就会显灵。这虽然是简陋的屋子，只因为我拥有美德就不感到简陋。苔痕碧绿直长到台阶，草色青青映入帘子里。来这里谈笑的都是博学之人，相来往的没有学问浅薄之人。在这里可以弹奏没有装饰的琴，还可以阅读金字书写的经卷。没有奏乐声的嘈杂，也没有官府的公文让身体劳累。南阳有诸葛亮隐居的草庐，西蜀有扬雄的亭子。正如孔子所说："这有什么简陋的呢？"

谈笑有鸿儒，往来无白丁

《陋室铭》这篇文章虽然只有八十一个字，却流传千古。作者刘禹锡，是唐代著名的文学家和哲学家。

刘禹锡，字梦得，自述"家本荥上，籍占洛阳"，意思是家在河南郑州荥阳，籍贯在洛阳。刘禹锡的祖先是汉景帝贾夫人的儿子中山靖王刘胜。他的父亲曾经在江南为官，刘禹锡在那里度过了青少年时期。他很小就开始学习儒家经典和吟诗作对，是个聪明、勤奋的"学霸"型选手。当时著名的诗僧皎然、灵澈指点过他。

十九岁时，刘禹锡到洛阳、长安游学，这个才华出众的少年，在士林中赢得了很高的声誉。三年后，刘禹锡和柳宗元同榜进士及第，同年登博学宏词科，两年后登吏部取士科，被任命为太子校书。这个正九品的官职是和太子正字一起掌管校刊经史。级别虽然不高，但专业程度很高。

不久刘禹锡丁忧回家，后来重返仕途担任过渭南县主簿、监察御史。当时，韩愈、柳宗元也在御史台工作，三个人惺惺相惜，来往甚密。

才华横溢的刘禹锡虽然品级不高，却一直很顺利。他的人生如果照这样的节奏，也会是平安顺遂的，但并非如此。

贞元二十一年（805年），刘禹锡成了王叔文革新集团的核心人物。

后来，在大官僚和藩镇等保守势力的反扑下，永贞革新失败。刘禹锡和柳宗元等八个人先后被贬为远州司马。这就是历史上著名的"八司马事件"。

刘禹锡陷入仕途困境，一路贬谪。到后来他被调回洛阳，历经二十三年。

但刘禹锡从来都是乐观的，他有一种在逆境中反而更加蓬勃的生命力。他的山水诗，改变了大历年间诗人气象萧瑟的风格，经常写出半虚半实的开阔景象。如"水底远山云似雪，桥边平岸草如烟"。他的诗歌含蓄深沉，开阔疏朗，又具有高扬向上的情感。

据说刘禹锡创作《陋室铭》的起因还是拜安徽和州知县所赐。当时刘禹锡被贬斥到安徽和州县，和州知县知道刘禹锡是被贬斥来的，接连三次让刘禹锡搬迁，最后只留下仅能容纳一床、一桌、一椅的小屋。

就是在这种情况下，刘禹锡创作了《陋室铭》，并请人刻到石碑上，立在门前。

"山不在高，有仙则名；水不在深，有龙则灵。"这句比兴手法的开头，成为一代代中国人对内涵追求的最高境界。这篇文章虽然简短，但是字字珠玑。全篇围绕"斯是陋室，惟吾德馨"的主旨展开，写陋室，是为了衬托主人的贤德，写主人贤德，又进一步写出了陋室并不简陋。二者相辅相成。

陋室主人的朋友是"鸿儒"，他们性情高雅，经常做的事情是"调素琴，阅金经"。这种高雅的生活情趣在简陋的住宅中，更显示出主人面对苟且人生的一份倔强和洒脱。这位主人超然物外，勤于修德，是一位高人雅士。

最后，刘禹锡又引用诸葛孔明和扬雄的草庐自勉，说明自己的志向和圣人之道符合，韵味悠长。

这篇短小的文章饱含人生理想，内中有古之贤人，今之鸿儒，意义深远。

杜牧·《阿房宫赋①》

六王^②毕，四海一，蜀山兀，阿房出。覆压三百余里^③，隔离天日。骊山北构而西折，直走咸阳。二川^④溶溶，流入宫墙。五步一楼，十步一阁，廊腰缦回，檐牙高啄，各抱地势，钩心斗角^⑤。盘盘焉，囷囷焉^⑥，蜂房水涡，矗不知其几千万落。长桥卧波，未云何龙？复道^⑦行空，不霁何虹？高低冥迷，不知西东。歌台暖响，春光融融，舞殿冷袖，风雨凄凄。一日之内，一宫之间，而气候不齐。

① 阿房宫：秦始皇修建的宫殿，一直到秦朝灭亡都未完工。遗址在今陕西省西安市西南阿房村。

② 六王：指战国时期齐、楚、燕、韩、赵、魏六国君主。

③ 里：古代面积单位，五户为一邻，五邻为一里。

④ 二川：两条河流，指渭水和樊水。

⑤ 钩心：指建筑物都向中心攒聚。斗角：指房屋的屋角互相对峙，好像战场上兵戈相向。

⑥ 囷囷焉：屈曲回旋的样子。

⑦ 复道：古代在楼阁之间架上木头制成的通道。因为是上下两层通道，所以叫复道。

妃嫔媵嫱^①，王子皇孙，辞楼下殿，辇来于秦。朝歌夜弦，为秦宫人。明星荧荧，开妆镜也；绿云扰扰，梳晓鬟也。渭流涨腻，弃脂水也；烟斜雾横，焚椒兰^②也。雷霆乍惊，宫车过也，辘辘远听，杳不知其所之也。一肌一容，尽态极妍，缦③立远视，而望幸焉。有不见者，三十六年④。燕、赵之收藏，韩、魏之经营，齐、楚之精英，几世几年，取掠其人，倚叠⑤如山。一旦不能有，输来其间。鼎铛玉石，金块珠砾，弃掷逦迤⑥，秦人视之，亦不甚惜。

① 妃嫔媵嫱：统指六国的宫妃。妃等级最高，媵是陪嫁侍女。

② 椒兰：两种香料，用来熏衣物。

③ 缦：通"慢"。缦立：久久站立。

④ 三十六年：指秦王嬴政在位的年数。

⑤ 倚叠：累积。

⑥ 逦迤：接连不断，到处都是。

嗟乎！一人之心，千万人之心也。秦爱纷奢，人亦念其家。奈何取之尽锱铢①，用之如泥沙？使负栋之柱，多于南亩之农夫；架梁之椽，多于机上之工女。钉头磷磷，多于在庾②之粟粒；瓦缝参差，多于周身之帛缕。直栏横槛，多于九土之城郭；管弦呕哑③，多于市人之言语。使天下之人，不敢言而敢怒。独夫之心，日益骄固。戍卒叫，函谷举，楚人一炬，可怜焦土。

① 锱铢：古代重量单位，连用表示非常微小。一锱等于六铢，一铢等于一两的二十四分之一。

② 庾：露天谷仓。

③ 管弦呕哑：音乐嘈杂。管弦，是管乐和弦乐，泛指音乐。呕哑，形容声音杂乱无章。

呜呼！灭六国者，六国也，非秦也。族^①秦者，秦也，非天下也。嗟夫！使六国各爱其人，则足以拒秦。使秦复爱六国之人，则递三世可至万世而为君，谁得而族灭也？秦人不暇^②自哀，而后人哀之，后人哀之而不鉴之，亦使后人而复哀后人也。

① 族：动词，灭族。

② 不暇：来不及。

译文

六国灭亡了，四海统一，蜀地的山光秃秃，阿房宫建成了。阿房宫覆盖三百多里，宫殿遮蔽天日。阿房宫从骊山北边兴建，折而向西，一直通到咸阳。渭水和樊川水流宽广，流入了宫墙里。五步一座楼，十步一个高阁；阿房宫走廊回环曲折，凸起的檐角尖耸如飞鸟抬头啄物；宫殿楼阁各随地势而建，绵延起伏，屋角对峙如同兵戈相向。楼阁盘旋的样子，曲折回旋，好像蜂房，又像流水的漩涡，矗立着不知道有几千万座。长桥横卧于水波之上，没有云怎么出现了神龙？楼阁中复道横空，不是雨后天晴，为什么出现了彩虹？楼阁高高低低，让人分不清东西。人们在台上唱歌，歌声响起好像充满了暖意；人们在宫殿里跳舞，舞袖飘拂，如同风雨交加一样凄清。一天之内，一座宫殿之内，气候都有所不同。

六国君王的妃嫔、公主和王孙，辞别了六国的楼阁宫殿，乘坐辇车来到秦国，早上唱歌晚上奏乐，成为秦国的宫人。光亮如同明星闪耀，那是宫人们在打开梳妆镜；乌青的云朵纷纷扰扰，那是宫人们早上起来在梳理头发；渭河的水涨起了一层脂膏，那是宫人们泼掉带有胭脂的洗脸水；烟雾缭绕，那是宫人们在焚烧椒兰熏香。忽然响起了雷霆声，那是皇帝的宫车路过；车声越听越远，遥远的踪迹全无，不知道去往何处。宫人的任何一片肌肤，任何一种姿容都极尽美好，久久站立远望，希望皇帝临幸；有的见不到皇帝的人，竟然等了三十六年。

燕国和赵国收藏的金玉珍宝，韩国和魏国聚敛的财富，齐国和楚国收藏的珍品，都是这些国家经历了几代人，从人民那里掠夺来的，积累如同一座小山。一旦国破，不能占有这些珍宝，都被运到阿房宫来。把宝鼎当成铁锅，把美玉当成石头，丢弃得到处都是。秦国人看到这些珍宝，也不怎么珍惜。

　　唉！一个人的心意，就是千万人的心意啊！秦王喜爱奢侈，人们也顾念他们的家。为什么夺取金玉珍宝的时候锱铢必较，使用的时候却好像对待泥沙？让宫殿中承担栋梁的柱子，比农田里劳作的农夫还要多；让架在梁上的椽子，比织机上织布的女工还要多；宫殿里突出的钉子，比谷仓里的粟还要多；瓦楞的缝隙参差交错，比全身的丝缕还要多；纵横连接的栏杆，比九州的城郭还要多；管弦演奏的嘈杂乐声，比街市上百姓的言语还要多。让全天下的人民不敢说话却心里愤怒；那独夫的思想却一天比一天骄傲顽固。等到戍卒愤怒一呼，函谷关被攻克；楚国军队一把大火，可惜阿房宫化为焦土。

　　唉！让六国灭亡的，是六国自己啊，而不是秦。消灭秦国的，是秦国自己，而不是天下人。可叹！假如六国能各自爱惜自己的百姓，那么就足够抵抗秦国；假如秦国能够爱惜六国的百姓，那么皇位就可以传递到三世乃至万世，谁能消灭秦国呢？秦国人来不及哀悼自己，而后人来哀悼他们；后人哀悼秦国人却不借鉴教训，又让更后来的人来哀悼后人啊。

楚人一炬，可怜焦土

《阿房宫赋》中提到的阿房宫是秦朝地标建筑，被誉为"天下第一宫"。阿房宫和万里长城、秦始皇陵、秦直道被称为"秦始皇的四大工程"，是中国第一个大一统王朝的标志性建筑，也是华夏民族开始形成的实物标识。

秦二世自杀后，阿房宫全面停工。公元前206年，项羽军队进入咸阳，他举起了焚烧天下第一宫的火炬。大火整整燃烧了三个月不灭。

阿房宫从秦帝国的地标建筑变成了秦亡的见证。

这篇文章逻辑思维非常清楚。从阿房宫的建筑说到充斥阿房宫其中的美女、珠宝，这种极度奢侈的生活，个人欲望的极度膨胀，导致陈胜、吴广起义，最终秦朝灭亡，阿房宫也被焚毁。其中的教训不可谓不深刻。这是杜牧对秦亡教训的深刻总结，也是对当时唐朝时政的讽刺。

文章气势磅礴，文采斐然。开头一句"六王毕，四海一，蜀山兀，阿房出"，不但气势雄健，而且暗含褒贬。音韵铿锵的文字中饱含浓烈的抒情，那些对建筑、美人的描写，生动又突出气势。秦始皇个人欲望的极度膨胀，从磅礴的建筑和庞大数目的美女、珠宝中得到了印证和讽刺。

《阿房宫赋》要探究阿房宫毁灭，也就是秦朝统治者毁灭的原因。

出身相门，京兆杜氏的杜牧，熟读经史，也特别热爱指点江山。多年积累，让杜牧的这一篇《阿房宫赋》成为千古雄文。

杜牧出身于京兆杜氏，唐朝人有句话说，"城南韦杜，去天尺五"，说的就是杜氏这个士族历史悠久。

杜牧在家族中排行十三，被称为"杜十三"。他小时候就才华出众，而且对政治、军事都很有兴趣。杜牧十几岁时就专门研究过《孙子兵法》，写过十三篇《孙子兵法》注解，也写过很多策论咨文。可想而知，这是家族氛围的影响。这种儿时兴趣一直保持了下来，最成功的一次就是在杜牧四十岁时，他献计平虏，被宰相李德裕采用，获得了很大的成功。

到二十岁，杜牧已经博通经史，二十三岁就写下了千古名篇——《阿房宫赋》。

杜牧是名副其实的才子，诗、赋、文都独具特色，他的诗歌，特别是古诗，在中晚唐诗坛独树一帜。杜牧与李商隐合称"小李杜"。

韩愈·《师说》

古之学者①必有师。师者，所以传道、受业、解惑也②。人非生而知之者，孰能无惑？惑而不从师，其为惑也，终不解矣。

生乎③吾前，其闻④道也，固先乎吾，吾从而师之；生乎吾后，其闻道也，亦先乎吾，吾从而师之。吾师道也，夫庸⑤知其年之先后生于吾乎？是故无贵无贱，无长无少，道之所存，师之所存也。

① 学者：指求学，研究学问的人。

② 道：指儒家之道；受：通"授"，传授；业：指古代学习的经、史、诸子学问。

③ 乎：于。

④ 闻：懂得，明白。

⑤ 庸：哪里。

嗟乎！师道①之不传也久矣！欲人之无惑也难矣！古之圣人，其出人②也远矣，犹且从师而问焉；今之众人，其下③圣人也亦远矣，而耻学于师。是故圣益圣，愚益愚。圣人之所以为圣，愚人之所以为愚，其皆出于此乎？

爱其子，择师而教之；于其身也，则耻师焉，惑矣。彼童子之师，授之书而习其句读④者也，非吾所谓传其道、解其惑者也。句读之不知，惑之不解，或师焉，或不⑤焉，小学而大遗，吾未见其明也。

巫医、乐师、百工之人，不耻相师；士大夫之族⑥，曰师、曰弟子云者，则群聚而笑之。问之，则曰："彼与彼年相若也，道相似也。位卑则足羞，官盛则近谀。"呜呼！师道之不复，可知矣。巫医、乐师、百工之人，君子不齿，今其智乃反不能及，其可怪也欤⑦！

① 师道：指从师学习的传统。

② 出人：超出于普通人之上。

③ 下：不如，比不上。

④ 句读：在古文诗词应该停顿之处。因为古代书籍没有标点，老师教学生句读在哪里。

⑤ 不：通"否"。

⑥ 族：类。

⑦ 欤：表示感叹。

圣人无常师。孔子师郯子、苌弘、师襄、老聃①。郯子之徒，其贤不及孔子。孔子曰："三人行，则必有我师。"是故弟子不必不如师，师不必贤于弟子，闻道有先后，术业有专攻，如是而已。

李氏子蟠，年十七，好古文，六艺经传②皆通习之，不拘于时，学于余。余嘉其能行古道，作《师说》以贻之。

① 郯子：春秋时期郯国君主，二十四孝中"鹿乳奉亲"的主人公；苌弘：东周时大夫；师襄：春秋时鲁国乐官；老聃：老子，春秋时楚国人，道家创始人。

② 六艺经传：六艺的经文和传文。六艺：指《诗》《书》《礼》《乐》《易》《春秋》六部儒家经典。

译文

古代求学的人一定有老师。老师，是传授道理、教授学业、解释困惑的人。人不是生下来就懂得道理的，谁能没有困惑呢？感到困惑又不跟随老师学习，那些困惑始终无法解开。出生在我之前，他懂得道理本来就比我早，我跟从他，拜他为师；出生在我之后，如果他懂得道理也比我早，我跟从他，拜他为师。我学习道理，哪里去考虑他的年纪比我大还是小呢？所以不分贵贱，不分长幼，哪里有真理，哪里就有我的老师。

唉！从师的传统不流传已经很久了！想要人不感到困惑也很难啊！古代的圣人，他们比一般人高明太多，尚且向老师请教；现在的人们，他们比圣人学问低下得多，却以向老师求教为耻辱。所以圣人越来越圣明，愚人越来越愚昧。圣人之所以成为圣人，愚人之所以成为愚人，大约都是出于这个原因吧？

人们爱自己的孩子，为他选择好的老师来教他；他自己却认为跟随老师学习很耻辱，糊涂啊！那些孩子们的老师，教他读书，帮助他学习书中的断句，并不是我所说的传授给学生道理，解答学生困惑的老师。不知道如何断句，愿意从师学习，有了解不开的困惑，却不肯请教老师，学了小的却丢了大的，我没看出他的明智。巫医、乐师和各种手艺人，不以拜别人为师为耻辱。士大夫这些人，说起老师、弟子的时候，就聚在一起嘲笑人家。询问他们，就说："他和他年纪相近，道理学问也差不多，拜地位低的人为师就会感到羞耻，拜官位高的人为师就近乎谄媚。"唉！跟随老师学习的传统是不可能恢复了。巫医、乐师和各种手艺人，君子对他们不屑一顾，现在这些君子的见识反而比不上这些人，这难道不奇怪吗？

圣人没有固定的老师。孔子曾经拜郯子、苌弘、师襄、老子为老师。郯子这类人，他们的贤能比不上孔子。孔子说："几个人一起走路，就一定有可以当我老师的人。"所以弟子不一定不如老师，老师也不一定比弟子贤能，懂得道理的时间有先后，学问各有所长，如此罢了。

李家的孩子李蟠，十七岁了，他喜爱古文，六经的经文和传文都学习过了，不受当时以求师为耻的风气影响，跟随我学习。我赞许他能够遵从古人从师学习的风尚，创作了《师说》这篇文章赠予他。

好老师守则

贞元十七年（801年），韩愈担任国子监四门博士，可以说登上了唐代教育界的顶峰。

韩愈在《师说》这篇文章中给老师下了一个定义，那就是"师者，所以传道、授业、解惑也"。

韩愈还分析了"师道"不存的原因：那是因为古人不耻下问，而现在的人却以求学为耻。人们只是选择老师来教自己的孩子，但老师教给孩子的却都是文章表面基础的东西。反而是技术人才能够传袭师道，却遭到所谓"君子"的嘲笑。

韩愈，字退之，河南河阳（今河南孟州）人，自称"郡望昌黎"，世称韩昌黎、昌黎先生。他是中唐时期的文学家、思想家和哲学家。韩愈是唐代古文运动的倡导者，他被后人尊称为"唐宋八大家"之首，和柳宗元并称为"韩柳"。韩愈还被后人称为"文章巨公""百代文宗"，可见他在古代文学散文领域中的重要地位。

韩愈出身于官宦家庭，祖上世代在朝为官。他的父亲韩仲卿曾经担任过秘书郎，韩愈是家里的第四个儿子。韩愈刚刚三岁的时候，父亲就去世了。大哥韩会承担起了抚养幼弟韩愈的重担。大历十二年（777年），韩会被贬为韶州刺史。九岁的韩愈跟随哥哥前往韶州，不料到韶州不久，哥哥就因病去世。

韩愈跟随寡嫂将哥哥送回老家河南安葬，当时河阳接连发生战乱，不得已，韩愈又和寡嫂避居江南宜州。

从贞元二年开始，十八岁的韩愈几次前往长安，希望得到举荐，却无功而返。他三次参加科举考试，均告失败。

贞元八年，韩愈第四次参加科考，终于进士及第。但在第二年更部举行的博学宏词科考试中，又遭遇失败。

命运好像就是要让韩愈苦涩的生活更加难过，也是这一年，抚养韩愈长大的嫂子郑夫人去世了，韩愈返回河阳，为郑夫人守丧五个月。

到贞元十一年，韩愈先后三次参加博学宏词科考试，都失败了。他还三次给宰相上书，也从来没得到回复。

贞元十二年，韩愈受到宣武节度使董晋推荐，试任秘书省校书郎，并且出任宣武节度使观察推官。三年推官，韩愈抓紧时间推广自己对散文革新的主张。

贞元十六年，韩愈第四次参加吏部考试。第二年，韩愈通过铨选，被任命为国子监四门博士。主要职责是管教七品以上侯伯子男的子弟以及有才干的庶人子弟。

贞元十九年，韩愈晋升为监察御史。监察御史掌管监察百官，巡视郡县，纠正刑狱，肃整朝仪等事务。

后来，韩愈又担任过国子祭酒、兵部侍郎等职务。

韩愈经过刻苦学习，在散文、诗歌方面都有很高的造诣。

《师说》这篇文章主要是韩愈对当时士大夫耻于从师的不良风气进行了批判，对"师道"的论述体现了韩愈对当时社会不良风气的抗争和担心。

韩愈·《杂说四（马说）》

shì yǒu bó lè① rán hòu yǒu qiān lǐ mǎ　qiān lǐ mǎ cháng yǒu　ér bó lè bù
世有伯乐①，然后有千里马。千里马常有，而伯乐不
cháng yǒu　gù suī yǒu míng mǎ　zhǐ rǔ yú nú lì rén zhī shǒu　pián sǐ②yú cáo lì zhī
常有，故虽有名马，只辱于奴隶人之手，骈死②于槽③枥之
jiān　bù yǐ qiān lǐ chēng yě
间，不以千里称也。

① 伯乐：原名孙阳，春秋时期秦穆公时人，擅长相马。现在指能发现
　人才的人。

② 骈死：并列死去。骈：两匹马并驾齐驱。

③ 槽：喂牲口专用的食器。

mǎ zhī qiān lǐ zhě　yì shí huò① jìn sù yí dàn②　sì③mǎ zhě bù zhī qí néng qiān
马之千里者，一食或①尽粟一石②，食③马者不知其能千
lǐ ér sì yě　shì④ mǎ yě　suī yǒu qiān lǐ zhī néng　shí bù bǎo　lì bù zú　cái
里而食也。是④马也，虽有千里之能，食不饱，力不足，才
měi bú wài xiàn⑤　qiě yù yǔ cháng mǎ děng bù kě dé　ān qiú qí néng qiān lǐ yě
美不外见⑤，且欲与常马等不可得，安求其能千里也！
cè⑥ zhī bù yǐ dào　sì zhī bù néng jìn qí cái⑦　míng zhī ér bù néng tōng qí
策⑥之不以其道，食之不能尽其材⑦，鸣之而不能通其
yì　zhí cè ér lín zhī yuē　tiān xià wú mǎ　wū hū　qí⑧ zhēn wú mǎ yé
意，执策而临之曰："天下无马！"呜呼！其⑧真无马邪？
qí zhēn bù zhī mǎ yě
其真不知马也！

① 一食：吃一次食物。或：有时。

② 石：十斗是一石，一石大约是一百二十斤。

③ 食：通"饲"，喂养。

④ 是：这。

⑤ 见：通"现"，表现，表露。

⑥ 策：马鞭。这里用作动词，驾驭。

⑦ 材：通"才"，指行千里的才能。

⑧ 其：难道，表示推测。

译文

　　世上有伯乐，然后才有千里马。千里马经常有，但是伯乐却不常有。所以虽然有千里马，它只是在马夫、仆役一类人手中受辱，在马槽里和普通马一同生死，不能把它称为千里马。

　　能行走千里的马，一顿饭有时候能吃一石粟。喂马的人不知道它能奔驰千里而去饲养它。这千里马，虽然有日行千里的本领，却吃不饱，没有足够的力气，出众的才能不能表现出来，况且想要和普通马一样奔跑都不能办到，怎么能要求它日行千里呢？鞭打驾驭它不用正确的方法，喂养它却不能让它展现自己的才能，听到它鸣叫却不能明白它的意思，手拿马鞭来到它面前，说："天下没有千里马！"唉！难道真的没有千里马吗？恐怕他们真不知道千里马吧！

千里马的悲剧

马天性自由，奔驰如风，但是经过人类驯服之后，马成为人类忠实的朋友和伙伴。马在中国的历史上留下了许多美好的传说。《史记》记载，张骞出使西域，回来后说："西域多善马，马汗血。"这是号称"汗血宝马"的大宛马。伴随唐太宗征战南北的"昭陵六骏"中的"特勒骠"据说就是汗血宝马。跟随成吉思汗驰骋疆场的是蒙古马，我国还有新疆的哈萨克马和产于黄河上游的河曲马。"战马"出现处往往伴随着战争的硝烟，所谓"常随宝蹬陪金勒，绝塞指挥万马嘶"。（俞益谟《中洲株柳》）春日游猎，马又是敏锐的先锋，所谓"草枯鹰眼疾，雪尽马蹄轻"。（王维《观猎》）"老马识途"，又带有人们对经验的推崇："古来存老马，不必取长途。"（杜甫《江汉》）

《马说》这篇文章是韩愈文章《杂说》中的第四篇，题目是后人所加。"说"是古代的一种议论文文体，意思是"谈谈""评说"。

文章开头就提出了一个令人耳目一新的观点："世有伯乐，然后有千里马。"接下来，韩愈写到了遇不到伯乐的千里马处境何其艰难，那就是"骈死于槽枥之间"。为什么会造成这样令人感慨的结局呢？还要回到千里马本身来看。

千里马和平常的马不同，所以它需求也更多。但是养马人并不理解，所以千里马遇不到伯乐，自然不能显露自身才能。

在这简洁的文字中，也不难看出千里马和养马人之间的矛盾。千里马抑郁不平，养马人愚昧无知。特别是韩愈写道，"鸣之而不能通其意"，千里马的孤独、不被理解，尽在其中。即便是这样，愚蠢的养马人最后还要不懂装懂地说一句："天下无马！"真的是天下没有好马吗？恐怕是有千里马在你眼前，你也有眼不识泰山罢了。

在文章的最后，"无马"和"不知马"形成了一个高潮，这样强烈的对比，更让人联想到有口难言的千里马处境之艰难、委屈。

这篇文章虽然篇幅短小，文字克制，但饱含对千里马的同情和人才怀才不遇的悲愤之情。对于养马人的讽刺也浓缩在最后的一句"天下无马"之中。

并非天下无马，实乃眼内无珠。

韩愈·《祭十二郎文》

年、月、日①，季父②愈闻汝丧之七日，乃能衔哀致诚，使建中远具时羞③之奠，告汝十二郎之灵：

① 年、月、日：韩愈拟定文稿的原文。

② 季父：最小的叔父。

③ 时羞：应季的美味佳肴。羞，同"馐"。

呜呼！吾少孤①，及长，不省所怙②，惟兄嫂是依。中年，兄殁南方，吾与汝俱幼，从嫂归葬河阳③。既又与汝就食江南，零丁孤苦，未尝一日相离也。吾上有三兄④，皆不幸早世。承先人⑤后者，在孙惟汝，在子惟吾，两世一身，形单影只。嫂尝抚汝指吾而言曰："韩氏两世，惟此而已！"汝时尤小，当不复记忆。吾时虽能记忆，亦未知其言之悲也！

① 孤：古人称幼年丧父为"孤"。

② 怙：代指父亲。

③ 河阳：今河南省孟县西，是韩愈祖坟所在地。

④ 三兄：指韩愈的兄长韩会、韩介，还有一个兄长幼年去世没来得及起名。

⑤ 先人：指韩愈去世的父亲韩仲卿。

吾年十九，始来京城。其后四年，而归视①汝。又四年，吾往河阳省②坟墓，遇汝从嫂丧来葬。又二年，吾佐董丞相于汴州③，汝来省吾，止④一岁，请归取其孥。明年，丞相薨⑤，吾去汴州，汝不果来。是年，吾佐戎徐州，使取汝者始行，吾又罢去，汝又不果来。吾念汝从于东，东亦客也，不可以久。图久远者，莫如西归，将成家而致汝。呜呼！孰谓汝遽去吾而殁乎！吾与汝俱少年，以为虽暂相别，终当久相与处，故舍汝而旅食京师，以求斗斛之禄⑥。诚知其如此，虽万乘⑦之公相，吾不以一日辍汝而就也！

① 视：古代探亲，长辈对晚辈叫视，晚辈对长辈叫省。

② 省：探望，引申为凭吊。

③ 汴州：治所在今河南开封市。

④ 止：住。

⑤ 薨：古代诸侯或者三品以上官员去世叫薨。

⑥ 斗斛之禄：微薄的俸禄。唐代十斗是一斛。

⑦ 万乘：指高官厚禄。

去年，孟东野①往，吾书与汝曰："吾年未四十，而视茫茫，而发苍苍，而齿牙动摇。念诸父与诸兄，皆康强而早世，如吾之衰者，其能久存乎？吾不可去，汝不肯来，恐旦暮死，而汝抱无涯之戚②也。"孰谓少者殁而长者存，强者夭而病者全乎？呜呼！其信然邪？其梦邪？其传之非其真邪？信也，吾兄之盛德而夭其嗣乎？汝之纯明③而不克蒙其泽乎？少者强者而夭殁，长者衰者而存全乎？未可以为信也！梦也，传之非其真也！东野之书、耿兰④之报，何为而在吾侧也？呜呼！其信然矣！吾兄之盛德而夭其嗣矣，汝之纯明宜业⑤其家者，不克蒙其泽矣！所谓天者诚难测，而神者诚难明矣！所谓理者不可推，而寿者不可知矣！

虽然，吾自今年来，苍苍者或化而为白矣，动摇者或脱而落矣。毛血⑥日益衰，志气⑦日益微，几何不从汝而死也！死而有知，其几何离？其无知，悲不几时，而不悲者无穷期矣！汝之子始十岁，吾之子始五岁，少而强者不可保，如此孩提者，又可冀其成立邪？呜呼哀哉！呜呼哀哉！

① 孟东野：韩愈的朋友诗人孟郊，字东野。

② 无涯之戚：无穷无尽的悲伤。涯：边。

③ 纯明：正直贤明。

④ 耿兰：宣州韩氏别业的管家人。

⑤ 业：继承。

⑥ 毛血：指体质，身体。

⑦ 志气：指精神。

汝去年书云："比①得软脚病，往往而剧。"吾曰："是疾也，江南之人常常有之。"未始以为忧也。呜呼！其竟以此而殒其生乎？抑别有疾而至斯极乎？汝之书，六月十七日也。东野云，汝殁以六月二日，耿兰之报无月日。盖东野之使者，不知问家人以月日，如耿兰之报，不知当言月日。东野与吾书，乃问使者，使者妄称以应之耳。其然乎？其不然乎？

① 比：最近。

今吾使建中祭汝，吊①汝之孤与汝之乳母。彼有食可守以待终丧②，则待终丧而取以来；如不能守以终丧，则遂取以来。其余奴婢，并令守汝丧。吾力能改葬，终葬汝于先人之兆③，然后惟其所愿。呜呼！汝病吾不知时，汝殁吾不知日，生不能相养以共居，殁不得抚汝以尽哀，敛④不凭其棺，窆⑤不临其穴。吾行负神明，而使汝夭，不孝不慈，而不能与汝相养以生、相守以死。一在天之涯，一在地之角，生而影不与吾形相依，死而魂不与吾梦相接，吾实为之，其又何尤！彼苍者天，曷其有极！

① 吊：慰问。

② 终丧：到守丧期满，共有三年。

③ 兆：墓地。

④ 敛：同"殓"，收殓死者。小殓是为死者更衣，大殓指尸体入棺。

⑤ 窆：将棺材安葬入土。

自今已往，吾其无意于人世矣！当求数顷之田于伊、颍之上①，以待余年。教吾子与汝子，幸其成；长吾女与汝女，待其嫁，如此而已。呜呼！言有穷而情不可终，汝其知也邪？其不知也邪？呜呼哀哉！尚飨②！

① 伊、颍之上：伊水和颍水，这里指韩愈的故乡。

② 尚飨：祭文结尾用语，希望死者享用祭品。

译文

某年某月某日，小叔父韩愈听到你去世消息七日后，才能心中含着悲痛向你表达赤诚的心意，派建中在远方准备了应季佳肴做祭品，以此告慰你十二郎的英灵：

唉！我幼年丧父，等到长大，都忘记了父亲的样子，只有依靠兄长和嫂子。哥哥人到中年，因被贬而死于南方，我和你都很小，跟随嫂嫂去河阳安葬哥哥。接着又和你到江南谋生。孤苦伶仃，我们一天也没有分开过。我上面有三个哥哥，都不幸早早去世。继承先父的后人，在孙子辈只有你，在儿子辈只有我。韩家接连两代都只有一名男丁，孤独一人。嫂子曾经抚摸着我的头指着你说："韩家两代人，唯独剩下你们两人了！"你当时还很小，应当不记得。我当时虽然能够记住，但也不能明白她话语中的悲怆。

我十九岁时，第一次来到京城。之后四年，我回去看你。又过了四年，我到河阳凭吊祖坟，遇到你护送嫂嫂的灵柩归葬。又过了两年，我在汴州辅佐董丞相，你来看望我。你留下住了一年后，请求回去把家眷接来。第二年，董丞相去世。我去汴州，你没能来。这一年，我在徐州辅助军务，派去接你的人刚出发，我又因被免职而离开，你又没有来成。我想你跟着我去东边，东边也是客居，不能久留；要安定下来，不如西归，将要在那里安家再接你。唉！谁知道你骤然离开我去世了呢！我和你都年轻，认为虽然短暂离别，最终一定会长久在一起。所以我和你分别旅居京师，为了谋求微薄的俸禄。早知道会这样，即便是万乘高官，我也不会离开你一天去赴任的。

去年，孟东野去你那里。我写信给你说："我不到四十岁，看东西就模糊了，头发也花白了，牙齿也松动了。我想到各位父兄，都是身体健康强壮就早早去世。像我这样衰弱的人，还能够久存吗？我不能回去，你不肯过来，恐怕我早晚死去，而你要怀抱无边无际的悲伤了！"谁料到年幼的人先去世，而年长的人还活着；身体强壮的人早早去世，而病弱的人还活着呢！唉！真的是这样吗？是在做梦吗？还是这传来的消息并不真实呢？如果是真的，我兄长品德高尚反而后代短命吗？你性本纯良反而不能蒙受他的恩泽吗？年少的人、身体强壮的人早早去世，年长的人、身体衰弱的人反而保全健在吗？实在是不可相信啊！如果这是梦，传来的消息并不准确，可是东野的信、耿兰的报丧为什么就在我身边呢？可叹！这肯定是真的了！我兄长品德高尚反而断绝了后代！你性本纯良适宜继承家业，反而不能蒙受你父亲的恩泽！这就是所说的上天难以预测，而神明难以明白了！这就是所说的天理不可推断，而寿命的长短是不能预知的啊！

虽然如此，我从今年开始，花白的头发都变白了，松动的牙齿有的也要掉了。身体一天天衰弱，精神也一天天衰微了，没多久就要随你而死去了。如果人死后还有知觉，我们又能分别多久；假如死后无知，悲痛就没有多长时间了，而人死后不再悲伤的时间却是无穷无尽的。你的儿子现在十岁，我的儿子刚五岁。年轻力壮的人不能保全，这么小的孩子，又能希望他们长大成人吗？唉，悲哀！

你去年信上说："最近得了软脚病，经常疼痛得厉害。"我说："这种疾病，江南人经常有得的。"我还没为这件事担心。唉！难道竟然是因此病而丧生吗？还是你患有别的疾病呢？你的信写于六月十七日。东野说，你是六月二日去世的，耿兰报丧没有说具体日期。大约是东野的使者不知道问家人具体日期，而耿兰报丧不知道应当写具体日期。东野给我写信，才问那使者，使者妄言应对他罢了。是这样吗？还是不是这样呢？

现在我派建中祭奠你，慰问你的孩子和乳母。他们如果有粮食，可以守丧直到丧期结束，就等到丧期结束然后接他们来。如果无法守满丧期，就马上把他们接来。其余奴婢，都让他们为你守丧。等到我有能力改葬时，一定把你的灵柩从宣州迁回老家祖先的墓地，此后这些奴婢的去留，听其自愿。唉！你生病我不知道时间，你去世我不知道具体日期，你活着时我们不能彼此照应，你死后我又不能抚摸你的遗体致哀，你入殓时我不曾挨着你的棺材，你落葬时我不曾到过你的墓穴，我的行为辜负了神灵，因而使你夭折；我不孝顺不慈爱，因而既不能和你活着彼此照应住在一起，死去相守在一起。我们一个在天涯，一个在地角，你活着影子不能和我的身子相互依偎，你死了灵魂不能和我的梦魂相亲近，这都是我造成的，还能怨谁呢！那苍茫无边的天啊，我的悲哀什么时候才是个头呢！

从今以后，我对这个世界已没有什么可以留恋的！我打算在伊水、颍水岸边买几顷田，打发我的余生。教育我的儿子和你的儿子，希望他们长大成人；抚养我的女儿和你的女儿，等待她们出嫁。不过如此罢了。唉！话有说完的时候，而哀痛的心情却是没有终了，你知道呢？还是不知道呢？唉！痛心啊！希望你的灵魂来享用祭品啊！

人生再无相见时，此恨绵绵无绝期

韩愈从小身世坎坷，幼年丧父，多亏哥哥和嫂子把他抚养成人。在韩愈的少年时代，侄子韩老成，也就是文中的十二郎和他朝夕相伴。十二郎其实是韩愈二哥韩介的儿子，因为韩愈的大哥韩会没有儿子，所以他被过继给韩会。韩愈和韩老成虽然名为叔侄，其实是很好的朋友，而且从小共同经历了家庭磨难，感情深厚。韩愈成年后为了实现理想四处奔波，和十二郎很少见面。等到韩愈事业发展顺利，可以和十二郎聚首的时候，却听说了十二郎去世的消息。

韩愈懊悔十二郎活着的时候没能多相聚，十二郎去世了也不能去灵前哀哭。这种刻骨铭心的痛苦没有办法缓解。所以韩愈决定好好抚养十二郎的孩子们。

在韩愈的回忆中，自己和十二郎的童年是不幸的。韩愈的父兄早丧，身世飘零，唯有和嫂子以及十二郎相依为命。嫂子说韩氏男丁稀少，两代人就寄希望于韩愈和十二郎，又让人感慨，韩愈和十二郎叔侄命运多舛，身负家族的希望。

文章接下来写了成年后的韩愈为了谋生和十二郎奔波的日子。韩愈对于那段生活是铭刻于心的，但最后的感受却只有一个"悔"字！错过了那么多和亲人聚首的日子，如果知道十二郎这么早就去世，哪怕是宰相之尊，自己也不会就任的！

这是韩愈发自内心的后悔，但是斯人已逝，悔之已晚！

韩愈用想不通的连续反问句，表现了自己对于十二郎忽然去世这件事情的不相信、不接受。这样年轻力壮又纯正聪明的十二郎怎么能去世呢？难道真的是天意？

这篇文章虽然是祭文，但叙事和抒情结合，写到了很多韩愈人生中的经历。不光是祭奠十二郎，更是抒发韩愈内心的悲痛之情。文章以情动人，从作者和十二郎的悲苦身世写起，又写到和十二郎天各一方的谋生经历，写到自己对于十二郎去世的不可想象，最终决定要安顿照顾十二郎的孩子。

韩愈的哀思深刻，一反普通祭文歌功颂德的模式，而是从家庭生活，从自己对十二郎的情谊入手表达骨肉深情。自由多变的散体文，将作者哀痛、悔恨、自责的感情表达得淋漓尽致，特别具有感染力。

明代茅坤在《唐宋八大家文钞》中这样评价这篇文章："通篇情谊刺骨，无限凄切，祭文中千年绝调。"

为什么韩愈的《祭十二郎文》写得如此动人？这不光是他的文采决定的，更多的是他用真心，动真情，真情流露，自然为文。让千年后的我们重读，依然会为之感动。

柳宗元·《捕蛇者说》

永州①之野产异蛇，黑质而白章②，触草木尽死，以③啮人，无御之者。然得而腊之④以为饵，可以已大风、挛踠、瘘、疠⑤，去死肌，杀三虫。其始，太医以王命聚之，岁赋其二；募有能捕之者，当其租入。永之人争奔走焉。

① 永州：今湖南省西南永州市。

② 章：（蛇身上的）花纹。

③ 以：如果。

④ 腊之：把它的肉晾干。腊：动词，把肉晾干。

⑤ 大风：麻风病；挛踠：手脚弯曲痉挛不能伸展；瘘：大脖子病；疠：毒疮。

有蒋氏者，专其利①三世矣。问之，则曰："吾祖死于是，吾父死于是，今吾嗣为之十二年，几死者数②矣。"言之，貌若甚戚者。

① 专其利：独占这种好处，指捕蛇上交不用纳税。

② 数：很多次。

余悲①之，且曰："若毒之乎？余将告于莅事者②，更若役，复若赋，则何如？"蒋氏大戚，汪然出涕③曰："君将哀而生之乎？则吾斯役之不幸，未若复吾赋不幸之甚也。向④吾不为斯役，则久已病⑤矣。自吾氏三世居是乡，积于今六十岁矣。而乡邻之生⑥日蹙⑦，殚其地之出，竭其庐⑧之入，号呼而转徙，饥渴而顿踣⑨。触风雨，犯寒暑，呼嘘毒疠，往往而死者相藉也。曩⑩与吾祖居者，今其室十无一焉；与吾父居者，今其室十无二三焉；与吾居十二年者，今其室十无四五焉，非死则徙尔，而吾以捕蛇独存。悍吏之来吾乡，叫嚣乎东西，隳突⑪乎南北，哗然而骇者，虽鸡狗不得宁焉。吾恂恂而起，视其缶，而吾蛇尚存，则弛然而卧。谨食⑫之，时而献焉。退而甘食其土之有，以尽吾齿。盖一岁之犯死者二焉，其余则熙熙而乐，岂若吾乡邻之旦旦有是哉！今虽死乎此，比吾乡邻之死则已后矣，又安敢毒耶？"

① 悲：同情。

② 莅事者：管理当地政事的人，指地方官员。

③ 涕：眼泪。

④ 向：以前，此处意思是假如。

⑤ 病：困窘。

⑥ 生：生计。

⑦ 蹙：困窘。

⑧ 庐：简陋的屋子。

⑨ 顿踣：太劳累，所以倒在地上。

⑩ 曩：以前。

⑪ 隳突：干扰，侵扰。

⑫ 食：喂食。

余闻而愈悲，孔子曰："苛政猛于虎也。"吾尝疑乎是，今以蒋氏观之，犹信。呜呼！孰知赋敛之毒，有甚是蛇者乎！故为之说，以俟①夫观人风②者得焉。

① 俟：等。

② 人风：民风。

译文

　　永州的郊外出产一种奇特的蛇，这蛇黑色的身体上有白色的花纹。它碰到的草木全都会死；假如这蛇咬了人，没有可以医治蛇毒的办法。但是，抓到这蛇并把它的肉晾干当成药引子，可以用来治愈麻风病、曲肢、大脖子病和毒疮，可以去除腐肉，杀死人体内的寄生虫。刚开始，太医以皇帝的命令征集这种异蛇，每年征收两次。招募有能力捕捉异蛇的人，以此抵他的税赋。永州的人争着去做这件事。

　　有个姓蒋的人，家中享受这种好处（捕蛇不用上交赋税）已三代人了。我问他相关情况，他说："我的祖父因为此事而死，我的父亲也因为此事而死，现在我继承捕蛇这件事情已经十二年了，差点儿死掉的情况有好多次。"他的表情好像非常悲伤的样子。

　　我同情他，于是说："你怨恨这件事吗？我打算告诉管理政事的官员，让他更换你的差事，恢复你的税赋，那怎么样？"蒋氏非常悲痛，满眼含泪地说道："您是可怜我，想要让我活着吗？那么我这个差事的不幸不及恢复我赋税的不幸那么多。假如我不从事这件差事，那么我早就困苦不堪了。自从我家三代居住在这里，算到现在已经六十年了。然而乡亲们的生活一天天更困窘，竭尽他们土地的收成，竭尽他们家里的收入交税。他们号哭着流离失所，又饥又渴倒在地上；顶着风雨，冒着寒天和暑天，呼吸着有毒的瘴气，因此死去的人的尸体往往堆成堆。从前和我祖父一起住在这里的人，现在十户不剩一户了。和我父亲一起居住在这里的人，现在十户剩不到两三户了。和我一起居住在这里十二年的人，现在十户剩不到四五户了。这些人不是死了，就是搬走了，然而我因为捕蛇独自存活。凶悍的小吏来到这里，大声喊叫，到处骚扰；那嚣张的样子令人害怕，就算是鸡狗都不得安宁。我提心吊胆地起来看我的瓦罐，看到我的蛇还在，就放松去休息。我平时小心地饲养蛇，到了指定的日子献上它。回来就有滋有味地享受土地上出产的东西，用来度日。大概我一年有两次冒着死去的危险，剩下的时间都很快乐，哪像我的乡邻们每天都有危险啊。现在，即使我因为捕蛇而死，已经是死在乡邻们的后面了，又怎么敢怨恨捕蛇呢？"

我听到蒋氏的话更加悲伤，孔子说："苛刻的统治比老虎还要凶猛！"我曾经怀疑过这一点，现在从蒋氏的经历来看，还是可信的。唉！谁知道这赋税的狠毒比那异蛇还要厉害呢！所以写了这篇文章，期待那些考察民风的人看得到它。

异蛇与猛虎

《捕蛇者说》是柳宗元的散文名篇，多年来一直被收录进初中语文课本。

柳宗元，字子厚，河东（今山西运城永济）人，所以世称"柳河东"，也被称为"河东先生"，因为他最终是柳州刺史，所以又被称为"柳柳州"。

柳宗元出身官宦世家，他祖籍是河东，河东柳氏被称为"河东三著姓"之一。柳宗元二十一岁就进士及第，在当时声名远播。后来父亲去世，他在家守丧。二十八岁的柳宗元中了博学鸿词科考试，被任命为集贤殿书院正字，后来担任过监察御史里行。

贞元十九年（803年），韩愈、柳宗元和刘禹锡三人又分别被调到了御史台担任监察御史。

柳宗元生活的时代，是大唐由盛及衰的转折点。柳宗元正是因为看到了老百姓生活的不易，才参加了王叔文革新集团。然而仅仅一百多天后，革新集团就失败了。

柳宗元被贬为绍州刺史，还没到任就接到了通知，说不用去绍州了，他被贬为永州司马。这次革新集团的其他人也被贬为司马，史称"八司马事件"。

柳宗元到了永州后，寄居在龙兴寺。

在永州，柳宗元看到了更多边远地区人民的底层生活。虽然他身份尴尬，但他还是创作了这篇文章，写下了当时永州人民的悲惨生活。

文章全篇以"蛇"为线索，层层深入，从介绍永州之蛇，到太医募蛇、捕蛇，继而是捕蛇者，捕蛇者说。整个事件的前因后果，层层递进，叙说非常系统。

虽然文章的题目是"捕蛇者说"，但是并非从捕蛇者说起，而是从"蛇"展开全篇文章。柳宗元写永州之蛇，重点写蛇之异：外表奇特，而且有剧毒。从剧毒写到蛇奇特的功效，所以才会有太医之募。

捕蛇人蒋氏描述了乡邻悲苦的生活，也描述了自己捕蛇的危险，并且将二者对比，得出一个结论：自己捕蛇虽然冒着生命危险，然而那些乡邻却早就流离失所或失去生命了。在这样的对比下，捕蛇人心甘情愿冒着生命危险去捕蛇。这种选择，虽然被用一种庆幸的语气说出来，却充满了辛酸。

这是当时中唐乱世百姓生活在水深火热之中的一个活生生的例子。

捕蛇者对自己身世的叙述是全文重点，在他生动的叙述中，三代人的悲惨遭遇里夹杂着侥幸，读者看到永州百姓十室九空的惨境，看到官吏收租的残暴，看到捕蛇者惶恐不安的生活，这些都使读者与蒋氏同感到沉痛。

文章中用捕蛇者和乡邻进行了对比，说明了捕蛇带来的不幸其实不如赋税的不幸。

在文章末尾，柳宗元提出了自己的看法，那就是"苛政猛于虎也"！

这是生死对立的严重社会问题。中唐时期，赋税沉重，逼迫百姓不得不铤而走险，冒着生命危险才能生存，是正常的吗？捕蛇者虽然因为冒险而侥幸生存，覆巢之下，安有完卵？在十室九空的周边环境下，捕蛇者又能侥幸多久？整个大唐又能支撑多久呢？

这篇文章揭露出的问题是触目惊心的。而表达方式以叙事为主，议论点明中心，以抒情强化感染力，又让这篇文章带给人情感上的共鸣。读者为生活在那个乱世的百姓感到痛心，也为柳宗元的思想和文学才华，为他对百姓的关心，对社会矛盾的关注和所付出的努力深感敬佩。

柳宗元·《种树郭橐驼传》

郭橐驼①，不知始何名，病偻②，隆然伏行，有类橐驼者，故乡人号之"驼"。驼闻之曰："甚善，名我固当。"因舍其名，亦自谓"橐驼"云。其乡曰丰乐乡，在长安③西。驼业种树，凡长安豪家富人为观游及卖果者，皆争迎取养④。视驼所种树，或⑤迁徙，无不活，且硕茂，早实以蕃。他植者虽窥伺效慕，莫能如也。

① 橐驼：本义为骆驼，这里指驼背。

② 病偻：得了脊背弯曲的病。

③ 长安：今陕西省西安市。

④ 取养：聘用，任用。

⑤ 或：有的。

有问之，对曰："橐驼非能使木寿且孳①也，能顺木之天②，以致其性焉尔。凡植木之性，其本③欲舒，其培欲平，其土欲故，其筑欲密。既然已，勿动勿虑，去不复顾。其莳④也若子，其置也若弃，则其天者全而其性得矣。故吾不害其长而已，非有能硕茂之也；不抑耗其实而已，非有能早而蕃之也。他植者则不然。根拳而土易；其培之也，若不过焉则不及。苟有能反是者，则又爱之太殷，忧之太勤。旦视而暮抚，已去而复顾，甚者爪其肤以验其生枯，摇其本以观其疏密，而木之性日以离矣。虽曰爱之，其实害之；虽曰忧之，

^{qí shí chóu zhī} ^{gù bù wǒ ruò yě} ^{wú yòu hé néng wéi zāi}
其实仇之。故不我若也，吾又何能为哉！"

① 孳：生长，繁殖。

② 天：指树木的自然生长规律。

③ 本：树根。

④ 莳：栽种，种植。

^{wèn zhě yuē} ^{yǐ zǐ zhī dào} ^{yí zhī guān lǐ} ^{kě hū} ^{tuó yuē} ^{wǒ}
问者曰："以子之道，移之官理^①，可乎？"驼曰："我
^{zhī zhòng shù ér yǐ} ^{guān lǐ fēi wú yè yě} ^{rán wú jū xiāng} ^{jiàn zhǎng rén zhě} ^{hào fán}
知种树而已，管理非吾业也。然吾居乡，见长人者^②好烦
^{qí lìng} ^{ruò shèn lián yān} ^{ér zú yǐ huò} ^{dàn mù lì lái ér hū yuē} ^{guān mìng cù ěr}
其令，若甚怜焉，而卒以祸。旦暮吏来而呼曰：'官命促尔
^{gēng} ^{xù ěr zhí} ^{dū ěr huò} ^{zǎo sāo ér} ^{xù} ^{zǎo zhī ér lǚ} ^{zì} ^{ér yòu hái}
耕，勖^③尔植，督尔获，早缫而^④绪，早织而缕，字^⑤而幼孩，
^{suì ér jī tún} ^{míng gǔ ér jù zhī} ^{jī mù ér zhào zhī} ^{wú xiǎo rén chuò sūn yōng} ^{yǐ láo}
遂而鸡豚。'鸣鼓而聚之，击木而召之。吾小人辍飧饔^⑥以劳
^{lì zhě} ^{qiě bù dé xiá} ^{yòu hé yǐ fán wú shēng ér ān wú xìng yé} ^{gù bìng qiě dài} ^{ruò}
吏者，且不得暇，又何以蕃吾生而安吾性耶？故病且怠。若
^{shì} ^{zé yǔ wú yè zhě qí yì yǒu lèi hū}
是，则与吾业者其亦有类乎？"

^{wèn zhě xī yuē} ^{bú yì shàn fū} ^{wú wèn yǎng shù} ^{dé yǎng rén shù} ^{zhuàn qí}
问者嘻曰："不亦善夫！吾问养树，得养人术^⑦。"传其
^{shì yǐ wéi guān jiè yě}
事以为官戒也。

① 理：治理民众。

② 长人者：指地方官县令或县长。

③ 勖：鼓励。

④ 而：通"尔"，你们。

⑤ 字：抚养。

⑥ 辍飧饔：不吃饭。辍：停止。飧饔：晚饭和早饭。

⑦ 养人术：即养民术。

译文

郭橐驼，不知道他开始叫什么名字。他得了脊背弯曲的疾病，脊背高高隆起，弯腰行走，有点儿像骆驼，所以乡里人给他起外号叫"橐驼"。郭橐驼听到这个外号，说："很好。这样称呼我确实很恰当。"于是，他便舍弃了原本的名字，也自称郭橐驼了。郭橐驼的家乡叫丰乐乡，在长安西面。郭橐驼家世代种树，凡是长安城的富豪人家从事园林游览和卖果子的，都争着雇用他。看郭橐驼种的树，有的是移植的，但没有不活的，且长得高大茂盛，果实结得又早又多。其他种树的人虽然想偷偷观察、效仿郭橐驼，却没有人比得上他。

有人问他原因，郭橐驼回答："我郭橐驼并不能让树木活得长久并且生长茂盛，只是能够顺应树木生长的自然规律，以此达到树木自身的天性罢了，树木的根要舒展，种树的培土要平展，种树的土要用原来的，培土要结实。已经这样做完了，就不要动它也不要忧虑，离开了就不要回头看。种树就要像对待子女一样，将它放在一边，好像是丢弃它那样不管，那么树木的生长规律就可以通过保全它的本性来得到了。所以我只是不妨碍它生长罢了，并没有能让树木生长高大茂盛的办法；我只是不抑制、不损耗它结果实罢了，并没有能让它早结果、多结果的办法。其他种树的人就不是这样，树木的树根蜷曲，更换了新土，他们培土，不是过多就是不够。假如有与此做法不同的人，对树木的爱护过多，对它的担心又太过分，早上来查看树木，晚上来抚摸它，已经离开了又要回头看看它，更严重的，用手抟破树皮来查看树木活着还是枯死了，摇晃树木的根来查看土的松和紧。虽然说这是爱护树木，其实这是在害它；虽然说是担忧它，其实这是在仇恨它，所以都不如我。我又有什么特殊方法呢！"

询问的人说："将你种树的方法运用到为官治民的方法可以吗？"郭

橐驼说："我只知道种树罢了，为官治民并不是我的职业。然而我居住在乡里，看到那些官员喜欢发号施令，好像是爱惜百姓，却以祸民结束。早上或晚上，小吏跑来呼喊说：'长官命令督促你们耕田，勉励你们栽种，督促你们收获，早早煮茧抽丝，早点儿纺好你们的线，抚养你们的小孩，喂养好你们的鸡和猪。'小吏敲鼓聚集百姓，打着梆子召唤民众。我们这些小民停下吃早饭和晚饭去慰劳那些当差的，尚且没有空闲，又靠什么繁衍我们的生命，安定我们的生活呢？所以民众困苦疲倦。像这样的官吏，与我同行业的人大概有相似之处吧？"

询问的人说："这不也很好嘛！我问种树的方法，得到了治理民众的方法。"我为此事作传，把它作为官员们的借鉴。

种树专业户的秘诀

《种树郭橐驼传》创作于柳宗元早年在长安任职期间，也就是他参加永贞革新的前两年。柳宗元当时担任监察御史里行，即实习御史。

这篇文章可以看作柳宗元参加永贞革新的先声。

郭橐驼虽然身体不健康，是个驼背，但是性情豁达，大家给他起外号，他也不见怪，反而欣然赞同，觉得非常恰当，从此也以郭橐驼自称。

郭橐驼的职业是种树。虽然听起来很普通，但是这样一个普通的职业，郭橐驼却把它做到了极致：他种的树生命力顽强，移植了也能活，结的果子多。很多人争相模仿，却谁也不能超过他。郭橐驼这样一个普通甚至有点儿难看的形象，顿时在读者心目中高大了起来。

郭橐驼种树的秘诀就是尊重树木的本性，按照树木的自然特点让它自由生长，不过多关注，也不过于束缚。

郭橐驼不但树种得好，还很有见识。他在回答别人问题的时候，讲到了做官治民。那些要对百姓生活无限关心的官老爷，带给百姓的却是更加沉重的负担。百姓也和那些树一样，只是期盼一个自由生长的环境罢了。

这篇文章是传记，但并不是关于郭橐驼的传记，而是借郭橐驼之口，传达柳宗元关于治理百姓的观点，这个观点其实是老庄学派的无为而治，顺其自然。

《庄子》中描写的人物，不是单足，就是失去双足，有的则是具有特殊技能的匠人：庖丁解牛，运斤成风的匠人等。柳宗元写的郭橐驼，可以说集二者之大成，郭橐驼身体残疾，却有种树的绝活，这个人物让整篇文章简洁生动，起到了委婉多讽的作用。

在这篇文章背后，隐藏的却是那个一心探索治国为民宗旨的柳宗元。

柳宗元·《愚溪诗序》

灌水之阳①有溪焉，东流入于潇水②。或曰："冉氏尝居也，故姓是溪为冉溪。"或曰："可以染也，名之以其能，故谓之染溪。"予以愚触罪，谪潇水上。爱是溪，入二三里，得其尤绝者家焉。古有愚公谷③，今余家是溪，而名莫能定，土之居者犹龂龂然④，不可以不更也，故更之为"愚溪"。

① 灌水：现在的灌江，是湘江支流，位于广西壮族自治区东北。阳：
　　山之南，水之北。
② 潇水：位于今湖南省道北县。
③ 愚公谷：在今山东省淄博市北。
④ 龂龂然：争论的样子。

愚溪之上，买小丘，为愚丘。自愚丘东北行六十步，得泉焉，又买居之，为愚泉。愚泉凡六穴，皆出山下平地，盖上出也。合流屈曲而南，为愚沟。遂负土累石，塞其隘，为愚池。愚池之东为愚堂，其南为愚亭，池之中为愚岛。嘉木异石错置①，皆山水之奇者，以余故，咸以"愚"辱焉。

① 错置：杂然罗列。

夫水，智者乐也。今是溪独见辱于"愚"，何哉？盖其流甚下，不可以灌溉；又峻急，多坻①石，大舟不可入也；幽邃浅狭，蛟龙不屑，不能兴云雨。无以利世，而适类于余，然则虽辱而愚之，可也。

① 坻：水中面积较小的陆地。

宁武子^①"邦无道则愚"，智而为愚者也；颜子^②"终日不违如愚"，睿而为愚者也。皆不得为真愚。今余遭有道而违于理，悖于事，故凡为愚者莫我若也夫。然则天下莫能争是溪，余得专而名焉。

① 宁武子：春秋时期卫国大夫，名字是宁愈，谥号"武"。

② 颜子：指颜回，是孔子的学生。

溪虽莫利于世，而善鉴万类^①，清莹秀澈，锵鸣金石，能使愚者喜笑眷慕，乐而不能去也。余虽不合于俗，亦颇以文墨^②自慰，漱涤万物，牢笼^③百态，而无所避之。以愚辞歌愚溪，则茫然而不违，昏然而同归，超鸿蒙^④，混希夷^⑤，寂寥而莫我知也。于是作《八愚诗》，纪于溪石上。

① 万类：万物。

② 文墨：指作文，写作。

③ 牢笼：归纳，综合。

④ 鸿蒙：指天地形成之前的混沌状态。

⑤ 希夷：道家所指的虚寂玄妙、无声无色的境界。

译文

　　灌水的北边有一条小溪，向东流进潇水。有人说："那是冉家人曾经居住的地方，所以这条小溪叫冉溪。"还有的人说："溪水可以染色，以它的功能命名，所以叫染溪。"我因为愚笨而犯罪，被贬谪于潇水。我喜爱这条小溪，沿着溪水走二三里，找到一个风景绝美的地方安家。古时候有愚公谷，现在我以这条小溪旁为家，但是小溪的名字却没人确定，住在这里的人还在争论不休，不能不为小溪更名，所以为小溪改名为"愚溪"。

　　我在愚溪上方买了一个小丘，命名为愚丘。从愚丘往东北方行走六十步，发现一个泉眼，我又买下来，命名为愚泉。愚泉一共有六处泉眼，都出自山下的平地，泉水都是上涌的。泉水汇聚之后弯曲着向南流去，那流过的地方就是愚沟。于是运土堆石，堵住水流狭隘的地方，修成了愚池。愚池的东面修建了愚堂。愚池的南面修建了愚亭。愚池之中是愚岛。茂盛的树木和奇异的石头杂陈排列，都是山水中奇异的景色，因为我的原因，都因"愚"字蒙受屈辱。

　　水，是智慧的人喜欢的。现在唯独这条小溪被愚字辱没，为什么呢？因为这条小溪水流很低，不能用于灌溉农田。水流湍急又有很多小洲，大船不能在水中航行。溪水深远狭窄，蛟龙不屑一顾，不能在此兴云作雨，没有办法有利于世人，然而恰好和我相似。所以虽然小溪为愚字受辱，也是可以的。

　　宁武子曾经说"在国家动乱时就显得很愚蠢"，那是智者扮作愚者罢了；颜回说"整天提不出不同看法好像很愚笨"，是睿智的人表现得愚笨罢了。他们都不是真正的愚者。现在我正逢盛世，所作所为有悖于事理，所以凡是愚者，没有比得上我愚笨的了。因此，天下没有人能和我争这条小溪，我可以独占它并给它命名了。

　　这条小溪虽然对世人没有什么好处，然而能照出自然界的万物，溪水如玉，晶莹清澈，水流声好像金石铿锵作响，能让愚笨的人欢喜爱慕，喜爱它而不忍心离开。我虽然不合乎世俗，也还很会写文章安慰自己，我笔下万物如同洗涤过，概括世间百态，万物没有什么能逃过我笔端。用愚笨的歌辞歌唱愚溪，虽然内心茫然，却与愚溪合为一体，昏昏然而与愚溪同归，超脱天地尘世，融入玄虚静寂的境界，在寂静空阔中忘记了自己的存在。于是我写了《八愚诗》，刻在愚溪边的石头上。

清莹秀澈，锵鸣金石，何愚之有

《愚溪诗序》创作于唐宪宗元和五年（810 年）。柳宗元被贬到永州担任司马已经有五年，永贞革新的领头人——王叔文已经被处死，他的母亲也因病去世，柳宗元本人还是各路人马攻击、诽谤的靶子。

正在这时，柳宗元在郊外发现了冉溪，在这里结庐而居，并把冉溪改名为"愚溪"。他写了《八愚诗》，这篇文章就是写给《八愚诗》的序言。

柳宗元在文章第一段写了冉溪的地理位置，特别是名字来历，并且着重说明因为自己被贬居住在这里，所以按照愚公谷名字的来历，将冉溪改名为"愚溪"。

在文章中，柳宗元还提到了两个人：宁武子和颜渊。

宁武子"在国家动乱时就显得很愚蠢"，是聪明人故意装糊涂。颜子"成天不提不同的见解，像是很愚笨"，也是明智的人故意表现得很愚笨。他们都不是真正的愚笨。如今，我在政治清明时却做出与事理相悖的事情，所以再没有像我这么愚蠢的人了。因此，天下人谁也不能和我争这条溪水，我有给它命名的权力。

柳宗元认为，愚溪之所以命名为愚溪，是对世人没有什么用处，好像自己一样。但马上，他用宁武子和颜渊的例子说明，不过是大智若愚。自己总是不合潮流，虽然貌似愚蠢，但其实是坚持原则。所以自己的这股子"愚"劲儿和愚溪何其相似！

在柳宗元的笔下，愚溪顺应自然，它清澈见底，溪流叮咚，让人见之爱慕。而自己虽然不合世俗，却用手中的一支笔，创造出一个圆满的审美世界。所以柳宗元歌颂愚溪，自有一种亲切感。这也是他创作《八愚诗》的由来。

　　这篇文章文字简洁，饱含柳宗元内心的剖白，是一份沉甸甸、充满真情的文字。这篇写景文，其实是托物言志，富有深意。柳宗元感叹愚溪这样的美景无人赏识，其实何尝不是对自己仕途坎坷、无人赞赏的暗自叹息？

　　这篇文章也是非常优美的写景文，柳宗元好像一个高超的摄影师，把愚溪八景的位置、距离都说得清清楚楚，特别具有空间感。议论、叙事、抒情有机结合。

　　柳宗元的一生好像绚烂的烟花，璀璨而短暂。但他从未因为仕途不顺而怨天尤人，反而在文学史上留下了属于自己的光辉印记。柳宗元的文学成就在中唐时期乃至整个古代文学史中都不可忽略，他和韩愈并称"韩柳"，和刘禹锡并称"刘柳"，和王维、孟浩然、韦应物并称"王孟韦柳"。

　　苏轼曾经这样赞誉柳宗元的作品："所贵乎枯谈者，谓其外枯而中膏，似淡而实美，渊明、子厚之流是也。"

　　和韩愈相比较，同样是仕途失意，韩愈情绪更加激烈、直白，柳宗元更加含蓄内敛。打个比方，如果韩愈像一座火山，有了想法一定是不吐不快，那么柳宗元就是一条大河，静水深流。必须走近他，仔细品味，才能得其三昧。

陆
—
〇

宋文

在宋代，科举制度发展完备，却对文人思想造成了更多的束缚。散文中的"古文"在宋代获得了长足发展。"唐宋八大家"中的六位都出自宋代。北宋一代文坛领袖欧阳修，诗、词、文、书、画都取得很高成就的苏轼，还有改革家王安石，他们的文章都带有深刻的思想性和个人风采。

李格非·书《洛阳名园记》后

luò yáng chǔ tiān xià zhī zhōng xié xiáo méng zhī zǔ dāng qín lǒng zhī jīn
洛阳处天下之中，挟殽、黾①之阻，当秦②、陇③之襟
hóu ér zhào wèi zhī zǒu jí gài sì fāng bì zhēng zhī dì yě tiān xià dāng wú shì zé
喉，而赵、魏④之走集，盖四方必争之地也。天下当无事则
yǐ yǒu shì zé luò yáng xiān shòu bīng yú gù cháng yuē luò yáng zhī shèng shuāi tiān xià
已，有事则洛阳先受兵。予故尝曰："洛阳之盛衰，天下
zhì luàn zhī hòu yě
治乱之候也。"

① 殽、黾：殽通"崤"，崤山，在今河南洛宁北。黾：黾隘，古隘道名，
即今河南信阳西南的平靖关。
② 秦：今陕西省一带。
③ 陇：今陕西西部及甘肃一带。
④ 赵、魏：战国七雄中的两个国家。赵：指今山西、陕西、河北一带。
魏：指今河南北部、山西西南部一带。

táng zhēn guān kāi yuán zhī jiān gōng qīng guì qì kāi guǎn liè dì yú dōng dū zhě hào
唐贞观、开元①之间，公卿贵戚开馆列第于东都者，号
qiān yǒu yú dǐ jí qí luàn lí jì yǐ wǔ jì zhī kù qí chí táng zhú shù bīng chē
千有馀邸。及其乱离，继以五季②之酷，其池塘竹树，兵车
róu cù fèi ér wéi qiū xū gāo tíng dà xiè yān huǒ fén liáo huà ér wéi huī jìn yǔ
蹂蹴，废而为丘墟，高亭大榭，烟火焚燎，化而为灰烬，与
táng gòng miè ér jù wáng wú yú chù yǐ yú gù cháng yuē yuán yòu zhī xīng fèi luò
唐共灭而俱亡，无余处矣。予故尝曰："园囿之兴废，洛
yáng shèng shuāi zhī hòu yě
阳盛衰之候③也。"

① 贞观：唐太宗的年号；开元：唐玄宗的年号。
② 五季：指历史上的五代时期。
③ 候：预兆。

qiě tiān xià zhī zhì luàn hòu yú luò yáng zhī shèng shuāi ér zhī luò yáng zhī shèng shuāi
且天下之治乱，候于洛阳之盛衰而知；洛阳之盛衰，
hòu yú yuán yòu zhī xīng fèi ér dé zé míng yuán jì zhī zuò yú qǐ tú rán zāi
候于园囿①之兴废而得。则《名园记》之作，予岂徒然哉？

呜呼！公卿②大夫方进于朝，放乎一己之私，自为之，而忘天下之治忽③，欲退享此乐，得乎？唐之末路是矣！

① 园囿：养有鸟兽的皇家花园。

② 公卿：古代高官，是"三公九卿"的简称。

③ 治忽：治世和乱世。

译文

洛阳位于天下正中，拥有崤山、黾池的天然险阻，位于秦地、陇地的咽喉要地，是赵国和魏国的交通要地，是诸侯必争的地方。天下没有战乱就罢了，一旦发生战争，那么洛阳一定会首先遭受兵祸。因此我曾经说："洛阳的盛衰，就是天下是治世还是乱世的征兆。"

正当唐朝贞观、开元盛世时，王公大臣、皇亲国戚在东都洛阳营建公馆府邸的人，号称有一千多家。等到唐朝发生动乱离散，再加上五代的残酷毁坏，那些池塘、翠竹、树木都被兵车践踏，成为废墟。亭台楼阁，被烟火焚烧，化为灰烬，和唐朝一起灭亡，没有遗留一处。所以我曾经说："园林馆阁的荒废和兴盛，就是洛阳衰败和兴盛的征兆啊。"

况且天下是治世还是乱世，从洛阳的兴盛或衰败就可以得知；洛阳的兴盛和衰败，从园林馆阁的兴盛和荒废就可以得知。那么，我难道还是白白创作《名园记》吗？

唉！士大夫刚被朝廷提拔任用，放任自己的私欲任意妄为，却忘记了天下的治世和乱世，想要归隐后享受这园林乐趣，可以吗？唐朝的穷途末路就是这样了。

风流总被雨打风吹去

《书〈洛阳名园记〉后》的作者李格非，字文叔，齐州章丘（今山东济南）人，是北宋文学家。他还有一个更加著名的身份——天下第一才女、女词人李清照的父亲。

李格非曾经在诗歌中作序写道，"父祖皆出韩公门下"，这里说的"韩公"，就是北宋学士韩琦。宋神宗熙宁九年（1076年），李格非中进士。在宋哲宗元祐元年（1086年），李格非曾经担任太学录，也就是宋朝太学的学官。六年后，李格非因为写得一手好文章被北宋文坛领袖苏轼收为学生，成为苏门"后四学士"之一。这一年的十月，宋哲宗驾幸太学，李格非奉命撰写了《元祐六年十月哲宗幸太学君臣唱和诗碑》。

在当时，所有的北宋出仕的文人都面临着两难选择——那就是新旧党争。绍圣元年（1094年），章惇担任相国，他是新党代表人物。章惇组织汇编元祐诸臣章疏，召李格非为检讨。但是李格非拒不就职，因此得罪了相国，被贬为广信军（今河北徐水遂城西）通判。

两年后，李格非被召为校书郎，正是此时，他创作了流传千年的著名文章——《洛阳名园记》。

但伴随着新旧党争愈演愈烈，像李格非这样泾渭分明、立场分明的人始终难以独善其身。宋徽宗崇宁元年（1102年），李格非又被列为"元祐党"，就此被罢官，最终只能带着家眷返回原籍。

五年后，元祐党人又被集体赦免，李格非被任命为"监庙"，其实就是一个空职，他仍然被勒令不得到京师。

李格非那些凝聚心血的著作，历经千年，仍然流传于世。《洛阳名园记》就是其中的优秀代表。

《书〈洛阳名园记〉后》是《洛阳名园记》的跋记。

文章开头第一段分析了洛阳的重要战略位置，这一段文字很有战略眼光，从秦并天下说起，阐述了千年之前洛阳就已经是非常重要的战略要地了。作为《洛阳名园记》的跋文，开头却是典型的政论文，完全超越了读者的期待。

李格非认为，洛阳是全国的战略要地，所以正当盛世，是皇亲国戚的聚集之地，而一旦战火燃起，那么洛阳又成为兵家必争之地，亭台楼阁化为灰烬，所以，洛阳的亭台楼阁就是社会兴盛或者动乱的标志。这个发现其实是非常有思想的。李格非能够从洛阳城的亭台楼阁想到朝代更替，这是一种更高的概括和发现。

在文章结尾，李格非写明了自己创作《洛阳名园记》的出发点：那就是从洛阳名园看到天下兴废，提醒当朝大员，不要只顾享受园林之乐，反而忘记了唐朝变乱的前车之鉴。

为什么洛阳园林会和唐朝联系在一起？因为当时李格非曾经亲自游历洛阳园林十九处，发现这些园林都是利用唐代废弃的园林遗址修建的。这些不会说话的建筑，从时间点上串起了唐、宋两朝，让李格非感慨良多。

这篇散文也是一篇饱含忧患意识的政论文。李格非希望能够告诫那些高高在上的公卿大夫，不要耽于享乐，要看到国家的危机。

借洛阳言说国家兴亡，并非李格非独创。北朝杨炫之的《洛阳伽蓝记》，就是借洛阳寺庙兴废寄托对于故国的哀悼。不过，杨炫之是面对被战火摧残的寺庙哀悼故国，而李格非是面对着欣欣向荣的洛阳园林，警告即将到来的危机。

这篇文章从洛阳园林说国家兴衰，是由小及大，但结构上是从大到小：先说洛阳的重要战略位置，再说洛阳园林和洛阳的兴废关系，最后点出对公卿大夫的告诫。文章饱含忧思，逻辑严密，语言干脆利落，是一篇非常好的政论文。

就在李格非写作这篇文章二十多年后，北宋灭亡，洛阳陷落，那些被李格非记录过的洛阳名园，也都在战火中灰飞烟灭。

李格非预言成真。据说后来很多南宋人读了这篇文章，都痛哭流涕。

范仲淹·《岳阳楼记》

qìng lì sì nián chūn　　 téng zǐ jīng　　 zhé shǒu bā líng jùn　　　yuè míng nián　　 zhèng tōng rén
庆历四年①春，滕子京②谪守巴陵郡③。越明年，政通人

hé　 bǎi fèi jù xīng　　　　 nǎi chóng xiū yuè yáng lóu　　 zēng qí jiù zhì　　　 kè táng xián　　 jīn rén
和，百废具兴④。乃重修岳阳楼，增其旧制⑤，刻唐贤、今人

shī fù yú qí shàng　　 zhǔ　yú zuò wén yǐ jì zhī
诗赋于其上，属⑥予作文以记之。

① 庆历四年：1044 年。庆历是宋仁宗年号。

② 滕子京：名宗谅，字子京，是范仲淹的朋友。

③ 巴陵郡：即岳州。

④ 百废具兴:各种荒废的事业都创办兴盛了。百:虚指，形容很多。具:

　　通"俱"，全，都。

⑤ 制：规模。

⑥ 属：通"嘱"，托付。

yú guān fú　　 bā líng shèng zhuàng　　　 zài dòng tíng yì hú　　 xián yuǎn shān　　 tūn cháng jiāng
予观夫①巴陵胜 状，在洞庭一湖。衔远山，吞长江，

hào hào shāng shāng②　　 héng wú jì yá　　 zhāo huī xī yīn　　 qì xiàng wàn qiān　　 cǐ zé yuè yáng lóu
浩浩汤 汤②，横无际涯；朝晖夕阴，气象万千。此则岳阳楼

zhī dà guān yě　　 qián rén zhī shù bèi yǐ　　 rán zé běi tōng wū xiá　　 nán jí xiāo xiāng　　 qiān kè
之大观也，前人之述备矣。然则北通巫峡，南极潇湘③，迁客

sāo rén④　　 duō huì yú cǐ　　 lǎn wù zhī qíng　　 dé wú yì hū
骚人④，多会于此，览物之情，得无异乎？

① 夫：那。

② 浩浩汤汤：水波浩浩荡荡广大的样子。

③ 潇湘：指潇水和湘水。

④ 骚人：诗人。后人因屈原的《离骚》，将诗人称为骚人。

ruò fú①　 yín yǔ fēi fēi　　 lián yuè bù kāi　　 yīn fēng nù háo　　 zhuó làng pái kōng　　 rì
若夫①淫雨霏霏，连月不开，阴风怒号，浊浪排空；日

xīng yǐn yào　　 shān yuè qián xíng　　 shāng lǚ bù xíng　　 qiáng qīng jí cuī　　 bó mù míng míng　　 hǔ
星隐曜，山岳潜形；商旅不行，樯倾楫摧②；薄暮冥冥，虎

xiào yuán tí　　 dēng sī lóu yě　　 zé yǒu qù guó huái xiāng　　 yōu chán wèi jī　　 mǎn mù xiāo rán
啸猿啼。登斯楼也，则有去国怀乡，忧谗畏讥，满目萧然，

gǎn jí ér bēi zhě yǐ
感极而悲者矣。

① 若夫：在一段话开头引起下文。

② 樯倾楫摧：（船上）桅杆倒了，船桨折断。樯：桅杆。楫：船桨。

zhì ruò chūn hé jǐng míng　　bō lán bù jīng　　shàng xià tiān guāng　　yí bì wàn qǐng　　shā
至若春和景明，波澜不惊；上下天光，一碧万顷；沙
ōu xiáng jí　　jǐn lín yóu yǒng　　àn zhǐ tīng lán①　　yù yù qīng qīng　　ér huò cháng yān yì
鸥翔集，锦鳞游泳；岸芷汀兰①，郁郁青青。而或长烟一
kōng　　hào yuè qiān lǐ　　fú guāng yào jīn　　jìng yǐng chén bì②　　yú gē hù dá　　cǐ lè hé
空，皓月千里，浮光耀金，静影沉璧②，渔歌互答，此乐何
jí　　dēng sī lóu yě　　zé yǒu xīn kuàng shén yí　　chǒng rǔ jiē wàng　　bǎ jiǔ lín fēng　　qí
极！登斯楼也，则有心旷神怡，宠辱皆忘，把酒临风，其
xǐ yáng yáng zhě yǐ
喜洋洋者矣。

① 芷：香草名。汀：小洲，水流边的平地。

② 璧：圆形的玉，中间有孔。

jiē fú①　　yú cháng qiú gǔ rén rén zhī xīn②　　huò yì èr zhě zhī wèi　　hé zāi
嗟夫①！予尝求古仁人之心②，或异二者之为。何哉？
bù yǐ wù xǐ　　bù yǐ jǐ bēi　　jū miào táng③ zhī gāo　　zé yǒu qí mín　　chǔ jiāng hú zhī
不以物喜，不以己悲。居庙堂③之高，则忧其民；处江湖之
yuǎn　　zé yǒu qí jūn　　shì jìn yì yōu　　tuì yì yōu　　rán zé hé shí ér lè yé　　qí bì
远，则忧其君。是进亦忧，退亦忧。然则何时而乐耶？其必
yuē　　xiān tiān xià zhī yōu ér yōu　　hòu tiān xià zhī lè ér lè　　yú　　wēi④ sī rén
曰"先天下之忧而忧，后天下之乐而乐"欤。噫！微④斯人，
wú shuí yǔ guī
吾谁与归？

shí liù nián jiǔ yuè shí wǔ rì
时六年九月十五日。

① 嗟夫：唉，表示感叹的语气词。

② 古仁人：古时候品德美好高尚的人。心：思想。

③ 庙堂：指朝廷。庙：宗庙。堂：殿堂。

④ 微：如果不是。

译文

庆历四年的春天，滕子京被贬到岳州担任知州。第二年，岳州政事顺利，百姓生活安乐，各种荒废的事业都创办兴盛起来，于是他便重新修建岳阳楼，扩大了岳阳楼原本的规模，将唐代和当代名人的诗赋刻在上面，嘱托我写一篇文章来记述这件事情。

我看那巴陵郡的好景色，都在洞庭湖。洞庭湖迎着远处高山，吞吐长江之水，宽阔没有边际，清晨阳光灿烂，傍晚暮霭萦回，景象万千，这就是岳阳楼的雄伟景色。前人对此记述已经很详细完备了。然而，洞庭湖北面直通巫峡，南面连接潇水和湘水，被贬谪的官员和诗人大多聚集于此，他们看到自然景物引发的情感，怎么能不因景物不同而有所不同呢？

像那连绵细雨纷繁不断，整月天都不晴，在阴冷的水面上，狂风怒吼，浑浊的波浪直击高空，太阳和星星都隐藏了光芒，高山也隐去了踪迹，商人旅客无法前行，船上桅杆倒下、船桨折断，傍晚时天色昏暗，传来老虎的吼声和猿猴的哀鸣。此时登上这座楼，就会产生离开都城，心念故乡，担心诽谤，害怕被批评指责的心情，满目都是凄凉冷落之景，感慨到了极点从而非常悲伤。

至于到了春天天气暖和、阳光普照的日子，洞庭湖风平浪静，湖水和远天光芒相交，一片碧绿广阔无垠，沙鸥有时候飞翔，有时候停歇，美丽的鱼儿在湖水中游泳，岸上的芷草和小洲上的兰花生长茂盛，香气浓郁，青翠欲滴。有时候湖面上的大片烟雾完全消散，皎洁的月光照耀千里，湖水波动，水面上的月光闪耀着金色，湖水平静时，明月好像玉璧沉入湖水，渔夫的歌声一唱一和，这样的乐趣怎么会有穷尽！此时登上这座楼，就会心情开朗，充满愉悦，忘记了荣耀和屈辱，端起酒杯面对着和风，那真是高兴极了。

　　唉！我曾经探究古代品德高尚者的思想，或许和以上两种心情不同。这是为什么呢？他们不因为外物好坏和个人得失而或喜或悲，在朝中为官就担心百姓生活不富足，身处偏远的地方就担心君主不圣明。这样，他们在朝为官也担心，退而远在江湖也担心。那么他们什么时候才能快乐呢？他们一定会说："在天下人忧愁之前先忧愁，在天下人享乐之后再享乐。"唉！如果没有这样的人，我将和谁一道呢？

　　写于庆历六年九月十五日。

超脱悲喜存在的千古名楼

《岳阳楼记》是我们耳熟能详的宋代古文名篇。

这篇文章的作者是北宋著名的政治家、文学家——范仲淹。

范仲淹小时候家里很穷，但他立志求学。于是，他到寺庙里去读书。冬天吃不饱饭，他就每天煮一锅稀粥，放到外面冻起来。趁着稀粥半凝固的状态分成几份，每顿饭吃一份。

宋太宗端拱二年（989年）八月，范仲淹在徐州节度掌书记官舍出生，年仅两岁时，父亲就因病在任所去世。母亲谢氏迫于生计，只能带着范仲淹改嫁淄州长山（今山东邹平）人朱文翰，范仲淹也改名为朱说。

二十一年后，范仲淹得知了自己的身世。他辞别母亲，前往南都应天府（今河南商丘）求学，他的老师是戚同文。戚同文是五代到北宋初年著名的教育家。范仲淹正是在这里通达儒家经典，并且立下了兼济天下的宏伟抱负。

大中祥符八年（1015年），范仲淹以"朱说"之名，考中乙科第九十七名。他被任命为广德军司理参军，就接母亲到自己这里奉养。

从此，范仲淹廉洁清正的声望远近闻名，他被升为文林郎，集庆军节度推官。也是在这里，他恢复了范仲淹的名字。

他遇到的困境越来越多，即便是身居高位，也因为耿直而屡遭贬黜。庆历三年（1043年），范仲淹被拜为参知政事。经过宋仁宗人事调整，范仲淹、富弼、韩琦同时执政，欧阳修等人为谏官，朝廷风气为之一变。虽然庆历新政很快失败了，但是范仲淹心忧天下的努力却值得所有人尊敬。

范仲淹的朋友梅尧臣作文《灵乌赋》，劝他少管闲事。范仲淹也回作《乌灵赋》，他说自己"宁鸣而死，不默而生"。

《岳阳楼记》这篇文章创作于庆历六年。范仲淹领导的庆历新政在一年后失败，他被贬放河南邓州。

这篇描写岳阳楼的文章，是在邓州所写。滕子京是范仲淹的朋友，被贬官到岳州。他做了三件政绩工程，希望获得朝廷谅解。重修岳阳楼就是其中之一。滕子京赠送给朋友范仲淹《洞庭晚秋图》，请他写《岳阳楼记》，以扩大这项工程的知名度。

在作者生动描绘了"悲""喜"两种极端的情绪之后，在文章最后一段说明了自己的内心追求：追慕"古仁人"的做法。这些古时候品德高尚的人，不会因为外物影响自己的情绪，因为他们的内心追求是坚定不移的——"居庙堂之高则忧其民，处江湖之远则忧其君"。你无论何时都心念国家，那你什么时候才能快乐呢？

范仲淹用那句千古名句给出了回答："先天下之忧而忧，后天下之乐而乐。"

这是全文主旨，也是最让人感动的地方。因为这是范仲淹借游览岳阳楼，回顾自己为国奔走，多次遭到贬谪，对所有人做出的响亮回答。

这篇文章借描写岳阳楼，抒发的其实是范仲淹的一片报国之志、爱国之情。文章中有叙述，有抒情，有议论，每一处都是动人的。文章动静相生，文辞简约，又有排偶句法描写出景物对比，具有高超的文学水平。范仲淹文学功底深厚，很多四言对偶句读起来朗朗上口，如"日星隐曜，山岳潜形"，"长烟一空，皓月千里；浮光跃金，静影沉璧"。这些句子为文章增色不少，值得细细品读。

然而最高超处还是整篇文章的布局和立意。范仲淹在文章中没有表现出一般被贬谪文人的伤春悲秋、愤懑不平，更多的是坚定不变的信念和宏伟远大的理想。正是这样强大的精神力量，支撑着他成为一代伟大的政治家。

　　这也是值得我们所有人去学习和追求的。我们欣赏《岳阳楼记》的优美华章，我们更追慕范仲淹的强大人格力量。

　　岳阳楼在范仲淹笔下成为超脱悲喜之外的存在，因为从这里，范仲淹看到了远大的理想并为之坚定信念！

欧阳修·《五代史伶官①传序》

　　呜呼！盛衰之理，虽曰天命，岂非人事哉？原庄宗②之所以得天下，与其所以失之者，可以知之矣。

　　世言晋王③之将终也，以三矢赐庄宗而告之曰："梁④，吾仇也；燕王⑤，吾所立；契丹与吾约为兄弟，而皆背晋以归梁。此三者，吾遗恨也。与尔三矢，尔其无忘乃父之志！"庄宗受而藏之于庙，其后用兵，则遣从事以一少牢⑥告庙，请其矢，盛以锦囊，负而前驱，及凯旋而纳之。

① 伶官：宫廷里的乐官和有官职的艺人。

② 庄宗：指后唐君主庄宗李存勖。

③ 晋王：西域突厥族沙陀部酋长李克用，唐朝命令李克用镇压黄巢起义，后被唐朝封为晋王。

④ 梁：朱温叛变黄巢起义部队后，被唐朝封为梁王，后来开创后梁。

⑤ 燕王：指燕王刘守光。

⑥ 少牢：祭祀时用一只猪，一只羊。

　　方其系燕父子以组①，函梁君臣之首，入于太庙，还矢先王②，而告以成功，其意气之盛，可谓壮哉！及仇雠③已灭，天下已定，一夫夜呼，乱者四应，仓皇东出，未见贼而士卒离散。君臣相顾，不知所归，至于誓天断发，泣下沾襟，何其衰也！岂得之难而失之易欤④？抑本其成败之迹，而皆自于人欤？

《书》^⑤曰："满招损，谦得益。"忧劳可以兴国，逸豫可以亡身，自然之理也。故方其盛也，举^⑥天下之豪杰莫能与之争；及其衰也，数十伶人困之，而身死国灭，为天下笑。夫祸患常积于忽微^⑦，而智勇多困于所溺，岂独伶人也哉！

① 组：绳子。

② 先王：指李存勖的父亲晋王李克用。

③ 仇雠：仇人。

④ 欤：难道。

⑤ 《书》：指《尚书》。

⑥ 举：全，全部。

⑦ 忽微：形容非常微小的事情。寸的十万分之一是忽，寸的百万分之一是微。

译文

　　唉！国家兴亡的道理，虽然是天命，难道与人为无关吗？追究后唐庄宗之所以得到天下，和他失去天下的原因，就可以知道这个道理了。

　　世人传说晋王李克用快去世时，将三支箭赐给庄宗并告诉他："梁是我的仇人；燕王刘仁恭是我扶立的；契丹和我约定互为兄弟，但是他们都背叛了我而归附梁。这三件事是我临终前的遗恨。赐给你三支箭，你不要忘了你父亲复仇的志向！"庄宗接受了这三支箭并将箭收藏在宗庙中。此后每逢打仗，庄宗就派一个随从用一猪一羊祭祀宗庙，请出那三支箭，用锦囊收藏，背着它冲锋陷阵，等到凯旋就将这三支箭送回宗庙。

　　当庄宗用绳索捆绑着燕王父子，用木匣盛放着梁王君臣的首级，进入太庙，将三支箭还于先王李克用灵位前，禀报先王自己复仇成功时，他意气风发，可以说是气势雄壮啊！等到剿灭了仇敌，平定了天下，一个人在夜里呼叫，叛乱的人在四方呼应，庄宗惊慌失措向东出逃，还未见到叛贼，士兵就已经四散逃亡，君臣面面相觑，不知道该去哪里。以至于对天发誓剪断了头发，眼泪湿润了衣襟，这是何等衰落！难道是得到天下难而失去天下比较容易吗？还是说考究他成功和失败的事迹，都是因为他个人的原因呢？

　　《尚书》上说："自满导致损失，谦虚使人受益。"忧心和勤勉可以让国家兴旺，贪图享受能够断送自身，这是自然而然的道理。所以当庄宗强盛时，全天下的豪杰英雄，没有人能和他竞争；等到庄宗衰败时，几十个伶人围困他，就让他身死国亡，成为天下人的笑柄。祸害经常在细枝末节处积累，智勇双全的人大多为溺爱的人或事困扰，难道仅仅是伶人这样吗！

多米诺骨牌在转向

《五代史伶官传序》是欧阳修创作的一篇史论，也是千年以来被后人口口相传的名篇。

这篇文章的作者欧阳修，字永叔，号醉翁，晚号六一居士。他不但是北宋政治家，更是著名文学家、文坛领袖。欧阳修领导了北宋诗文革新运动，是"唐宋八大家"之一，又和韩愈、柳宗元、苏轼被后人合称为"千古文章四大家"。就是在史学方面，欧阳修也颇有造诣，曾经主持编撰《新唐书》，还独自撰写了《新五代史》。欧阳修历经三朝，专业横跨多个领域，而且都很成功，在历史上留下了浓墨重彩的一笔。

北宋景德四年（1007 年）六月二十一日，欧阳修出生于绵州（今四川绵阳），四年后，他的父亲欧阳观就去世了。四岁的欧阳修和母亲相依为命，不得不前往湖北随州投奔叔叔欧阳晔。欧阳晔当时是随州推官，为官清正，为年幼的欧阳修的成长树立了很好的人生榜样。

欧阳修的母亲郑氏出身名门望族，具有一定的文化修养、眼界见识，因为家境贫困，她就用荻秆（芦秆）当笔，在沙地上教欧阳修读书写字。

欧阳修十岁时，因为一个偶然的机会从当时随州的大户人家——李家那里得到了韩愈的《昌黎先生文集》六卷。欧阳修手不释卷，每天诵读。

欧阳修十七岁参加科举考试落第，二十岁参加考试又再次落榜。但他并没有停止求学的脚步。二十二岁那年，欧阳修参加了开封府国子监考试。这年秋天，欧阳修参加了国子监解试，这次他扬眉吐气，接连在考试中获得第一名，成为监元和解元，又在第二年礼部省试中获得第一，成为省元。

天圣八年（1030 年），二十三岁的欧阳修在崇政殿参加了宋仁宗主持的殿试，获得第十四名，被列为二甲进士及第。当时的主考官，也是欧阳修的同乡晏殊后来回忆说，欧阳修没能得到第一名，主要是因为锋芒过露，各考官要挫一挫他的锐气，避免其过于志得意满，由此促使他成才。

欧阳修步入仕途之际，正是北宋由盛而衰的时期。社会矛盾日益尖锐，危机爆发，朝廷上改革派和保守派争斗不休。

欧阳修忧心忡忡，特别担心五代的历史再次重演。宋太祖时，薛居正曾经奉命修撰过《旧五代史》，但是这部史书烦琐失实。所以欧阳修就自己动手，修撰了七十四卷的《新五代史》。这篇《五代史伶官传序》，就是欧阳修对于五代时期后唐由盛转衰过程的具体分析。

欧阳修写道，庄宗不忘父亲的嘱托，兢兢业业的结果就是诛灭仇敌，天下平定。但是事情很快发生转折，就在所有人都认为天下太平的时候，一个人在夜里呼叫，军士哗变。这件事是突然发生的，结果也令人意想不到，那就是庄宗因为这件事情失去了所有。

这次兵变的主角皇甫晖，最初在后唐的魏州军中当兵，后被派去戍守瓦桥关。本来戍守期满，皇甫晖应该回到魏州，但是当大军行进到贝州的时候，又命令他在贝州屯田。皇甫晖虽然英勇善战，但本质上是个无赖。他晚上和其他士兵赌博，输光了钱，就和同伙发动了叛乱。魏州军士群起响应。

为什么一个无赖倡导叛乱居然有这么多人响应？根本原因在于那时的庄宗已经失政，人心散乱。贝州兵变，好像多米诺骨牌中倒下的第一张牌，很快引发了一系列连锁效应，最终导致庄宗兵败身死。变化都是潜移默化产生的，但是当多米诺骨牌倒下第一张的时候，整个事件都发生了质的转向。

欧阳修没有去纠结贝州兵变的具体原因，就是因为他已经看到了问题的本质，那就是作为励精图治的代表人物，庄宗职责何在？

在文章最后一段，欧阳修指出了庄宗命运转折的关键，就是那句老话——满招损，谦受益。不是那几个伶人厉害，而是他自己放弃了对自己的严格要求，沉溺在醉生梦死中，积累了无数祸患。

这篇史论文在开篇就提出了中心论点："盛衰之礼，虽曰天命，岂非人事哉？"这句反问是振聋发聩，催人警醒的。对于庄宗这一历史人物的选取，也是非常具有传奇色彩。欧阳修用简练的文字、纵横捭阖的气势叙述了庄宗复仇之路，又用先扬后抑的手法，通过盛衰对比，讲述了庄宗的身死名灭。这种反差对比，带给人强烈的震撼，也增强了对论点的说服力。

文章中有很多感叹句，可以看出是继承了《史记》笔法，于叙述、议论中夹杂着深沉的感慨。

清代沈德潜赞誉这篇文章是"抑扬顿挫，得《史记》精髓，《五代史》中第一篇文字"。

欧阳修·《醉翁亭记》

环滁①皆山也。其西南诸峰，林壑②尤美。望之蔚然而深秀者，琅琊也。山行六七里，渐闻水声潺潺，而泻出于两峰之间者，酿泉③也。峰回路转，有亭翼然临④于泉上者，醉翁亭也。作亭者谁？山之僧智仙也。名之者谁？太守自谓也。太守与客来饮于此，饮少辄醉，而年又最高，故自号曰醉翁也。醉翁之意⑤不在酒，在乎山水之间也。山水之乐，得之心而寓之酒也。

① 滁：滁州，在今安徽省东部。

② 林壑：有树林的山谷。

③ 酿泉：原名玻璃泉，在醉翁亭下。

④ 临：接近。

⑤ 意：指心思。

若夫日出而林霏开，云归而岩穴暝，晦明变化者，山间之朝暮也。野芳①发而幽香，佳木秀而繁阴，风霜高洁，水落而石出者，山间之四时也。朝而往，暮而归，四时之景不同，而乐亦无穷也。

① 芳：花草的香味，此处引申为花朵。

至于①负者歌于涂，行者休于树，前者呼，后者应，伛偻②提携③，往来而不绝者，滁人游也。临溪而渔，溪深而鱼肥，酿泉为酒，泉香而酒洌。山肴野蔌，杂然而前陈者，太守宴也。宴酣之乐，非丝非竹，射④者中，弈⑤者胜，觥筹交错，起坐而喧哗者，众宾欢也。苍颜白发，颓乎其中者，太守醉也。

① 至于：连词放在句首表示两段文章过渡。

② 伛偻：弯腰驼背的样子，指老人。

③ 提携：被大人领着走的孩子，这里指小孩。

④ 射：指投壶，古代士大夫宴饮时的投掷游戏。

⑤ 弈：下棋。

已而①夕阳在山，人影散乱，太守归而宾客从也。树林阴翳，鸣声上下，游人去而禽鸟乐也。然而禽鸟知山林之乐，而不知人之乐；人知从太守游而乐，而不知太守之乐其乐也。醉能同其乐，醒能述以文者，太守也。太守谓谁？庐陵②欧阳修也。

① 已而：接着，之后。

② 庐陵：古代郡名，宋代称为吉州，欧阳修是庐陵永丰人。

译文

　　环绕滁州的都是山。滁州西南的各个山峰，树林和山谷风景尤其优美，看上去那草木繁盛、幽深秀丽的，就是琅琊山。沿着山路前行六七里，逐渐听到潺潺的流水声，那从两个山峰之间流淌而出的，就是酿泉。山势回环，山路也随着转弯，有一座亭子四角翘起，好像鸟儿张开翅膀临近泉水之上，那是醉翁亭。是谁修建了醉翁亭呢？是琅琊山上的和尚智仙。为亭子命名的是谁？是太守用自己的别号来为亭子命名。太守和客人来这里饮酒，喝一点儿酒便会醉去，而年纪又最大，所以太守自号为"醉翁"。醉翁的心思不在饮酒，而在这山水之间。欣赏山水的乐趣，收获在心里而寄托于酒。

　　琅琊山日出后，山林中的雾气散去，白云聚拢而山里的洞穴昏暗，光线阴晴变化，就是山里的清晨和黄昏。野花绽放，发出幽幽香气，美好的树木开花结果，树枝浓密成荫，秋高气爽，霜色洁白，溪水回落露出石头，这是山中的四季美景。早上上山，晚上返回，一年四季景色不同，而快乐也是无穷的。

　　至于那背着东西的人在走路时唱歌，走路的人在树荫下休息，前面的人呼喊着，后面的人答应着，老人弯着腰行走，孩子被大人领着，往来不绝，是滁州人去山上游玩。来到溪水边钓鱼，溪水很深，鱼也很肥。用酿泉的水来酿酒，泉水甘甜、酒水清澈；用从山里抓获的鸟兽、野菜为菜肴，杂乱无章地摆放在前面的，就是太守的酒宴了。酒宴上尽情喝酒，那乐趣不是丝竹音乐，投壶的投中了，下棋的人下赢了，酒杯和酒筹交互错杂，起来和坐下大声喧哗的，是众位宾客快乐的样子。面容苍老，头发花白，醉醺醺地坐在宾客中间的人，是太守喝醉了。

　　不久，夕阳落到山边，人的影子纷乱，是游宴结束，宾客跟随着太守返回。树林的阴影遮盖，鸟儿在上下鸣叫，是游人回去后鸟儿在高兴地鸣叫。然而山间的鸟儿知道山林的乐趣，却不知道游人的乐趣；游人知道跟随太守在山间游玩的乐趣，却不知道太守以他们的乐趣为乐啊。醉了能和大家一起欢乐，醒了能用文章记述这件事情，就是太守。太守是谁呢？是庐陵人欧阳修。

醉翁之意在哪里?

庆历四年(1044 年),范仲淹等人推行的"庆历新政"开始了,欧阳修作为改革派的一员干将,推出了吏治改革、军事改革等主张。但在保守派的攻击下,庆历新政遭遇失败。第二年,范仲淹、富弼、韩琦等改革先锋先后被贬官,欧阳修上书分辩,被贬官到滁州。

对欧阳修而言,当年的改革同伴先后被贬,自己的发声无论结果如何,都是对理想的忠诚,对朋友的声援,哪怕被贬官,亦无怨无悔。

欧阳修在滁州为政"宽简",滁州因此被治理得政治清明,发展有序。《醉翁亭记》这篇文章创作于庆历五年,此时欧阳修已经被贬滁州两年。四十岁的欧阳修经常出游,徜徉于山水之间,《醉翁亭记》就创作于此时。

欧阳修在文章开头描写了醉翁亭的周围环境和名称来历。欧阳修自称太守,之所以将亭子命名为"醉翁亭",是因为他和朋友聚会,喝一点儿就醉了。年纪大,又容易喝醉,所以自号"醉翁"。但是欧阳修说自己因为在这里欣赏风景,所以有感于心,寄托在酒上。

其实,文章由此透露出欧阳修内心的不平静。虽然他在滁州两年,治理颇有政绩,但是欧阳修始终不能忘怀庆历新政的失败。失败并不可怕,可怕的是自己这一干人的失败将对大宋造成怎样的损失?大宋将往何处去?

然而焦虑如此,欧阳修却什么也不能做。他是滁州太守,所以只能尽力将滁州治理好,而将对于天下的担忧深深藏在心里。

文章第二段,欧阳修描写了醉翁亭旁边山林的景色,尤其是早晚明暗交替变化。野花、树木、秋风、霜露、水流、石头,好一派山林自然风光。

文章第三段，欧阳修写到了前来游玩的人。这一段文字非常生动，看看来的人有唱的、有坐的、有喊的、有答的，老人孩子，络绎不绝。大家来这里钓鱼，打泉水酿酒。太守也就是欧阳修摆开了酒宴，山野杂蔬，杂七杂八地排列着，参加宴会的人很开心，投壶、下棋、嬉笑哄闹。在这样热闹喧哗的场面中，欧阳修荡开一笔，写到了自己：苍颜白发，颓乎其中者，太守醉也。欧阳修的醉，让他成为热闹之外的那个人。旁边的人们越开心，越喧闹，越衬托出眼前太守的孤独、苦闷。那么欧阳修到底醉了吗？

在文章最后，欧阳修写到了结束游玩归去的情景。游人归去，醉翁亭又成了鸟儿的天堂。他写了两个不知：鸟儿不知游人之乐，游人不知太守之乐。那些让欧阳修为之悲伤、愤怒或担忧的事，他到底没有宣诸笔下，只是透露于字里行间。

这篇文章是古代文学史上不可多得的写景文，富有诗情画意，全文用一个"乐"字贯穿全篇。这篇文章有一句名言："醉翁之意不在酒，在乎山水之间也。"欧阳修将仕途坎坷寄情于山水之间，与民同乐，这其实是儒家正统思想的表现。

据说欧阳修开始创作这篇文章时，还抄写了六份贴到滁州城，开始写到"滁州四面皆山也，东有乌龙山，西有大半山，南有花山，北有白来山，其西南诸峰，林壑尤美……"当时滁州老百姓来给欧阳修提意见，说写得太重复。欧阳修恍然大悟，改为："环滁皆山也。"

这句开头简洁明了，点出了滁州的地理环境，而醉翁亭就坐落在群山之中。

重读《醉翁亭记》，读者更能体会到在欢乐自由的文字中，欧阳修难与人言说的一片为国之心。

欧阳修·《秋声赋》

欧阳子①方夜读书,闻有声自西南来者,悚然而听之,曰:"异哉!"初淅沥以潇飒,忽奔腾而砰湃②,如波涛夜惊,风雨骤至。其触于物也,铮铮铮铮③,金铁皆鸣,又如赴敌之兵,衔枚疾走,不闻号令,但闻人马之行声。予谓童子:"此何声也?汝出视之。"童子曰:"星月皎洁,明河④在天。四无人声,声在树间。"

① 欧阳子:欧阳修自称。

② 砰湃:同"澎湃"。

③ 铮铮铮铮:金属撞击的声音。

④ 明河:天河。

予曰:"噫嘻,悲哉!此秋声也,胡为乎来哉?盖夫秋之为状也,其色惨淡,烟霏云敛;其容清明,天高日晶;其气慄冽,砭①人肌骨;其意萧条,山川寂寥。故其为声也,凄凄切切,呼号奋发。丰草绿缛而争茂,佳木葱茏而可悦。草拂之而色变,木遭之而叶脱。其所以摧败零落者,乃其一气②之余烈。

① 砭:古代医生治病用的石针,这里引申为刺。

② 一气:构成天地万物的浑然之气。

夫秋,刑官①也,于时为阴,又兵象也,于行为金。是谓天地之义气,常以肃杀而为心。天之于物,春生秋实,故其

zài yuè yě shāng shēng zhǔ xī fāng zhī yīn yí zé wéi qī yuè zhī lù shāng shāng yě
在乐也，商声主西方之音，夷则为七月之律。商，伤也，

wù jì lǎo ér bēi shāng yí lù yě wù guò shèng ér dāng shā
物既老而悲伤；夷，戮也，物过盛而当杀。"

① 刑官：执掌刑狱的官员。《周礼》将朝廷官职与天、地、春、夏、秋、

冬相对应，称为六官。

jiē hū cǎo mù wú qíng yǒu shí piāo líng rén wéi dòng wù wéi wù zhī
"嗟乎！草木无情，有时①飘零。人为动物，惟物之

líng bǎi yōu gǎn qí xīn wàn shì láo qí xíng yǒu dòng yú zhōng bì yáo qí jīng ér
灵，百忧感其心，万事劳其形，有动于中，必摇其精。而

kuàng sī qí lì zhī suǒ bù jí yōu qí zhì zhī suǒ bù néng yí qí wò rán dān zhě wéi gǎo
况思其力之所不及，忧其智之所不能，宜其渥②然丹者为槁

mù yī rán hēi zhě wéi xīng xīng nài hé yǐ fēi jīn shí zhī zhì yù yǔ cǎo mù ér
木，黟然③黑者为星星④。奈何以非金石之质，欲与草木而

zhēng róng niàn shuí wéi zhī qiāng zéi yì hé hèn hū qiū shēng
争荣！念谁为之戕贼，亦何恨乎秋声？"

tóng zǐ mò duì chuí tóu ér shuì dàn wén sì bì chóng shēng jī jī rú zhù yú zhī
童子莫对，垂头而睡。但闻四壁虫声唧唧，如助予之

tàn xī
叹息。

① 有时：有固定时间。

② 渥：滋润的脸色。

③ 黟然：形容黑的样子。

④ 星星：鬓发花白的样子。

译文

晚上，欧阳先生正在读书，忽然听到从西南方向传来的声音，他吃惊地听着这声音，说："奇怪！"开始的时候这声音淅淅沥沥好像雨雪，还有风吹树木的声响，忽然如同波涛汹涌澎湃而来，好像夜晚惊涛拍岸，狂风暴雨骤然而至。它触碰到物体上，发出金属碰撞的清脆响声，好像金铁都在鸣叫；又好像奇袭敌人的士兵在口中衔枚快走，听不到号令的声音，只听到人马奔走的声音。我对书童说："这是什么声音？你出去看看。"童子说："星星月亮皎洁无比，明亮的银河就在天上，四面八方没有人声，声音就在树梢间。"

我说："唉，可悲可叹啊！这是秋声啊，它为什么来呢？大概是秋天呈现的样子吧：秋色阴暗无光，烟飞云收；秋的容貌清净明亮，天高日远，阳光灿烂；秋风凛冽，刺人皮肤；秋天的意境萧条凋零，山川寂静空旷。所以秋天的声音，凄凄惨惨，呼号声突然怒发。草地碧绿繁盛，树木茂盛青翠，令人愉悦；绿草被秋风吹拂而变色，树木被秋风一吹便落叶。秋风能摧折草木，令它们凋零，是因为天地间秋气的余威。

秋天，按职官是刑罚之官，按照时令属于阴；又是用兵的象征，在五行上属金，这就是所说的"天地的义气"，经常以肃杀为本心。上天对于万物，要让万物在春天生长，在秋天结果，所以从音乐而言，商音掌管西方，夷则是七月的音律。商，意思是'伤'，万物衰老就会悲伤；夷，意思是杀戮，万物过于茂盛就走向衰亡。

"唉！草木本来没有感情，到了固定的时候就会凋谢。人本来是动物，在万物之中最有灵性；各种忧伤触动内心，各种事物让人的形体劳累；内心有所触动，必定撼动人的精神元气。更何况是思考到他能力做不到的事情，担心他智力所达不到的问题；让他滋润红色的脸庞变成枯槁的朽木色，黑色的头发变得花白。为什么要用并非金石的身体，去和草木争夺盛衰呢？应该想一想是谁在戕害自己，又何必去恨这秋声？"

　　书童无言以对，低下头睡着了。只听到四面墙壁有虫子的唧唧叫声，好像在为我的叹息附和。

天地之义气，夷则之悲声

　　《秋声赋》第一段文字描写了欧阳修夜里读书时，忽然听到令自己心惊的声音。为什么心惊？因为他听到的声音在变化，开始是树木萧瑟的声音，但是忽然这个声音宏大起来。欧阳修连用四个比喻，说像风声、像波涛、像金属互相碰撞，又像是衔枚疾走的军队行进的声音。这个形容本身带给人紧迫感，而且写出了声音由远及近、由小到大的变化过程，这个过程是非常猛烈的。于是欧阳修让书童出去查看，但是书童居然说外面星汉灿烂，并没有什么声音，也许是树林传出来的声音。

　　欧阳修在文章第一段非常生动地描写了秋声，把这种声音具象化，而且设置了悬念。让读者也产生了浓厚的兴趣去思考到底是什么声音。

　　欧阳修为书童讲解了这就是秋声。秋声是凄切的，足以使草木变色，树木凋零。秋声也威力无穷，刺入肌肤，是一种肃杀之气。这样，欧阳修笔下的秋天和秋声就都非常具体了，和人们的日常生活联系在了一起，令读者深有同感。

　　欧阳修从社会和自然两方面对秋声进行了分析议论。秋天在社会方面看，代表了萧瑟、肃杀，与刑官、兵器相对应，即便是在音乐中，秋声也与商声对应，是悲伤的意思。欧阳修写到的夷则，是七月的音律。古音分为十二律，夷则是其中之一。十二律和十二月对应，夷则对应七月。在自然界，这也是万物衰亡的季节。人与自然、与社会，是一个互相联系的有机整体。这其实是古代中国人"天人合一"思想的体现。

　　在文章结尾，欧阳修用自然规律说服读者，认同生物的发展、衰老，没必要去怨恨秋声。这其实是作者有感而发，因为欧阳修本人正好处在政治上被排挤，报国无门的阶段。

这种貌似豁达的观点，其实抒发的是作者内心的郁闷。最妙的是文章结尾，作者已经深入思考了几个阶段，然而这个唯一的听众——童子，却沉沉睡去，只剩下虫鸣和作者的叹息。作者的心事终究无人体会，只能和窗外萧瑟的秋风相应和。

欧阳修在中国古代传统的悲秋主题上引申出的人事忧劳更甚于秋的肃杀，足见其思考深刻。

欧阳修在文章中选择与书童一问一答这种形式，是对古老汉赋的一种继承。欧阳修在散文革新成功之后，也让没落的"赋"焕发了新的生机：赋的散文化，让这种古板的文体活泼起来，又增添了抒情意味。

从这点上说，《秋声赋》在我国散文发展史上占有重要的地位。

明代散文家归有光曾经赞赏这篇文章："形容物状，模写变态，末归于人生忧感与时俱变，使人读之有悲秋之意。"

苏轼·《前赤壁赋》

壬戌之秋①，七月既望②，苏子与客泛舟游于赤壁之下。清风徐来，水波不兴。举酒属③客，诵《明月》之诗④，歌"窈窕"之章。少焉，月出于东山之上，徘徊于斗、牛⑤之间。白露横江，水光接天。纵一苇之所如，凌万顷之茫然。浩浩乎如冯⑥虚御风，而不知其所止；飘飘乎如遗世独立，羽化而登仙。

① 壬戌之秋：指元丰五年，用干支纪年法看，元丰五年是壬戌年。

② 既望：农历每月十六。

③ 属：致意，此处为引申义劝酒。

④ 《明月》之诗：指《诗经·陈风·月出》。

⑤ 斗、牛：斗宿、牛宿，是星宿名。

⑥ 冯：通"凭"。冯虚：腾空。

于是饮酒乐甚，扣舷而歌之。歌曰："桂棹兮兰桨，击空明兮溯流光。渺渺兮予怀，望美人①兮天一方。"客有吹洞箫者，依歌而和之。其声呜呜然，如怨如慕，如泣如诉，余音袅袅②，不绝如缕。舞幽壑之潜蛟，泣孤舟之嫠妇③。苏子愀然④，正襟危坐而问客曰："何为其然也？"客曰："'月明星稀，乌鹊南飞。'此非曹孟德之诗乎？西望夏口⑤，东望武昌⑥，山川相缪⑦，郁乎苍苍，此非孟德之困于周郎者乎？方其破荆州，下江陵，顺流而东也，舳舻⑧千里，旌旗蔽空，酾酒临江，横槊赋诗，固一世之雄也，而今安在哉？况吾与子渔樵于江渚之上，侣鱼虾而友麋鹿，驾一叶之扁舟，举匏樽⑨以相属。寄蜉蝣于天地，渺沧海之一粟。哀吾生之须臾，羡长江之无穷。挟飞仙以遨游，抱明月而长终。知不可乎骤得，托遗响于悲风。"

① 美人：比喻心目中的明君或理想。

② 袅袅：形容歌声婉转，余音绵长。

③ 嫠妇：寡妇。

④ 愀然：脸色改变的样子。

⑤ 夏口：在今湖北武昌。

⑥ 武昌：今湖北省鄂城。

⑦ 缪：通"缭"，缠绕。

⑧ 舳舻：船头和船尾连接。这里指战船。

⑨ 匏樽：用葫芦做成的酒杯。

苏子曰："客亦知夫水与月乎？逝者如斯，而未尝往也；盈虚者如彼，而卒莫消长也。盖将自其变者而观之，则天地曾不能以一瞬①；自其不变者而观之，则物与我皆无尽也，而又何羡乎？且夫天地之间，物各有主，苟非吾之所有，虽一毫而莫取。惟江上之清风，与山间之明月，耳得之而为声，目遇之而成色，取之无禁，用之不竭。是造物者之无尽藏②也，而吾与子之所共适。"

客喜而笑，洗盏更酌，肴核既尽，杯盘狼藉。相与枕藉乎舟中，不知东方之既白。

① 曾不能：连……都不能。一瞬：一眨眼的时间。

② 无尽藏：指万事万物，无穷无尽。

译文

元丰五年（1082年）秋，七月十六日，我与朋友在赤壁下划船游玩。清风缓缓吹来，水面波澜不兴。我举起酒杯向朋友劝酒，吟咏《诗经·月出》这首诗中"窈窕"这一章。一会儿，月亮在东山后面升起来了，它在斗宿和牛宿之间徘徊往复。一片白茫茫的水汽横穿长江江面，江水泛着月色与天相接。任凭小船如同苇叶在江面飘荡，渡过万顷宽阔的江面。江水浩浩荡荡，我们如同腾空而起，不知道在哪里能停下来，飘飘然好像离开尘世，羽化成仙而飞升仙境。

那时候，我们饮酒很欢快，用手敲打着船舷唱歌。歌词是："桂树做的棹啊兰木做的桨，敲打着月亮倒映在水中的澄明之色，逆流而上在那闪烁月光的水波上。我的心思悠远啊，远望美人，她远在天的那一边。"客人们有的吹起洞箫，按照歌曲的声调节拍应和，那洞箫声呜呜咽咽，好像埋怨又像是倾慕，好像在哭泣又像是倾诉，尾声婉转绵长，好像那细丝不能断绝，能让潜藏在深渊中的蛟龙起舞，能让孤舟上的寡妇哭泣。我容色改变，整理好衣服端正坐着问客人："箫声为什么会如此凄凉呢？"客人回答说："'月明星稀，乌鹊南飞'，这不是曹孟德写的诗吗？在这里向西看可以看到夏口，向东望可以看到武昌，江河山川盘绕，树木茂盛，郁郁苍苍，这不正是曹孟德被周瑜围困的地方吗？当曹孟德不战而破荆州，夺得江陵，大军在长江顺流东下，战船首尾相连长达千里，军队的旗帜遮蔽了天空，他对着长江斟酒，横执长矛赋诗，本来是一世英雄，然而现在又到哪里去了呢？况且我和你在江中小洲上打鱼砍柴，以鱼虾为伴侣，以麋鹿为友，驾着一叶小舟，举起葫芦做的酒杯互相劝酒。我们如同是这天地中的小小蜉蝣，沧海中渺小的一粒粟米。可悲我们的人生不过是片刻光阴，羡慕那长江才是没有穷尽。想要和仙人携手同游，怀抱着明月直到永远。我也知道这些都不可能轻易实现，只能用洞箫声寄托这怨念在秋风中。"

我说："你也知道这水和月亮吗？时间流逝如同这江水，而并没有真正消逝；月亮时圆时缺，但最终是没有增减的。从事物变化这点来观察，那么连天地都不能有一眨眼的时间停止；从事物不变化的这点来观察，那么万物和我都是永恒的，又何必羡慕呢！何况在天地之间，万物各自有主宰，如果不是自己应该拥有的，即便是一毫也不能获得。只有这长江上的清风和山间的明月，耳朵听到的就是美妙的声音，眼睛看到的就是美好的图画，获得这些没人禁止干涉，取用这些也没有竭尽。这是造物者无穷无尽的宝藏，我和你所共同享有。"

客人高兴地笑了，洗干净酒杯重新倒酒。菜肴果品都已经吃光，酒杯和盘子一片杂乱。客人们和我互相靠着在小船上睡着，不知道东方已经露出了阳光。

果然超脱世俗之外?

《前赤壁赋》的作者苏轼,字子瞻,号东坡居士,世称苏东坡,眉州眉山人。苏轼是北宋中期文坛领袖,他才华横溢,在诗、词、文、书、画等方面都有非常高的造诣。苏轼和老师欧阳修并称"欧苏",是"唐宋八大家"之一;苏轼的书法位列"宋四家",其余三位分别是黄庭坚、米芾和蔡襄。苏轼还擅长文人画,尤其是墨竹、怪石、枯木。

苏轼小时候跟着父亲闭门读书,打下了很好的功底。嘉祐元年(1056年),苏洵带二十一岁的苏轼和十九岁的苏辙走出蜀地,沿着长江往东,来到京城应试。

当时的主考官是文坛领袖欧阳修,小试官是著名诗人梅尧臣,两个人都致力于诗文革新。苏轼的策论文章《刑赏忠厚之至论》是试卷中最亮眼的一篇。但欧阳修误认为这篇文章是自己的弟子曾巩所作,为了避嫌,他将文章放到了第二名。当时欧阳修在文章中看到苏轼用了一个关于"皋陶"的典故。饱读诗书的欧阳修却从来没听说过。于是在苏轼谒谢老师的时候,他便向苏轼请教,谁知苏轼却说:"何必知道出处!"这明显就是杜撰的。欧阳修却极为欣赏,说:"此人可谓善读书,善用书,他日文章必独步天下"。

元丰二年(1079年),苏轼因为《湖州谢上表》被御史弹劾。苏轼本来是为了向宋神宗谢恩,但在这封表中,却忍不住讲述自己的坎坷遭遇,也隐约透露出对于当时朝政的不满。

御史何正臣等人在这封表文中摘取了一些文字,加上苏轼此前创作的诗文,给苏轼扣上了诽谤朝廷的罪名。

大诗人苏轼被捕入狱,这就是历史上著名的乌台诗案。

为什么叫乌台?因为根据《汉书》记载,御史台有很多柏树,几千只野乌鸦就栖息于上，所以御史台被称为"乌台"，也叫"柏台"。在多方营救之下，这一年十二月，苏轼终于被释放出狱，被贬为黄州团练副使，并写明了"不得签署公事，不得擅去安置所"。

苏轼在黄州过上了被管制的日子。

他生活困顿。后来，还是经过朋友求情，同情苏轼的黄州太守将废弃的一块地划给他。于是，苏轼一家开始艰苦地耕作，过上了自给自足的生活。乐观的苏轼因此自号东坡先生。

正是在这样艰苦的条件下，元丰五年，苏轼和朋友在七月十六日和十月十五日两次泛游赤壁，写下了两篇关于赤壁的赋。后人将第一篇文章称为《前赤壁赋》，第二篇文章称为《后赤壁赋》。

苏轼在文章开头用优美的文字描述了自己与友人泛舟赤壁所见夜景，这里有清风、水波、明月、白雾、水光、小舟。这样宁静的夜色，美丽静谧，而苏轼的描写又赋予景色出世之感，让人觉得超凡脱俗，仙气飘飘。

赤壁夜景让苏轼心情很好，在幽幽的月光下，他不由得敲着船边唱了起来，这的确是豪放的苏轼无疑。但是他唱的歌曲却是屈原笔下的香草美人，这象征忠君爱国的事物或思想。也许受到苏轼歌词的影响，伴奏的洞箫声也如怨如泣。苏轼感到奇怪，询问客人的音乐为何如此悲哀？

苏轼用汉赋中最正宗的主客问答方式，让客人回答自己。

这悲痛有三：一是悲曹操这样的英雄人物成败亦在转瞬间，二是悲人生苦短，三是悲成仙无望。苏轼从历史，从泛舟赤壁，从人生苦短中看穿了一切，却未能完全转向道家。因为他心里明白，成仙无望。

那该如何？放眼现在，放眼当下。

苏轼用此消彼长，事物变化的角度安慰客人，天地尚且是瞬间存在，何况人类呢？那么又何必去羡慕这江水、明月和天地呢？

客人的话讲的是人生命的转瞬即逝，而苏轼的话说的是时间永恒、万物永恒。既然可以享受一个永恒的世界，还有什么可悲观的？

苏轼这种对于天地万物和人类永恒的看法是非常先进的，这是拥有博大胸怀的人才能做出的思考判断，却是超乎于及时行乐的思想。这也是苏轼能够多次在挫折中保持乐观豁达心态的关键。苏轼在文章中提到的江山明月，其实来源于李白的《襄阳歌》："清风明月不用一钱买，玉山自倒非人推。"

这篇赋采取了"以文为赋"的形式，既有传统赋的情调，又吸收了散文的写法，使文章既有深致情韵，又具有抑扬顿挫的情调，更为自由。韵散结合，读来别有趣味。苏轼打破了传统写景文对历史、景物的感慨，上升到对于时间、人生的思考，他的思想又是非常深邃的，让人回味无穷。景物是文章的闪光点，勾连了全文的感情变化。

宋代诗人谢枋得在《文章规范》中这样评价这篇文章："此赋学《庄》《骚》文法，无一句与《庄》《骚》相似。非超然之才、绝伦之识不能为也。潇洒神奇，出尘绝俗，如乘云御风而立乎九霄之上。"

的确，要论潇洒，苏轼夜游石钟山，夜游赤壁，夜游承天寺，随性而至，无人能比。

苏轼·《方山子传》

方山子①，光、黄②间隐人也。少时慕朱家、郭解③为人，闾里之侠皆宗之。稍壮，折节读书，欲以此驰骋当世，然终不遇。晚乃遁于光、黄间，曰岐亭④，庵居蔬食，不与世相闻。弃车马、毁冠服，徒步往来山中，人莫识也。见其所著帽，方耸而高，曰："此岂古方山冠⑤之遗象乎？"因谓之方山子。

① 方山子：即陈慥，自称方山子，苏轼的好友。

② 光、黄：指光州和黄州，这两个州地域相连。

③ 朱家、郭解：都是西汉有名的游侠。

④ 岐亭：宋代黄州镇名，位于湖北省黄冈市麻城市。

⑤ 方山冠：汉代祭祀时乐人戴的帽子，唐宋时期多为隐士佩戴。

余谪居于黄，过岐亭，适见焉。曰："呜呼！此吾故人陈慥季常也。何为而在此？"方山子亦矍然①问余所以至此者。余告之故。俯而不答，仰而笑，呼余宿其家。环堵萧然，而妻子奴婢皆有自得之意。余既耸然异之，独念方山子少时使酒好剑，用财如粪土。前十九年，余在岐山②，见方山子从两骑，挟二矢，游西山。鹊起于前，使骑逐而射之，不获，方山子怒马独出，一发得之。因与余马上论用兵及古今成败，自谓一世豪士。今几日耳，精悍③之色，犹见于眉间，而岂山中之人哉？

① 矍然：惊讶瞪眼观看的样子。

② 岐山：指凤翔，苏轼曾经担任凤翔府签判。

③ 精悍：精明强干。

rán fāng shān zǐ shì yǒu xūn fá dāng dé guān shǐ cóng shì yú qí jiān jīn yǐ xiǎn
然方山子世有勋阀①，当得官，使从事于其间，今已显

wén ér qí jiā zài luò yáng yuán zhái zhuàng lì yǔ gōng hóu děng hé běi yǒu tián suì
闻。而其家在洛阳，园宅壮丽，与公侯等。河北有田，岁

dé bó qiān pǐ yì zú yǐ fù lè jiē qì bù qǔ dú lái qióng shān zhōng cǐ qǐ wú dé
得帛千匹，亦足以富乐。皆弃不取，独来穷山中，此岂无得

ér rán zāi
而然哉?

yú wén guāng huáng jiān duō yì rén wǎng wǎng yáng kuáng gòu wū bù kě dé ér
余闻光、黄间多异人②，往往佯狂垢污③，不可得而

jiàn fāng shān zǐ tǎng jiàn zhī yú
见，方山子傥见之欤?

① 世有勋阀：家里世代都有功勋。

② 异人：行为与普通人不同的隐逸之士。

③ 垢污：指隐士的言行超凡脱俗，人们认为这是德行上的缺点。

译文

　　方山子是光州、黄州一带的隐士。他少年时仰慕游侠朱家、郭解的为人，乡里的侠义之士都十分敬重他。年岁稍长后，他改变了从前的志趣和行为，发愤读书，想要凭借读书驰名当代，施展抱负，但是最终没有被重用的机会。于是他晚年隐居在光州、黄州之间一个叫岐亭的地方。方山子住在茅屋里吃着粗茶淡饭，不再和世人来往。他丢弃了原有的车马，毁掉了原来的帽子和礼服，步行在山里来来往往，没有人认识他。人们看到他戴的帽子，形状方方地耸立着，说："这难道是古代'方山冠'遗留下来的样子吗？"所以称呼他为"方山子"。

　　我被贬官在黄州居住，路过岐亭的时候，正好碰见了他。我说："哎！这是我的老朋友陈慥陈季常啊。为什么在这里呢？"方山子也惊讶地瞪大了眼睛看着我，问我为什么会在这里。我告诉他原因，他低下头不回答，抬头就哈哈大笑，招呼我住在他家里。他家里空空如也，但是他的妻子、儿女和奴婢都有一种自得其乐的神情。我对此感到非常惊讶。我偏偏想起方山子少年时，喝醉酒就任性而为，挥金如土。十九年前，我在岐山为官，看到方山子带着两名骑马的侍从，身带两支箭，去西山游猎。一只鹊鸟在马前飞起，方山子命那两名随从追逐射猎，但没有射中。方山子愤怒地鞭打着马儿独自冲出去，一箭就射中了山鹊。因此，他和我在马上谈论用兵之道和古今成败之事，认为自己是一世豪杰。现在过去了多少日子，那精明英武的神情气度依然保留在眉宇之间，又怎么会是山中隐士呢？

　　然而方山子家族世代建功立业，应当因此做官，假如让方山子为官，现在已经官声显赫。他家本来在洛阳，家里田园宅舍壮丽辉煌，可与公侯之家等同。他家里在黄河北岸还有田地，每年可以获得丝帛千匹，也足够过上富足安乐的日子。这些他都抛弃了不去取用，却单独来到这穷乡僻壤，如果没有自得之乐能够做到这一点吗？

我听说光州、黄州之间有很多特立独行的隐士，他们往往假装疯癫，不循规蹈矩，可总也没机会见到他们。方山子或许遇到过他们吧？

苏轼的隐士朋友

苏轼对道家的隐士有天然的亲近感，他的很多文章中都有隐士。然而，在《方山子传》这篇文章中，隐士方山子却是苏轼的一位故人。

方山子，本名陈慥，字季常，他的父亲就是苏轼曾经的上司——陈希亮。陈希亮本人很严肃，手下官员见到他甚至不敢仰视。苏轼当时年轻气盛，经常和陈希亮发生争执。陈希亮有意抑制苏轼，对苏轼写的公文也多有挑剔，这让骄傲的苏轼难以忍受。同辈人尊称苏轼这个大才子是"苏贤良"，陈希亮听说后大发雷霆。时间久了，苏轼很少去府衙，过节也不去拜见，陈希亮据此弹劾苏轼，苏轼还因此被朝廷罚铜八斤。

然而苏轼和陈希亮的儿子陈慥却一见如故，成为至交好友。

元丰三年（1080年），陈慥由于父亲去世，志向难伸，开始隐居。他听说苏轼被放逐，还特地去途中迎接苏轼。这种患难见真情的友谊让苏轼格外感动，两个人交往更加频繁。苏轼自己曾经写过，在黄州四年，他曾经三次去探望陈慥，而陈慥七次来看望自己，两个人见面有百余日之多。

为了纪念这份难得的友情，苏轼在元丰四年写下了这篇文章。

苏轼在文章开篇描写了方山子隐居山中，以及他名字的由来。方山子少年时崇拜游侠，年长后也曾经发愤读书，由于志向未能实现，才重拾少年理想，晚年成为隐士。苏轼虽然没写表露情感的句子，但方山子的遭遇本身就是对当时社会有志青年有志难伸的一种抨击。

苏轼写自己偶然和方山子相遇，方山子听了苏轼讲述自己的遭遇，他的表现耐人寻味："俯而不答，仰而笑。"这是方山子在四处碰壁后对老友的遭遇感到无奈吧！苏轼到方山子家，发现他家很贫困，"环堵萧然"，这和陶渊明的《五柳先生传》一脉相承，在这样艰苦的环境下，方山子的家人却有自得之意。这说明不但是方山子，就连他的家人也厌恶当时尘世的喧嚣，以隐居山林为乐。

如果方山子不做隐士会怎样？

苏轼回忆了方山子少年时的鲜衣怒马，自认为是一代豪杰。即便不做游侠，按照方山子出身世家，富贵名声，也可以和公侯之家媲美。方山子能够舍弃一切，说明他是真心做隐士，不被尘世繁华所吸引，心甘情愿在大山中隐居。但是这样一位豪杰之士，居然心甘情愿沦落山林，难道不正说明了当时社会对人才不够包容吗？

在这篇传记类文章中，苏轼没有按照常规介绍人物的籍贯、生平和家世，而是选取了人物最富有个性的侧面进行描写。苏轼在文章开始讲述了"方山子"这一名称的来历，原来这只是当年对隐士帽子样式的一种称呼。这就更加引起了读者的兴趣。

接下来，苏轼介绍了方山子的身世。原来，方山子少年就心怀大志，但怀才不遇。苏轼用"终不遇"三个字写尽了方山子在实现理想过程中的碰壁经历和辛酸。所以，方山子隐居在此，不问世事。苏轼偶遇方山子时才发现，方山子就是自己的老朋友陈慥。这样，苏轼巧妙介绍了方山子的身世，方山子面对老朋友的反应是"俯而不答，仰而笑"。在这样无言的动作中，蕴藏着方山子内心的痛苦。

苏轼非常羡慕方山子能够隐居，这从他对方山子家人的描写中可以看出来。在苏轼的回忆中，方山子少年是"一世豪士"，而且门第富贵。在这样的对比中，方山子能够舍弃荣华富贵，归隐山林，就更见得他对当时社会的失望。

苏轼借方山子的境遇，隐晦抒发了自己对当时北宋社会有才之士不被重用的失望和内心的愤懑之情。

苏辙·《六国论》

cháng dú liù guó shì jiā qiè guài tiān xià zhī zhū hóu yǐ wǔ bèi zhī dì shí bèi
尝读六国世家①，窃②怪天下之诸侯，以五倍之地、十倍
zhī zhòng fā fèn xī xiàng yǐ gōng shān xī qiān lǐ zhī qín ér bù miǎn yú miè wáng
之众，发愤西向，以攻山西③千里之秦，而不免于灭亡。
cháng wèi zhī shēn sī yuǎn lǜ yǐ wéi bì yǒu kě yǐ zì ān zhī jì gài wèi cháng bú jiù qí dāng
常为之深思远虑，以为必有可以自安之计。盖未尝不咎其当
shí zhī shì lǜ huàn zhī shū ér jiàn lì zhī qiǎn qiě bù zhī tiān xià zhī shì yě
时之士，虑患之疏而见利之浅，且不知天下之势也。

① 世家：在《史记》中，世家是记述诸侯的传记。六国世家，就是《史
记》中六国诸侯的传记。

② 窃：私下，谦辞，用来表示自己的意见。

③ 山西：古代指崤山以西地区。

fú qín zhī suǒ yǐ yǔ zhū hóu zhēng tiān xià zhě bú zài qí chǔ yān zhào yě
夫秦之所以与诸侯争天下者，不在齐、楚、燕、赵也①，
ér zài hán wèi zhī jiāo zhū hóu zhī suǒ yǔ qín zhēng tiān xià zhě bú zài qí chǔ
而在韩、魏之郊②；诸侯之所与秦争天下者，不在齐、楚、
yān zhào yě ér zài hán wèi zhī yě qín zhī yǒu hán wèi pì rú rén zhī yǒu fù xīn
燕、赵也，而在韩、魏之野。秦之有韩、魏，譬如人之有腹心
zhī jí yě hán wèi sè qín zhī chōng ér bì shān dōng zhī zhū hóu gù fú tiān xià zhī
之疾也。韩、魏塞秦之冲，而蔽山东之诸侯③，故夫天下之
suǒ zhòng zhě mò rú hán wèi yě xī zhě fàn jū yòng yú qín ér shōu hán shāng yāng
所重者，莫如韩、魏也。昔者范睢④用于秦而收韩，商鞅⑤
yòng yú qín ér shōu wèi zhāo wáng wèi dé hán wèi zhī xīn ér chū bīng yǐ gōng qí zhī gāng
用于秦而收魏，昭王未得韩、魏之心，而出兵以攻齐之刚、
shòu ér fàn jū yǐ wéi yōu rán zé qín zhī suǒ jì zhě kě yǐ jiàn yǐ
寿，而范睢以为忧。然则秦之所忌者可以见矣。

① 不在齐、楚、燕、赵：意思是这几个国家距离秦国远，相互和秦国
不接壤。

② 郊：郊外。韩国位于秦国、楚国和魏国之间。

③ 山东之诸侯：指崤山以东的诸侯。

④ 范睢：战国时魏国人，担任秦国相国后，助秦收服韩国。

⑤ 商鞅：卫国贵族，后来主持秦国变法。

秦之用兵于燕、赵，秦之危事也。越韩过魏而攻人之国都，燕、赵拒之于前，而韩、魏乘之于后，此危道也。而秦之攻燕、赵，未尝有韩、魏之忧，则韩、魏之附①秦故也。夫韩、魏诸侯之障，而使秦人得出入于其间，此岂知天下之势耶？委区区之韩、魏，以当强虎狼之秦，彼安得不折而入于秦哉？韩、魏折而入于秦，然后秦人得通其兵于东诸侯②，而使天下遍受其祸。

① 附：依靠。

② 东诸侯：崤山以东诸侯各国，指齐、楚、燕、赵。

夫韩、魏不能独当秦，而天下之诸侯藉之以蔽其西，故莫如厚韩亲魏以摈①秦。秦人不敢逾韩、魏以窥齐、楚、燕、赵之国，而齐、楚、燕、赵之国，因得以自完于其间矣。以四无事之国，佐当寇之韩、魏，使韩、魏无东顾之忧，而为天下出身②以当秦兵。以二国委秦，而四国休息于内，以阴助其急，若此可以应夫无穷，彼秦者将何为哉？不知出此，而乃贪疆场③尺寸之利，背盟败约，以自相屠灭。秦兵未出，而天下诸侯已自困矣。至于秦人得伺其隙，以取其国，可不悲哉！

① 摈：摒弃，排斥。

② 出身：捐躯。

③ 疆场：边境，界限。

译文

　　我曾经读过《史记》中六国诸侯的传记故事，私下觉得天下诸侯奇怪，他们有五倍于秦国的土地，十倍于秦国的人口，决然齐心合力向西作战，以此攻击崤山以西秦国的千里国土，却竟然避免不了灭亡。我曾经为此深谋远虑，认为一定有可以安定本国的计策。因此我未尝不怪罪当时的大臣谋略疏忽，只看到眼前利益，并且不明白当时天下的大形势啊。

　　那秦国要和六国诸侯争夺天下的目标，并不在于齐国、楚国、燕国和赵国，而是在韩国和魏国。六国诸侯所要和秦争夺天下的目标，也不在于齐国、楚国、燕国和赵国，而是在韩国和魏国。秦国有韩国和魏国的存在，好比人的心腹之患。韩国和魏国挡住了秦国的军事要道，而遮蔽了崤山以东的各诸侯国，所以那天下最重要的地方，没有比得上韩国和魏国的了。从前，范雎获得秦国重用便征服了韩国，商鞅被秦国重用便收服了魏国，秦昭王在没有获得韩国和魏国的归顺时，出兵攻打齐国的刚、寿两地，范雎认为这是秦国大患。那么，秦国所顾忌的事情就可以看出来了。

　　秦国攻打燕国和赵国，这对秦国来说是危险的事情。秦国越过了韩国和魏国，去攻打别人的国都，燕国和赵国在前面与秦兵作战，那韩国和魏国就在后面趁势攻击秦军，这是危险的办法。然而秦国攻打燕国和赵国，却没有韩国和魏国的后顾之忧，那是因为韩国和魏国依附了秦国。韩国和魏国是其他诸侯的屏障，却让秦国人在中间出入，这难道是明白天下形势吗？丢弃小小的韩国和魏国，凭借他们去抵挡虎狼一样的强秦，他们怎么能不损折归附秦国呢？韩国和魏国归附了秦国，从那之后秦国人可以出动军队直抵山东诸侯国，还让全天下都承受秦国带来的祸害。

　　韩国和魏国是不可能独自抵挡秦国的，然而全天下的诸侯却凭借韩国和魏国抵挡西边的强秦，所以还不如亲近韩国和魏国，以此来排斥秦国。

秦国人不敢越过韩国和魏国来窥伺齐国、楚国、燕国和赵国，齐国、楚国、燕国和赵国也因此得以保全国家的完整。用四个没有战事的诸侯国，协助抵挡敌人的韩国和魏国，让韩国和魏国没有对东边诸侯的顾虑，从而为天下人捐躯抵挡秦军；用韩国和魏国共同对付秦军，让其他四国休养生息，暗中帮助韩国和魏国解决急需的物资，如果这样，可以无穷无尽地对付抵抗秦国，那秦国还能有什么办法呢！他们不知道这个办法，却去贪图疆界一尺一寸的利益，从而背弃盟约，破坏约定，自相残杀直到屠杀殆尽。以至于秦国人可以窥伺其中的机会夺取这些国家，这能不令人感到悲哀吗！

六国到底错在哪儿?

《六国论》讨论的是战国后期六国对抗秦国采取策略的失误处,纵横捭阖,特别具有战国时期谋臣策士的风度。

这篇文章的作者苏辙,字子由,眉州眉山人。苏辙是"唐宋八大家"之一,也是著名文学家苏洵的儿子、苏轼的弟弟。他和父兄被后人并称为"三苏"。苏轼评价弟弟苏辙的散文"汪洋澹泊,有一唱三叹之声,而其秀杰之气终不可没"。

苏辙从小和哥哥苏轼一起接受父亲苏洵的教育,学习到了父亲苏洵史论文章的风格。嘉祐二年(1057年),苏辙又和父兄一起参加了礼部举办的会试。在这次考试中,当时的主考官欧阳修非常欣赏"三苏"的才华,苏辙和哥哥苏轼同时考中,扬名天下。

苏辙的学问和文章受到父兄影响很大,他擅长写散文,尤其是政论和史论。

《六国论》这篇文章论述的是我国古代历史中的一个热点问题——秦国以一国之力吞并六国,那么六国究竟错在哪里?

秦国在吞并六国过程中,采取的是著名的"连横"战略。这是战国时期张仪提出的外交策略。"合纵"是洛阳人苏秦提出的,用来抗击秦国。公元前333年,苏秦的游说获得了成功,六国使臣正式结盟,苏秦担任纵约长,制订了抗秦的行动方案。就是因为"合纵",六国才在强大秦国步步紧逼的态势下生存了百年之久。

张仪向秦惠王建议远交近攻,用连横对抗合纵。用这个办法,秦国开始联合齐国和楚国,打击距离自己近的韩国和魏国。

苏辙的父亲苏洵在《六国论》中的观点是:"六国破灭,非兵不利,战不善,弊在赂秦。"

苏辙在《六国论》中，开门见山提出六国人多势众反而被秦国所灭的问题，展开了对于战国末年"天下之势"的论述。

苏辙提出了一个关键词：势。苏辙认为，正是因为六国的谋臣忽略了天下大势，才造成了这种不可思议的失败。

在文章第二段，苏辙分析了当时的天下大势。他认为，秦国要争霸，关键是对韩国、魏国的战争。这是当时的地理位置和秦国的战略决定的。

苏辙在这里提到了两个关键的人物：范雎和商鞅。这两个人对当时战国群雄并起的形势洞若观火，所以范雎强烈建议秦昭王，"天下无变则已，天下有变，其为秦患者孰大于韩乎？王不如收韩"。而商鞅也曾经建议秦孝王："秦之与魏，譬若人之有腹心疾，非魏并秦，即秦并魏。"商鞅建议秦孝公讨伐魏国，魏惠王惊恐之下割让河西之地。

在范雎和商鞅的心目中，韩国和魏国与秦国是你死我活的竞争关系。而且因为国家接壤，这种竞争的危险迫在眉睫。所以秦国要壮大实力，必须先从这两个国家下手。

在苏辙看来，范雎和商鞅的成功之处就是看透了当时的"势"。这也从另外一个角度说明，秦国能够重用这样的人才，怎么能不胜利呢？

苏辙进一步论述，秦国打下韩国和魏国，其实也给下一步攻打其他国家打下了坚实基础。秦国实力壮大了，攻打其他国家也没有后顾之忧。所以，虽然当时韩国和魏国面临秦国的攻打，危害的却是六国的整体利益。对于韩国和魏国而言，他们的实力不足以抵抗秦国。

既然韩国和魏国战略位置如此重要，那么当秦国攻打这两个国家时，其他四国该如何对待？当然是鼎力支持韩国和魏国。这对于其他四个国家来说，是把战争挡在了韩国和魏国，本国避免战火蔓延。这时候不支持更待何时？

可惜现实却正好相反。这四个国家背信弃义，反而在这个危险的时刻吞没边境土地。这其实正是对他们共同的敌人——秦国的最大支持。

这实在非常可悲。

苏辙这篇《六国论》从天下之势展开论述，抓住了秦国攻打六国胜利的关键点。从这篇文章可见，苏辙对于当时战国末年的形势了然于胸，层层分析，鞭辟入里。

所以茅坤在《唐宋八大家文钞》中引用明代散文家唐顺之的评语，说"此文甚得天下之势"。清代明君康熙也认为苏辙"洞彻当时形势，故立论行文爽健乃尔"。

王安石·《读孟尝君传》

世皆称①孟尝君②能得士③，士以故归之，而卒赖其力以脱于虎豹之秦。

嗟乎！孟尝君特④鸡鸣狗盗之雄耳，岂足以言得士？不然，擅⑤齐之强，得一士焉，宜可以南面⑥而制秦，尚何取鸡鸣狗盗之力哉？夫鸡鸣狗盗之出其门，此士之所以不至也。

① 称：称赞。

② 孟尝君：名田文，战国时齐国公子，是战国四公子之一。

③ 士：士人，指品德良好或能力突出的人。

④ 特：仅仅，只是。

⑤ 擅：拥有。

⑥ 南面：指成为一国君主。古代君主的座位面向南。

译文

世上人都称赞孟尝君能得到士人之心，士人因此都投奔孟尝君，而孟尝君最终依靠士人的能力，从虎狼一样的国家秦国脱身。

哎！孟尝君只不过是鸡鸣狗盗之徒的首领罢了，怎么能称得上善于得到人才？如果不是这样，凭借齐国强大的实力，得到一个真正优秀的人才，便可以南面称王，从而制服秦国了，还用得着这些鸡鸣狗盗之徒出力吗？那些鸡鸣狗盗之徒出自孟尝君门下，这是真正的士人不到孟尝君那里去的真正原因。

士与鸡鸣狗盗之徒

孟尝君是战国四公子之一，威名远播。虽然齐国最终为秦国所灭，但是孟尝君的美名流传至今。关于孟尝君，《史记》有详细记载。

这篇文章的作者是北宋政治家、文学家王安石。王安石，字介甫，号半山。王安石从小聪慧过人，酷爱读书。少年时期他就跟随父亲在各地宦游，看到了民间疾苦。少年王安石的文章立意深远，旁征博引，读之令人忘俗。

欧阳修非常欣赏王安石的文章。庆历二年（1042年），王安石考中进士第四名，被授予淮南节度判官。后来，王安石被宋神宗任命为参知政事，主持了熙宁变法。

王安石最大的理想就是通过变法使北宋强大起来，那么王安石变法到底只是他一个人的坚持，还是对北宋社会产生了一定的积极影响呢？

从新法实施到最终被废除，大约十五年的时间内，北宋社会驶入变法快车道，各行各业都在推进新法。这十五年，国家财政收入有了大幅提高，宋神宗时期国库的积蓄可以供朝廷二十年财政支出。而诸如青苗法、方田均税法等削弱了豪强地主的兼并，农田水利工程的兴建，也促进了农业生产。北宋社会经济焕发出百年未曾有过的繁荣景象。

经济上的振兴带来军事强大，西北边防改变了被动局面。熙宁六年（1073年），在王安石指挥下，北宋进攻吐蕃，收复了河、岷、洮等五州，拓地两千里，这是北宋军事上的空前大捷。

但新法在实施过程中确实产生了很多问题，造成了老百姓的沉重负担。最可怕的一点就是，变法激起了北宋国内新旧党争，这对于本来就问题重重的北宋来说可谓雪上加霜。

就连支持王安石的韩琦都说："安石为翰林学士则有余，处辅弼之地则不可。"

王安石用尽毕生精力，让北宋焕发生机，却因为内耗，成为全民公敌。这不能不说是王安石的悲剧，也是北宋的悲剧。

王安石的文章大多短小精悍，论点鲜明，有很强的说服力，他因此被列为"唐宋八大家"之一。

根据《史记·孟尝君传》记载，孟尝君，名叫田文。由于出生在农历五月初五，被认为非常不吉利。他的父亲因此下令不许养活他，多亏了母亲偷偷把他养大。田文长大后，去问父亲为什么不许养活五月出生的孩子，父亲勃然大怒，说五月生的孩子长到门户一样高时，会害父害母。

田文回答："人的命运是上天授予的，还是门户授予的？假如人的命运由上天授予，您又何必忧虑？假如人的命运由门户授予，那么加高门户就好，谁能比门户高呢？"

田文的父亲很欣赏他，于是培养他主持家政，接待宾客。田文执掌田家之后，宾客越来越多。后来，田文的父亲去世，他继承了爵位。田文宁肯舍弃家业，也要给门客丰厚的待遇，所以天下贤士无不希望归附田文。

文章中提到的鸡鸣狗盗之徒，是发生在孟尝君身上的一个著名的故事。当时，秦昭襄王想招揽孟尝君到秦国，孟尝君居然不听门客劝告，执意来到秦国。但秦国的大臣们认为孟尝君不是秦国人，遇到大事肯定会先考虑齐国，而不是秦国。于是秦昭襄王罢免了孟尝君，还将孟尝君软禁起来。

无奈之下，孟尝君托人求秦王的宠妃，希望她帮助自己。宠妃想要孟尝君那件价值千金的白狐裘为谢礼。但孟尝君刚到秦国时，已经将这件白狐裘送给了秦昭襄王。危急时刻，多亏了一个门客自告奋勇，学狗打洞，进秦王仓库偷出了白狐裘。

孟尝君被释放之后，为了防止秦昭襄王反悔，于是连夜出关。到了函谷关时，已经是半夜。当时规定只有鸡叫了才能放人出关。此时，一个门客学起了鸡叫，片刻间，函谷关的鸡都叫了起来。孟尝君顺利出关。等到秦王派来的追兵赶到，孟尝君早就走远了。

王安石读《史记·孟尝君传》看到了一个不一样的孟尝君。这篇文章只有九十个字，但是全文跌宕起伏。

王安石开篇就提到孟尝君能"得士"，这是对孟尝君的普遍看法，也是王安石即将展开批判的中心，这是"立"。

第二句，用"嗟乎"这个感叹抒发内心所想，孟尝君能得士？他不过是鸡鸣狗盗之徒的首领罢了，怎么能得士呢？在这里，王安石其实用了比较的手法，他认为孟尝君手下的鸡鸣狗盗之徒根本不是"士"。士，必须是品德好、有学问、有能力的人，绝非鸡鸣狗盗之徒。

第三句转折，说齐国国力强大，得到一个士就可以成为霸主了，还用得着靠鸡鸣狗盗之徒才能脱险吗？

确实，作为战国七雄第一个称霸的霸主齐国，在遥远的齐桓公时代，那是所有齐国人的骄傲，也是其他诸侯仰视的存在。即便后来更多的诸侯崛起了，齐国实力依然雄壮，不可小视。但可悲的就是，即便实力强大，最终还是眼睁睁看着秦国一点点蚕食到自己家门口，最终难逃被吞并的命运。甚至就连最后向秦国的复仇，历史上流传的也是那句："楚虽三户，亡秦必楚。"楚国的仇恨和志气，让楚国成为六国中最不甘心为秦国吞并的国家。而齐国，就这样悄无声息地消失于历史长河之中。

　　文章第四句进行了承接，士不至的原因，就在于那是鸡鸣狗盗之徒会聚之地。

　　这篇文章带有王安石独特的政治家眼光，批判得酣畅淋漓，虽然只有四句话，却是完整的立、驳、转、断四层，言简意赅，文短气长。

　　读这篇文章，可以看出王安石关于"士"的观点。在王安石看来，"士"是国家的宝贵财富，有才能，有品德，也绝对不会和乌合之众混为一谈。这是一个改革家读历史的独特眼光。金圣叹曾经评价这篇文章说："凿凿只是四笔，笔笔如一寸之铁。不可得而屈也。读之可以想见先生生平执拗，乃是一段气力。"

王安石 · 《游褒禅山记》

bāo chán shān yì wèi zhī huá shān　táng fú tú huì bāo　shǐ shè　yú qí zhǐ　ér zú zàng

褒禅山亦谓之华山。唐浮图慧褒①始舍②于其址，而卒葬

zhī　yǐ gù qí hòu míng zhī yuē　bāo chán　jīn suǒ wèi huì kōng chán yuàn zhě　bāo zhī lú

之，以故其后名之曰"褒禅"。今所谓慧空禅院者，褒之庐

zhǒng　yě　jù qí yuàn dōng wǔ lǐ　suǒ wèi huá shān dòng zhě　yǐ qí nǎi huá shān zhī yáng　míng

冢③也。距其院东五里，所谓华山洞者，以其乃华山之阳④名

zhī yě　jù dòng bǎi yú bù　yǒu bēi pū dào　qí wén màn miè　dú qí wéi wén yóu kě shí

之也。距洞百余步，有碑仆道，其文漫灭，独其为文犹可识，

yuē　huā shān　jīn yán　huā　rú　huá shí　zhī　huá　zhě　gài yīn miù yě

曰"花山"。今言"华"如"华实"之"华"者，盖音谬也。

① 浮图：梵语音译，佛或佛教徒，此处指和尚。慧褒是唐代有名的高僧。

② 舍：建筑房屋用来定居。

③ 庐冢：古人为父母或师长服丧，在坟墓旁修筑房屋用来守护坟墓。

④ 阳：山的南面，水的北面。

qí xià píng kuàng　yǒu quán cè chū　ér jì yóu　zhě shèn zhòng　suǒ wèi　qián dòng

其下平旷，有泉侧出，而记游①者甚众，所谓"前洞"

yě　yóu shān yǐ shàng wǔ liù lǐ　yǒu xué yǎo rán　rù zhī shèn hán　wèn qí shēn zé

也。由山以上五六里，有穴窈然②，入之甚寒，问③其深，则

qí hào yóu zhě bù néng qióng yě　wèi zhī　hòu dòng　yú yǔ sì rén yōng huǒ④ yǐ rù

其好游者不能穷也，谓之"后洞"。予与四人拥火④以入，

rù zhī yù shēn　qí jìn yù nán　ér qí jiàn yù qí　yǒu dài ér yù chū zhě　yuē

入之愈深，其进愈难，而其见愈奇。有怠而欲出者，曰：

bù chū　huǒ qiě jìn　suì yǔ zhī jù chū　gài yú suǒ zhì　bǐ hào yóu zhě shàng bù

"不出，火且尽。"遂与之俱出。盖余所至，比好游者尚不

néng shí yī⑤　rán shì qí zuǒ yòu　lái ér jì zhī zhě yǐ shǎo　gài qí yòu shēn　zé qí zhì

能十一⑤，然视其左右，来而记之者已少。盖其又深，则其至

yòu jiā shǎo yǐ　fāng shì shí　yú zhī lì shàng zú yǐ rù　huǒ shàng zú yǐ míng yě　jì

又加少矣。方是时，予之力尚足以入，火尚足以明也。既

qí chū　zé huò⑥ jiù qí yù chū zhě　ér yú yì huǐ qí suí zhī　ér bù dé jí fú yóu zhī

其出，则或⑥咎其欲出者，而予亦悔其随之，而不得极夫游之

lè yě

乐也。

① 记游：在洞壁上题写诗文留念。

② 窈然：深邃晦暗的样子。

③ 问：探求。

④ 拥火：手持火把。

⑤ 十一：十分之一。

⑥ 或：有的人。

于是予有叹焉。古人之观于天地、山川、草木、虫鱼、鸟兽，往往有得，以其求思①之深而无不在也。夫夷②以近，则游者众；险以远，则至者少。而世之奇伟、瑰怪，非常之观，常在于险远，而人之所罕至焉。故非有志者，不能至也；有志矣，不随以止也，然力不足者，亦不能至也；有志与力，而又不随以怠，至于③幽暗昏惑而无物以相④之，亦不能至也。然力足以至焉，于人为可讥，而在己为有悔；尽吾志也而不能至者，可以无悔矣，其孰能讥之乎？此予之所得也！

① 求思：探究思考。

② 夷：道路平整。

③ 至于：抵达。

④ 相：辅助。

予于仆碑，又以悲夫古书之不存，后世之谬其传而莫能名者，何可胜道也哉！此所以①学者不可以不深思而慎取之也。

四人者：庐陵②萧君圭君玉，长乐③王回深父④，予弟安国平父、安上纯父。至和元年七月某日，临川⑤王某记。

① 所以：是……的原因。

② 庐陵：地名，今江西省吉安市。

③ 长乐：地名，今福建省长乐区。

④ 父：同"甫"。

⑤ 临川：地名，今江西省临川。

译文

褒禅山也被称为华山。唐代高僧慧褒当初在这山脚建舍定居，去世后就安葬在这里，因为这个缘故，这座山被命名为"褒禅"。现在人们所说的慧空禅院，就是慧褒禅师的庐墓。距离慧空禅院东边五里，就是人称华山洞的地方，因为它在华山南面而被命名。距离华山洞一百多步，有石碑倒在路旁，石碑上的文字因为风化剥落而模糊不清，唯独石碑上残存的文字还可以辨认，叫"花山"。现在人们所说"华"比如"华识"的"华"，大概是读音错误吧。

由这里向下的山洞地势平坦空旷，有山泉从旁边涌出，在山洞壁上题诗文留念的游客很多，这就是所说的"前洞"。从这里向山上走五六里，有一个深远幽暗的洞穴，进去之后感觉非常寒冷，探究它的深度，就算是喜爱游览的人们也不能走到尽头，这就是人称的"后洞"。我和四个人打着火把进去，越往深处走，前进越困难。有个同行的人懈怠而想要出去，他说："如果不出去，火把将要燃烧尽了。"于是大家都跟他出洞了。估计我们所走到的地方，与喜欢探险的游客走到的地方相比还不到十分之一，然而看看左右洞壁，来这里游览的人已经很少了。大概石洞里更深的地方，抵达的游客就更少了。正当这个时候，我的体力还足够前进，火把还足以照明。出洞以后，就有人责备那个想要出来的人，我也后悔跟着他出洞而没能尽情享受游览的乐趣。

对这件事情，我心有感叹。古人观察天地、山川、草木、虫鱼和鸟兽，往往有心得体会，是因为他们探求思索得深刻而且处处都能如此。那平坦又路途近的地方游客多；险峻遥远的地方，到的游客就少。然而世上奇特宏伟、瑰丽险怪的景观，常常在那险峻遥远的地方，因而是人们极少到达的地方，所以不是有志向的人不能抵达。有志向，又不松懈懒散，但是体力不足的人，也不能抵达。有志气和体力，并且不随着他人而懈怠，到达那幽深昏暗让人迷乱的地方却没有物资辅助，也不能抵达。可是，体力足够却没有抵达，在旁人看来是可笑的，在自己看来是后悔的；尽了所有的努力还不能抵达，就可以不必后悔了，那别人谁还能讥笑呢？这是我的所思所得。

　　我对于那倒伏在地的石碑，又因此叹息古代文献不能保存，后代的人以讹传讹却不能说出真相的情况，怎么能说得完呢！这是研究学问的学者不能不深思从而谨慎选取材料的原因。

　　跟我同游的四个人是：庐陵人萧君圭，字君玉；长乐人王回，字深甫；我弟弟王安国，字平甫；王安上，字纯甫。至和元年七月，临川人王安石记。

别有收获的登山之旅

皇祐三年（1051 年），三十岁的王安石被任命为舒州通判。在舒州，王安石勤政爱民，一心为老百姓谋求福利，声望很高。当时的宰相文彦博很欣赏王安石一心为民、淡泊名利，于是向宋仁宗推荐了王安石。文彦博建议朝廷表彰王安石，激励广大官员。但王安石认为这是越级提拔，于是婉言拒绝了。

王安石三十四岁时辞去舒州通判之职回乡，在这次回家的路上游览了褒禅山。三个月后，王安石以回忆的形式创作了这篇文章，并且赋予了这篇文章游山玩水之外的独特思想。

褒禅山在安徽省马鞍山市含山县。褒禅山在古代被称为华山，不但高耸入云，而且树木参天。根据后人考证，大约在四亿五千万年前，褒禅山本来是一片汪洋大海，但是随着地壳运动，大海成为陆地，后来陆地又成为大海。就是古人所说的，沧海桑田，几经反复。在最后一次造山运动中，褒禅山跃出海面。

在这篇文章中，王安石首先探究了褒禅山名字的来历。褒禅山，与唐代高僧慧褒有密切关系，正因为慧褒禅师安葬于此，所以这里才被命名为"褒禅山"。这是作者从历史的角度探究褒禅山的来历，同时对于"华山"的考究，又与下文密不可分。

在文章第二段，王安石将目光放到了当下，记载了前去褒禅山山洞探险的经历。这个山洞的特点就是深，越深景色越好。正因如此，吸引了很多人前去探险。王安石一行五人，打着火把前去探险，但是最终因为有人懈怠，大家一起退了出来。这次探险活动就以失败而告终。但是出了山洞，同行者就开始后悔，为什么没能坚持下来呢？

随后，王安石记述了没能进入后洞的感想和体会。王安石认为，雄伟的景观往往在危险又遥远的地方，因为人们很少能到达，所以就不能饱览美景。那么，怎样才能看到美景呢？王安石举出了三方面的例子。

第一，"非有志者不能至也"。这是强调"志"，只有树立了远大志向，才能实现自己的目标。第二，"然力不足者，亦不能至也"。这里强调的是"力"。如果没有力气，就没办法支撑自己实现目标。第三，不能轻易懈怠。

只有具备了这三点，才能游览到"无限风光在险峰"的美景。

这篇文章从褒禅山的历史说到自己游山探险，又谈到自己探秘失败的心得体会，整体浑然天成。阅读这篇文章，能读到历史与现实的交融，又有从历史、现实思考得来的体会。

王安石从游览褒禅山的经历，得出要想探秘成功，就必须有志气，有能力，有坚持到底的决心。这是王安石游览褒禅山的心理体会，也是非常具有深度的人生哲理，和他日后坚持变法，在阻挠中逆风而行的行动互为对照。

王安石所处的年代，正是北宋"积贫积弱"，社会矛盾爆发的时代。王安石在青年时代就立志要推行富国强兵的政策，改变北宋的贫弱面貌。然而，要实现这些改变，非要改革不可。

在游览褒禅山四年后，王安石给宋仁宗上万言书，主张改革，推行新法。其实，和游览褒禅山一样，王安石推行变法，也是为了"尽吾志"，贯彻了他游览褒禅山的三个心得。

明文

　　明代散文取材广泛，表现手法多种多样。明代散文尤其是晚明小品文的突破性成就在古代文学史上具有重要地位。宋濂、刘基历经战乱，对当时的社会现象有很多深刻的思考，他们的文章贴近现实生活，是明代散文的优秀代表。

刘基·《卖柑者言》

hángyǒu màiguǒ zhě　shàn cáng gān　　shè ①hán shǔ bú kuì　chū zhī yè rán　　yù zhì
杭有卖果者，善藏柑。涉①寒暑不溃，出之烨然②，玉质
ér jīn sè　　pōu qí zhōng　　gān ruò ③bài xù　　yú guài ér wèn zhī yuē　　ruò ④suǒ shì yú
而金色。剖其中，干若③败絮。予怪而问之曰："若④所市于
rén zhě　　jiāng yǐ shí biān dòu⑤　　fèng jì sì　　gōng bīn kè hū　　jiāng xuàn wài yǐ huò yú gǔ⑥
人者，将以实笾豆⑤，奉祭祀，供宾客乎？将衒外以惑愚瞽⑥
hū　　shèn yǐ zāi　　wéi qī yě
乎？甚矣哉，为欺也！"

① 涉：历经。

② 烨然：光彩夺目的样子。

③ 若：好比。

④ 若：你，你们。

⑤ 笾豆：古代祭祀用来盛祭品的器具，笾是竹制食器，一般用来盛放
　　果子或干肉；豆是木制、陶制或铜制的食器，形状像高脚盘。

⑥ 愚瞽：蠢人和盲人。

mài zhě xiào yuē　　wú yè ①shì yǒu nián yǐ　　wú yè lài shì yǐ sì ②wú qū　　wú shòu
卖者笑曰："吾业①是有年矣，吾业赖是以食②吾躯。吾售
zhī　　rén qǔ zhī　　wèi cháng yǒu yán　　ér dú bù zú zǐ suǒ hū　　shì zhī wéi qī zhě bù guǎ
之，人取之，未尝有言，而独不足子所乎？世之为欺者不寡
yǐ　　ér dú wǒ yě hū　　wú zǐ wèi zhī sī yě　　jīn fú pèi hǔ fú ③　　zuò gāo pí ④zhě
矣，而独我也乎？吾子未之思也。今夫佩虎符③、坐皋比④者，
guāng guāng ⑤hū gān chéng zhī jù yě　　guǒ néng shòu sūn　　wú ⑥zhī lüè yé　　é dà guān
洸洸⑤乎干城之具也，果能授孙、吴⑥之略耶？峨大冠、
tuō zhǎng shēn ⑦zhě　　áng áng hū miào táng ⑧zhī qì yě　　guǒ néng jiàn yī　　gāo ⑨zhī yè yé
拖长绅⑦者，昂昂乎庙堂⑧之器也，果能建伊、皋⑨之业耶？
dào qǐ ér bù zhī yù　　mín kùn ér bù zhī jiù　　lì jiān ér bù zhī jìn　　fǎ dù ⑩ér bù zhī
盗起而不知御，民困而不知救，吏奸而不知禁，法教⑩而不知
lǐ　　zuò mí ⑪lǐn sù ér bù zhī chǐ　　guān qí zuò gāo táng　　qí dà mǎ　　zuì chún lǐ ér yù
理，坐糜⑪廪粟而不知耻。观其坐高堂，骑大马，醉醇醴而饫
féi xiān zhě　　shú bù wēi wēi hū kě wèi　　hè hè hū kě xiàng yě　　yòu hé wǎng ér bù jīn yù
肥鲜者，孰不巍巍乎可畏、赫赫乎可象也？又何往而不金玉
qí wài　　bài xù qí zhōng yě zāi　　jīn zǐ shì zhī bù chá　　ér yǐ chá wú gān
其外、败絮其中也哉？今子是之不察，而以察吾柑！"

① 业：以……为工作。

② 食：同"饲"，供养。

③ 虎符：古代调兵遣将的凭证。形状是伏虎，一分为二，左半边由元
帅将军保管，右半边由皇帝保管。

④ 皋比：虎皮，指武将的座席。比：通"皮"，毛皮。

⑤ 洸洸：威风凛凛的样子。

⑥ 孙、吴：指孙武、吴起。他们是古代著名军事家。

⑦ 长绅：长长的腰带。绅：古代士大夫束在外衣上的腰带。

⑧ 庙堂：指朝廷。

⑨ 伊、皋：指伊尹和皋陶。他们是古代著名政治家。

⑩ 斁：败坏。

⑪ 糜：通"靡"，奢侈浪费。

yú mò mò wú yǐ yìng　　tuì ér sī qí yán　　lèi dōng fāng shēng　gǔ jī zhī liú　qǐ
予默默无以应。退而思其言，类东方生①滑稽②之流。岂
qí fèn shì jí xié zhě yē　　ér tuō yú gān yǐ fěng yé
其忿世疾邪者耶？而托于柑以讽耶？

① 东方生：指东方朔。他是汉武帝时太中大夫，他诙谐有趣，尤其长
于讽刺。

② 滑稽：指能言善辩、幽默多讽的人。

译文

　　杭州有个卖水果的商人，他擅长储藏柑橘，他储藏的柑橘经历寒冬酷暑也不腐烂。拿出来的时候是光彩鲜明的样子，质地如同玉石，颜色是金色的。可是剖开这柑橘看看里面，好像是干枯的破败棉絮。我责怪他说："你卖给人们的柑橘，是用来盛放在笾豆中祭祀祖先，招待宾客吗？还是炫耀这柑橘的外表来迷惑欺骗蠢人和盲人呢？太过分了吧，做欺骗人的事！"

　　卖柑橘的人笑着说："我以此为职业已经多年了，我依赖这个养活自己。我来卖它，别人来买它，没有人说过什么，然而唯独不能满足您吗？世上欺骗人的不少，难道唯独我这样做吗？您没有思考这个问题。现在那些佩戴着虎符，坐在虎皮座席上的人，威风凛凛好像是捍卫国家的将才，他们真的有孙武、吴起的谋略吗？那些戴着高冠、拖着长腰带的官员们，气宇轩昂好像是朝廷的人才，他们果真能建立伊尹、皋陶的伟业吗？盗贼兴起却不知道抵御，百姓困乏却不知道营救，官吏奸邪却不知道禁止，法令败坏却不知道管理，奢侈浪费国家俸米却不以此为羞耻。看他们坐在高堂上，骑着高头大马，醉饮美酒、饱食佳肴，哪个不是外表高大令人畏惧，声名显赫为人模仿呢？又有哪个不是外表好像金玉般辉煌，内里好像破败不堪的棉絮呢？现在您看不到这些现象，唯独只看到我的柑橘！"

　　我沉默了，无言以对。回来后思考卖柑橘人的话，他好像是东方朔那样的滑稽、讽刺之人。难道他是愤世嫉俗的人吗？所以才假托柑橘对此进行讽刺吗？

来自卖柑者的控诉

《卖柑者言》是一篇生动活泼又引人深思的寓言。这篇文章的作者刘基，字伯温，是元末明初的政治家、文学家，明朝开国元勋。刘基是历史上的传奇人物，民间俗称刘伯温。朱元璋开创明朝，刘基是重要的辅佐人物，朱元璋多次称刘基是"吾之子房"，民间也有说法："三分天下诸葛亮，一统江山刘伯温。前朝军师诸葛亮，后朝军师刘伯温。"

刘基出生在山明水秀的浙江青田九都南田山武阳村，他从小就非常聪明，据说他读书是七行俱下，同时看七行字。十二岁，刘基就考中了秀才，被乡亲们称为"神童"。刘基上学之后，很多晦涩的经典书目只阅读两遍就能背诵如流，而且他也非常了解其中深意，甚至还能提出前人未曾说过的见解。老师都说他是奇才，将来一定能光耀门楣。刘基博览群书，不但熟读儒家经典，而且深入研究天文地理、兵法数学。

二十三岁那年，刘基去元大都参加会试，一举考中进士。但那时正值元朝末年，刘基不得不在家赋闲三年。

又是三年后，刘基被元朝任命为江西高安县丞（正八品）。虽然这是个等级不高的官位，但是刘基兢兢业业，执法严明。他到了高安县后进行实地考察，发现当地有一些地主豪绅，勾结官吏，骗人钱财，夺人妻女，杀人害命，简直就是一个黑势力团伙。

刘基掌握了证据之后，对这个黑势力团伙进行了彻底打击，高安县的社会风气为之一变，刘基赢得了老百姓的衷心爱戴。

后来刘基辞职，其间朝廷曾经任命他为江浙儒副提举，兼任行省考试官。但是当时元末官场黑暗，刘基本人坚持原则，他检举了监察御史，反而让自己陷入被责难的境地，他只能辞职。

刘基受好友欧阳苏邀请，在丹徒隐居。

朱元璋请刘基担任谋臣，刘基为朱元璋分析了当时天下形势，起义军众多，正是乱战争夺地盘的时候。刘基建议，要避免两线作战，各个击破。他辅佐朱元璋诛灭了陈友谅、张士诚等敌对力量。之后，刘基又参与了朱元璋讨伐元朝的方针，并彻底消灭了元朝的残暴统治。

明朝建立后，刘基又上《戊申大统历》，奏请制定律法，防止滥杀无辜。

刘基的诗文古朴雄放，而且有很多攻击统治者腐朽、同情老百姓疾苦的作品。刘基与宋濂、高启并称为"明初诗文三大家"。

《卖柑者言》是刘基创作的一篇政治寓言。

刘基在文章开篇写到了一个杭州卖水果的人，这个人擅长储存水果，反季节水果成为市场上的抢手货。这在古代确实是很少见的。刘基买了一个反季节柑橘，结果大失所望。这一段他写得非常生动，说打开之后，"如有烟扑口鼻"，而且"干若败絮"，从味道到形象写出了柑橘变质的内里。这和上一段写到的柑橘外面"玉质而金色"形成了鲜明对比。刘基认为柑橘小贩的行为就是欺骗消费者并对此行为进行了痛斥。

被刘基质问的小贩举出朝堂上衣冠楚楚的政客、将军的例子反问刘基，那些达官贵人看起来威风八面，他们真的尽到自己的职责、问心无愧了吗？这里小贩的说法非常有力度，他将那些将军、官员表面上的威风和实际上的不作为进行了对比，认为那些人才是金玉其外，败絮其中。

刘基反而被说得哑口无言，猜想这个小贩是不是假借卖柑橘来讽谏世间邪恶现象的。

文章开始用生动简洁的语言讲述了买柑的故事。作者突出了一个"欺"字，这个字也成为文章的核心。在第二段发生了意外事件，面对作者的指责，卖柑者却揭露了那些高官贵族欺世盗名的真相。作者写道，卖者"笑曰"，这让后面的话都在卖柑者的谈笑中说出，这是一个普通人对达官贵人的蔑视，一个"笑"字写出了卖柑者内心的愤愤不平。卖柑者的话揭露了高官们欺世盗名的行为。这种"欺"，难道不是对社会最大的危害吗？

在文章最后，作者没有写自己对高官们的抨击，而是写自己"退而思其言"。这说明卖柑者的话引起了作者的深思，他已经承认了卖柑者的话是正确的。

其实，刘基讽刺的是元末那个盗贼蜂起、社会动荡、法治败坏的社会，同情的是艰难生活的百姓，讽刺的是"金玉其外，败絮其中"的达官贵人。

这篇文章非常生动，又引人深思，尤其是对比手法的使用给人留下很深的印象。其中柑橘内外的对比，达官贵人内外的对比，达官贵人与小贩的对比让文章具有了更深的层次。

这篇文章用生动的形势讨论严肃的社会问题，揭露了当时达官贵人"金玉其外，败絮其中"的本质。卖柑者的话刻画出满朝文武大臣的欺世盗名和卑鄙无耻，形象格外鲜明，给人留下无尽思考。

王世贞 · 《蔺相如完璧归赵论》

蔺相如①之完璧，人皆称之，予未敢以为信也。

夫秦以十五城之空名，诈赵而胁其璧。是时言取璧者情也，非欲以窥赵也。赵得其情则弗予，不得其情则予，得其情而畏之则予，得其情而弗畏之则弗予。此两言决耳，奈之何既畏而复挑其怒也！

① 蔺相如：战国时期赵国上卿，赵国著名政治家。

且夫秦欲璧，赵弗予璧，两无所曲直也。入璧而秦弗予城，曲在秦；秦出城而璧归，曲在赵。欲使曲在秦，则莫如弃璧；畏弃璧，则莫如弗予。夫秦王既按图以予城，又设九宾①，斋而受璧，其势不得不予城。璧入而城弗予，相如则前请曰："臣固知大王之弗予城也。夫璧非赵璧乎？而十五城秦宝也，今使大王以璧故，而亡其十五城，十五城之子弟皆厚怨大王以弃我如草芥也。大王弗予城而绐②赵璧，以一璧故，而失信于天下，臣请就死于国，以明大王之失信。"秦王未必不返璧也。今奈何使舍人怀而逃之，而归直于秦？是时秦意未欲与赵绝耳。令③秦王怒，而僇④相如于市，武安君⑤十万众压邯郸⑥，而责璧与信，一胜而相如族⑦，再胜而璧终入秦矣。吾故曰："蔺相如之获全于璧也，天也！"若其劲渑池⑧，柔廉颇⑨，则愈出而愈妙于用。所以能完赵

<ruby>者<rt>zhě</rt></ruby>，<ruby>天<rt>tiān</rt></ruby><ruby>固<rt>gù</rt></ruby><ruby>曲<rt>qū</rt></ruby><ruby>全<rt>quán</rt></ruby><ruby>之<rt>zhī</rt></ruby><ruby>哉<rt>zāi</rt></ruby>。

① 九宾：古代外交最隆重的礼仪。

② 绐：蒙骗。

③ 令：如果。

④ 僇：通 "戮"，诛杀。

⑤ 武安君：秦国大将白起。

⑥ 邯郸：赵国都城。

⑦ 族：灭族。

⑧ 渑池：秦王和赵王举行渑池之会，蔺相如勇敢保护赵王不受秦王侮辱。

⑨ 廉颇：赵国名将。

译文

蔺相如完璧归赵，人们都称赞他，我却不敢认同。

秦国用十五城的空名，来欺诈赵国威胁获得赵国的和氏璧。此时说获取它是实情，并不是想乘机窥视赵国。赵国假如知道这个情况就不会给秦国和氏璧，不知道就只好给它，得到实情却畏惧秦国所以给它和氏璧，得到实情如果不害怕秦国就不给它。这件事两句话就能决定，为什么既要害怕又要激怒秦国呢？

况且，秦国想要获得和氏璧，赵国不给它，双方本来没有什么对错。假如赵国交出和氏璧而秦国不给城池，那么秦国有错；秦国交出城池而和氏璧却被赵国取回，赵国有错。想要让秦国有错，就不如舍弃和氏璧；因为害怕而舍弃和氏璧，就不如不给秦国。秦王既然按照地图给予城池，又设置了九宾的隆重大典，斋戒之后才恭谨地接受和氏璧，当时的形势是不得不给予赵国城池的。和氏璧给了秦国而不给出城池，蔺相如就可以向前请问说："臣本来就知道大王不会给赵国城池。那和氏璧不是赵国的宝物吗？然而那十五座城池是秦国的宝贝。现在让大王因为和氏璧舍弃了十五座城池，那些城里的百姓都会怨恨大王，说大王把他们舍弃如同芥草。大王不给城池而欺诈赵国的和氏璧，因为一块和氏璧的缘故失信于天下人，臣请在秦国死去，以此彰显大王的失信。"秦王不一定不归还和氏璧。现在为什么要让手下偷偷藏起和氏璧逃跑，将道理归于秦国呢？当时秦国并不想和赵国决裂罢了。假如秦王大怒，在街市上诛杀蔺相如，武安君率领十万秦兵直逼邯郸，责问和氏璧的去向和赵国的失信，秦国一次胜利就足以让蔺相如灭族，第二次胜利就可以让和氏璧最终归于秦国。所以我说："蔺相如之所以能保全和氏璧，是上天的旨意！"至于他在渑池强劲果敢，对廉颇柔和谦让，就是策略上越来越精妙。赵国之所以能够保全，那是上天在偏袒它啊！

完璧归赵的另一种可能

《蔺相如完璧归赵论》是一篇非常著名的史论。这篇文章的作者王世贞是明代的文学家和史学家，不但位列"后七子"之一，而且独领文坛二十年，也是一位宗师级人物。

嘉靖五年（1526 年）十一月初五，王世贞出生了。他是南直隶苏州府太仓州（今江苏太仓）人，出身于以衣冠诗书著称的太仓王氏家族。太仓王氏，就是曾经在历史上留下深刻印记的显赫家族——琅琊王氏的余脉。自从西晋永嘉年间王导率领王氏家族南渡之后，就世代在江东居住。太仓王氏是在明清两代传承百年的诗书望族。

王世贞的祖父王倬曾经担任过兵部侍郎，虽然是文官领兵，却屡立战功。王世贞六岁时，父亲就上京参加会试，不巧因为生病没能参加考试，只能黯然回乡。

据说，王世贞九岁能赋诗，十岁跟随老师陆邦教学习《易经》。他很喜欢读书，特别是关于王守仁的文章。为了读书，王世贞经常废寝忘食，全身心投入。嘉靖二十六年，二十二岁的王世贞考中了进士。他先后在大理寺和刑部等部门任职，后来由于得罪了内阁首辅张居正被罢官。直到张居正去世之后，王世贞才得以被重新任命为应天府尹。

王世贞和李攀龙等人被合称为"后七子"，并且成为明代文坛领袖。他对于历史事件的评论从不附和古人，而是经过自己独立思考，抒发独特的见解。

王世贞在文学、戏曲、书法、史学方面都有很高的造诣，《四库全书总目提要》曾经评价王世贞："才学富赡，规模终大。譬诸五部列肆，百货具陈。谙习章故，则后七子不及，前七子亦不及，无论广续诸子也。"

　　"完璧归赵"是流传千古的一则成语故事。根据《史记·廉颇蔺相如列传》的记载，战国宝玉——和氏璧流传到了赵国，秦王当时很想得到和氏璧，说秦国愿意用十五城来交换和氏璧。赵国明知秦国不讲信用，但是又得罪不起，害怕秦国借这个理由出兵讨伐赵国，因此左右为难。关键时刻，宦官缪贤推荐自己的门客蔺相如，说此人可以不辱使命。于是蔺相如奉命带着和氏璧出使秦国。

　　蔺相如到了秦国，发现秦王得到和氏璧却根本没有交换城池的意思。于是蔺相如假装说和氏璧有微瑕，要为秦王指出。秦王高兴之余，就将和氏璧给了蔺相如。蔺相如得到和氏璧后斥责秦王不讲信用，假如真要交换，秦王必须斋戒五日，还必须举行隆重仪式。秦王无奈只能同意。

　　蔺相如却借着这个机会暗中将和氏璧送回了赵国。蔺相如说，如果秦国真想交换，可以带着地图去赵国。秦强赵弱，赵国一定不敢不交换。

　　秦王无奈之下，只能假装宽宏大量，放了蔺相如。

　　王世贞作为明代著名历史学家，经常对历史事件发表自己的看法。王世贞治史，也就是研究历史的方法，是以国史辨野史、家史；以野史、家史互相比较，取其可信者；以亲见亲闻为考史依据，以诏诰等原始材料为考证的重要依据；以事理、情理为撰写历史的重要标准。

　　王世贞在文章开始就提出了自己的论点——不认同蔺相如完璧归赵这件事。王世贞确定秦国的诈骗行为，但对于赵国在历史上的行动表示质疑，认为赵国愿意给秦国和氏璧就给，不给就不给，无论原因如何，既然害怕又何必非要触怒秦国呢？其实这样造成的结果，对于赵国而言，更加不能承受。

　　王世贞说得很明白，蔺相如之所以能够完璧归赵，根本原因就是秦国此时并未决定与赵国动手。

王世贞写的这篇《蔺相如完璧归赵论》抛开了蔺相如完璧归赵这一经典故事，而是从秦国和赵国的国家关系入手进行分析。文章在开头就表示了对于蔺相如做法的不认同，然后分析了赵国的多处失误。

王世贞不但看到了秦国想要和氏璧，更看到了秦国并没有想要以此为借口攻打赵国。假如秦国真想攻打赵国，无论蔺相如怎么说，如何智勇双全，都是没办法抵挡武安君的十万之众的。

阅读这篇文章，可以看出王世贞严密的逻辑。对历史上早有定论的完璧归赵事件，王世贞按照逻辑进行了分析，最后得出的结论不但令读者耳目一新，而且心服口服。

王世贞在分析这件事情时，先论"情"，后论"理"，思路清晰，他用"得"和"畏"，分析了赵国可能的状况，逻辑严密，令人信服。蔺相如的所作所为，先失信于秦，后失利于赵，倘若时机成熟，这将导致赵国承受灭顶之灾。

王世贞的文章先破后立，不人云亦云，具有自己的独立思想，发人深省。